LES

SOPHISTES FRANÇAIS

ET LA

RÉVOLUTION EUROPÉENNE

*Les Hommes de génie — Les Hommes d'esprit
et les Sectaires de l'ancien régime*

PAR

Th. FUNCK-BRENTANO

PROFESSEUR A L'ÉCOLE LIBRE DES SCIENCES POLITIQUES

PARIS
LIBRAIRIE PLON
PLON-NOURRIT et Cie, IMPRIMEURS-ÉDITEURS
8, RUE GARANCIÈRE — 6^e
—
1905
Tous droits réservés

LES

SOPHISTES FRANÇAIS

ET LA

RÉVOLUTION EUROPÉENNE

L'auteur et les éditeurs déclarent réserver leurs droits de reproduction et de traduction en France et dans tous les pays étrangers, y compris la Suède et la Norvège.

Ce volume a été déposé au ministère de l'intérieur (section de la librairie) en janvier 1905.

DU MÊME AUTEUR :

Les Sophistes grecs et les Sophistes contemporains. — I. *Les Sophistes grecs.* — II. *Les Sophistes contemporains anglais.* Un volume in-8°.. 6 fr. »

Les Sophistes allemands et les Nihilistes russes. Un volume in-8°.. 6 fr. »

La Civilisation et ses lois. Un volume in-8°............ 7 fr. 50

Nouveau Précis d'économie politique. *Les Éléments.* Un volume in-18.. 3 fr. 50

Les Principes de la découverte. Un volume in-8°...... 3 fr. 75

L'Homme et sa destinée. Un volume in-8°............ 7 fr. 50

La Science sociale. Un volume in-8°................. 7 fr. 50

SOUS PRESSE :

Les Hommes de génie, les Hommes d'esprit et les Sectaires du régime nouveau.

PARIS. TYP. PLON-NOURRIT ET Cie, 8, RUE GARANCIÈRE. — 6290.

LES
SOPHISTES FRANÇAIS

ET LA

RÉVOLUTION EUROPÉENNE

Les Hommes de génie — Les Hommes d'esprit
et les Sectaires de l'ancien régime

PAR

Th. FUNCK-BRENTANO

PROFESSEUR A L'ÉCOLE LIBRE DES SCIENCES POLITIQUES

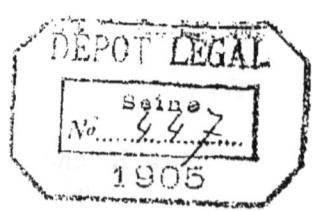

PARIS
LIBRAIRIE PLON
PLON-NOURRIT et Cie, IMPRIMEURS-ÉDITEURS
8, RUE GARANCIÈRE — 6^e
—
1905
Tous droits réservés

PRÉFACE

Cette étude est la troisième que nous publions sur le sujet si troublant des sophistes. Dans la première, *les Sophistes grecs et les Sophistes contemporains*, nous avons assimilé les erreurs des sophistes de la Grèce à celles des prétendus penseurs de l'Angleterre moderne. Dans la seconde, *les Sophistes allemands et les Nihilistes russes*, nous avons montré les sources mêmes de cette nouvelle sophistique dans les œuvres d'Emmanuel Kant, qui, dans sa *Critique de la raison pure*, prétendit soutenir indifféremment que Dieu existe et qu'il n'existe pas, que le monde a été créé et qu'il ne l'a pas été, antinomistique qui, faisant pendant à l'éristique des anciens, eut pour résultat, d'une part les doctrines pessimistes allemandes, et de l'autre le nihilisme russe, ses sectes et ses crimes.

Aujourd'hui, en abordant l'étude des sophistes français et de leur action sur la révolution européenne, nous élargissons notre cadre. La sophistique est plus qu'une faute de logique et une erreur de raisonnement, elle est un phénomène historique général, qui tient à la vie même des peuples.

La source première de toute sophistique est le caractère incomplet des idées. Les génies les plus puissants ont pu concevoir des idées incomplètes et y déployer de la grandeur, la cause en étant au manque de données nécessaires. Les sophistes, au contraire, perdus au milieu des données qu'ils ont à leur disposition et de la science qui les déborde, abandonnent la grande voie des recherches, se jetant dans toutes les traverses. Reniant les maîtres qu'ils ne comprennent pas, ils s'attachent à des doctrines informes et sans fondements, d'apparence brillante et nouvelle. Et, de doctrine en doctrine, d'erreur en erreur, d'utopie en utopie, les idées deviennent plus troubles, la rectitude de la pensée se perd, et la sophistique pénètre jusqu'aux masses.

Alors, en dépit des découvertes des sciences exactes et en dépit du progrès matériel, il ne se conçoit plus d'idées justes dans les sciences spéculatives. Tout ce que l'homme peut rapporter à lui-même, à ses devoirs, à ses droits, à ses aspirations, à son histoire, n'est plus qu'une lueur vacillante et trompeuse, qui le laisse sans boussole et sans direction.

Après avoir touché à l'apogée de leur génie et de leur puissance, les grands peuples ont tous vu naître une période de désorganisation intellectuelle et sociale; mais aucune n'a présenté une rupture aussi violente entre son passé et son avenir que la France.

Quand Aristote avertissait les Grecs du danger des sophistes, la Grèce se trouvait en pleine déchéance; quand Cicéron et les stoïciens enseignèrent leur morale, Rome, depuis un siècle, succombait à ses rhéteurs. La France nous montre ce phénomène extraordinaire qu'il lui eût suffi de suivre les exemples de ses hommes de génie de l'époque de splendeur, pour éviter toutes les erreurs de son époque de sophistique.

Elle n'en fit rien. Vers la fin du dix-septième siècle s'ouvre un abîme dans la pensée française ; aucune idée ne relie, aucun lien ne rattache les bords du gouffre, comme si, par un cataclysme soudain, toutes ses assises étant ébranlées, la nation entière se fût trouvée précipitée dans le vide.

Depuis mille ans, à travers toutes ses luttes, la France ne s'était arrêtée de grandir, et, subitement, il se fait en elle un bouleversement tel, que des esprits éclairés ont pu se figurer que tout était abus et tyrannie dans la France d'autrefois, et que la France nouvelle a ouvert un horizon ensoleillé de droits et de libertés, de richesse et de prospérité à l'humanité entière.

Mirage décevant : pas une de ces libertés qui ne soit un leurre, pas un de ces droits qui ne soit une illusion, pas une de ces richesses qui ne soulève des haines, pas une de ces prospérités qui ne voile des misères.

Il n'est point de peuple chez qui la sophistique ait produit des effets plus profonds ; il n'en est pas chez qui elle ait eu comme conséquence tout ensemble un aveuglement plus complet, des assurances plus sereines et des actes plus terribles.

Ne nous faisons pas d'illusions. L'illusion est le mal par où commencent les faux jugements ; le mal par où ils renaissent et s'étendent ; jusqu'au moment où, les peuples ne parvenant pas à mettre un terme à leur sophistique, la sophistique met un terme à leur existence.

Marche fatale, qui nous conduit à une fin d'autant plus

sombre que, foyer de la civilisation moderne, la France entraîne à sa suite cette civilisation tout entière.

Nos sophistes ont exercé un tel ascendant sur l'Europe que, bien avant la Révolution, nos propres ministres, ainsi que les souverains de pays étrangers, s'inspirent de leur enseignement, et, qu'après l'expérience de la Terreur et les guerres de l'Empire leur œuvre continue, suscitant de nouvelles guerres, de nouvelles révolutions, jusqu'au vingtième siècle, lequel s'ouvre par la recherche de l'impossible, le culte de l'absurde.

C'est ce que nous nous proposons de montrer par l'étude des hommes de génie, des hommes d'esprit et des sectaires de l'ancien régime d'abord, du régime nouveau ensuite.

Deux siècles de sophistique! Jamais peuple n'a supporté aussi longtemps un tel fardeau ; jamais civilisation ne lui a succombé plus lourdement.

LES SOPHISTES FRANÇAIS

LIVRE PREMIER

LES HOMMES DE GÉNIE

I

LE GÉNIE ET LE CARACTÈRE

Un Pascal dans une tribu de Papous est aussi inconcevable qu'un nègre dans une famille européenne. Comme la race des enfants se forme du sang des parents, les hommes de génie surgissent du développement intellectuel et moral des peuples.

Le milieu, les ancêtres, la famille ont tour à tour servi pour en expliquer les facultés extraordinaires.

Si c'est le milieu qui décide du caractère des grands hommes, pourquoi faut-il le plus souvent que leur milieu disparaisse pour qu'on en reconnaisse la valeur?

Si c'est par des dispositions ancestrales, pourquoi voyons-nous, à certaines époques de l'histoire d'un peuple, le génie se manifester dans les directions diverses de son activité, et non à travers les époques successives?

Si c'est enfin la famille qui lui donne naissance, pourquoi d'une famille obscure voit-on surgir soudain un homme de génie? Pourquoi cette famille n'en produit-elle qu'un?

Les Athéniens s'élevèrent dans les arts à une perfection qu'on ne devait plus revoir; les Romains acquirent les supériorités militaire et politique; les Carthaginois jouirent d'une expansion coloniale et d'une prospérité commerciale sans exemple; pourtant ces peuples, parvenus à leur apogée, eurent, les Athéniens et les Carthaginois des généraux et des hommes d'État dignes de Rome, et Rome des artistes et des poètes qui rivalisèrent avec ceux d'Athènes, des commerçants et des industriels qui s'emparèrent de la prospérité de Carthage. Aucun milieu, aucune attache familiale ne sauraient expliquer ces retours surprenants.

De la même manière que se forment les hommes de caractère, se forment aussi les hommes de génie.

Aux époques sauvages ou barbares, on ne rencontre pas ce qu'on peut appeler des caractères. Les idées, les volontés des peuples primitifs sont mobiles comme leurs impressions, et chaque individu semble sorti du même moule moral et physique. A peine les membres d'une tribu se distinguent-ils selon leurs tempéraments bilieux, nerveux ou lymphatiques; une mémoire plus ou moins vive, une facilité intellectuelle plus ou moins grande, des passions plus ou moins fortes ne changent rien à leur versatilité native.

La civilisation paraît : les occupations et les connaissances se diversifient; une hiérarchie s'établit dans le travail; cette hiérarchie devient sociale, politique, religieuse, et, transmise de père en fils, donne naissance aux classes, aux ordres et aux métiers. Leur division prend chez certains peuples des formes si accentuées qu'il en résulte des castes, ces peuples considérant comme une obligation morale de vivre, se marier et mourir chacun dans sa caste.

Chez tous les peuples ces divisions n'ont pas été portées à cet excès ; mais les mêmes occupations, les mêmes actes, les mêmes manières de sentir et de penser, répétés de père en fils, devaient prendre avec le temps une fixité très grande et engendrer des caractères. Le type de la race subsiste, mais avec des nuances diverses si fortement prononcées qu'elles deviennent, à leur tour, comme de race. Les qualités morales et les aptitudes intellectuelles, que certaines occupations exigent, se sont, en quelque sorte, figées ; elles sont devenues des traits distinctifs variant de province à province, de ville à ville, de famille à famille, d'individu à individu : c'est le caractère.

On peut l'envisager à un point de vue général en parlant d'un caractère national ou provincial, et à un point de vue particulier, considérant une famille ou un individu ; mais, toujours, le caractère est le produit de l'histoire matérielle, morale et individuelle d'un peuple et de sa civilisation.

Le caractère se reconnaît toujours aux mêmes signes ; ce sont, pour les masses, des traits physiques et moraux se répétant chez l'immense majorité, comme chez le Français ou l'Anglais pris dans n'importe quelle partie de la France ou de l'Angleterre.

Chez l'individu, ce sont des traits plus particuliers. C'est une ligne de conduite inflexible, qu'il poursuit en chaque circonstance. Tout en prenant son origine, comme le caractère national et provincial, dans le progrès général, il constitue comme un progrès sur ce progrès même. Le caractère, chez l'individu, se distingue par l'énergie particulière de ses actes, par ses volontés qui ne connaissent pas de transaction, par ses affections qu'aucune impression ne saurait modifier. Ses erreurs et ses fautes le laissent sans remords ni regret; il pense et agit à sa façon; le monde croulerait qu'il penserait et agirait de même : voilà le caractère.

Le caractère individuel, disions-nous, est comme un progrès sur le progrès général : ce fait explique non seulement l'apparition des hommes de génie, mais encore les époques de splendeur des peuples.

César reconnaît aux Gaulois des traits qui distinguent encore les Français de nos jours. En quoi consiste donc le progrès réalisé depuis lors, puisque le caractère national est demeuré invariable? — Du développement des caractères individuels.

L'apparition des hommes de génie achève de le démontrer. Tandis que l'homme de caractère est toujours absorbé et dominé par l'une ou l'autre faculté morale, l'homme de génie est dominé par l'une ou par l'autre aptitude intellectuelle : le sens des couleurs ou des formes, la force des impressions, l'enchaînement des idées ou des faits. Les différences qui distinguent les peintres, les sculpteurs, les musiciens, les poètes, les romanciers, les philosophes, des hommes d'État, des économistes, des savants, ne sont pas plus grandes que celles qui distinguent les divers caractères.

Quand La Bruyère écrivait ses *Caractères*, il y en avait. Quand Racine, Corneille dessinaient leurs héros, ils les voyaient vivre autour d'eux. Quand il n'y a plus de caractères, il n'y a pas davantage de génies pour les peindre.

Il fallut des siècles d'efforts et de progrès pour la formation des caractères, comme pour celle des intelligences susceptibles de les évoquer.

Telles sont les conditions de la naissance du génie.

Il faut que le savoir-faire, l'expérience, l'esprit d'analyse et de synthèse aient acquis une force telle que la coordination nécessaire au déploiement des grandes facultés s'accomplisse aussi spontanément dans la pensée que dans les actes. Plus tôt, elles se perdent dans les tâtonnements; plus tard, dans les raffinements.

Il ne faut pas que l'abus qu'on a fait du mot de génie nous égare. La supériorité intellectuelle est de tous les temps, comme la force des passions, sans que celle-ci soit pour cela du caractère ni l'autre du génie.

Le génie ne s'acquiert pas plus que le caractère. L'éducation la plus soignée, voire la plus sévère, ne ferait pas plus un homme de caractère d'un être inconstant et mobile, si passionné soit-il, que les études les plus approfondies et une imagination surexcitée ne feront, d'un enfant doué, un homme de génie. Loin de là, si heureuses que soient ses dispositions, les exagérations de dressage ou d'instruction ne serviront qu'à détruire le caractère et à étouffer les facultés.

L'homme de caractère ressent ses affections et forme ses volontés avec une précision et une force égales à celles avec lesquelles l'homme de génie suit ses aptitudes; l'un et l'autre sont entraînés par une impulsion dont la puissance et la portée échappent à leur propre conscience.

Les règles de la morale ordinaire ne sont pas plus applicables aux actes de l'un que celles de la science et de l'art, officiels ou de mode, aux œuvres de l'autre. L'un et l'autre sont frappés d'une même marque de grandeur.

Aussi le génie est-il, bien plus qu'on ne pense, une affaire de caractère et, de son côté, le caractère prend souvent le rôle du génie. Mais, tandis que le caractère se développe à travers les générations, par la transmission régulière, de père en fils, de mère en fille, le génie semble se former plutôt en passant de la mère au fils, du père à la fille, doublant pour ainsi dire la force de l'homme, de la sensibilité de la femme.

Enfin, l'un et l'autre se donnant la main apparaissent et disparaissent ensemble chez les peuples. Les caractères faiblissent quand le génie s'affaisse, le génie s'évanouit quand les caractères se dégradent.

Ce qui nous conduit, en dernière analyse, à reconnaître dans l'état social les causes premières de l'apparition simultanée des hommes de caractère et des hommes de génie.

Il est une loi à laquelle toute civilisation, qu'elle soit blanche ou jaune, arienne ou sémitique, est sujette : l'époque de splendeur des peuples, celle à laquelle éclate toute une génération d'hommes de génie; cette époque de splendeur n'apparaît qu'au moment où les peuples sont parvenus à donner à leur état social son développement le plus complet; la nation, l'État a acquis la sécurité la plus grande, la prospérité la plus haute que les facultés intellectuelles et morales de la race lui permettaient d'atteindre.

Par leurs attachements réciproques, les hommes se groupent en familles, se constituent en tribus, deviennent des peuples, et c'est selon l'état social que, grâce à ces attachements, les peuples parviennent à se donner, que se déroule leur histoire. La civilisation grandit avec le développement des affections. Mais du jour, aussi, où l'entente pour la vie fait place à la lutte pour l'existence, les éléments dont se forment la trempe des caractères et la puissance du génie disparaissent.

Nous avons étudié ce grand phénomène pour les Mœurs et les Lois, les Arts et les Lettres, les Sciences et les Croyances, le Travail et la Richesse, la Guerre et la Paix, dans notre ouvrage sur la *Civilisation et ses Lois;* nous n'y reviendrons pas. Ce qui nous importe, c'est de constater ici la fatalité de ces lois. Jamais, peut-être, elles n'ont pesé sur un peuple et sur une civilisation d'un poids aussi écrasant que sur la France et sur l'Europe moderne.

Les sophistes grecs ne sont que des enfants comparés aux nôtres; les rhéteurs de Rome, que des médiocrités à côté des orateurs de la Révolution; les révoltes des esclaves, que des incidents à côté des grèves et émeutes de nos classes ouvrières, et les massacres de la Grèce, les spectacles sanglants des amphithéâtres romains n'atteignent pas les horreurs de nos Terreurs passées et peut-être futures.

En vain Richelieu, par ses actes politiques comme par son testament, indiquera les voies à suivre pour échapper à la Révolution; en vain Colbert, par ses mesures et par ses lettres, prodiguera les exemples et les conseils; en vain Bossuet définira le Gouvernement; en vain Arnauld enseignera les règles du jugement juste; en vain Pascal signalera l'autorité mystique de la coutume et les défaillances de la raison; en vain Domat prouvera que les droits étendus indéfiniment, rendus imprescriptibles, conduisent à leur propre négation, les efforts d'une génération d'hommes de génie resteront stériles.

Nous disions qu'à la fin du dix-septième siècle un abîme s'était creusé dans la pensée française; à la fin du dix-huitième, c'est un rideau de fer qui tombe sur la scène de l'histoire, plongeant le passé dans l'ombre et laissant le présent éclairé seulement aux sinistres lueurs de la Révolution.

Si nous ne pouvons songer à combler l'abîme, du moins tenterons-nous de soulever le rideau.

II

RICHELIEU

Malgré l'explication que l'histoire nous offre de l'apparition des hommes de génie, celle des génies hommes d'État présente des difficultés.

Les hommes d'État taillent pour ainsi dire dans le vif des peuples, leurs décisions portent sur des masses, et leurs actes passent avec les événements, ne laissant, comme marque de leur supériorité, que les succès qu'ils ont remportés. Mesure fausse, basée sur la confusion de l'effet, le succès obtenu, avec la cause, le caractère et l'intelligence déployée pour l'atteindre.

Un Indien, capable seulement de compter jusqu'à cinq, voit dans un troupeau de trois cents bêtes s'il lui en manque une. Il en est de même du grand homme d'État. Ses connaissances peuvent être restreintes, son sentiment des masses est précis; c'est un instinct semblable à celui de l'Indien dont nous venons de parler. Celui-ci distingue, dans son énorme troupeau, chaque bête par la couleur de sa robe, la forme de ses défenses; l'homme d'État distingue chaque individu par les traits qui lui sont propres et par ceux qui le confondent avec l'ordre auquel il appartient, et, séparant en chacun ce qui lui est personnel de ce qui le rapproche de son ordre, il se donne un sentiment si juste et si limpide des classes sociales et politiques, de leurs aptitudes, de leurs forces, de leurs besoins et ambitions, que la nation entière, dans sa vie et ses efforts, se présente à son esprit, comme le troupeau se présente à la vue de l'Indien. L'homme d'État ne classe pas plus que l'Indien ne dénombre ; les abstractions lui sont aussi étrangères ; mais il voit en chaque fait ce par quoi il se rattache à l'intérêt public et à la prospérité générale ; il a la vue des conditions d'existence de son troupeau à lui, la nation.

Un des hommes d'État les plus remarquables de tous les temps, Richelieu, fut aussi l'un des plus méconnus. Inutile de recourir à son oncle, le coureur de bandes, ou à l'esprit d'ordre de son admirable mère, pour rendre compte du rôle qu'il joua dans notre histoire. Il nous suffit de savoir qu'Armand Duplessis, cardinal, duc de Richelieu, pair et grand amiral de France, premier ministre du conseil d'État sous le règne de Louis XIII, roi de France et de Navarre, commandeur des ordres de Sa Majesté, évêque de Luçon, fondateur et bienfaiteur de la maison et société de Sorbonne — ce sont les titres que lui donne l'éditeur de son testament politique — est issu de la branche cadette d'une famille de petite noblesse qui ajouta à son nom, Duplessis, celui de la terre de Richelieu. Son père épousa la fille d'un avocat du Parlement, devint capitaine des gardes du roi, grand prévôt de l'hôtel et du gouvernement ; se ruina, comme tant d'autres de la noblesse, au service de la cour, et mourut à l'âge de quarante-deux ans, le 10 juin 1570. Sa veuve se retira avec ses cinq enfants, dont Armand, le troisième, avait cinq ans, à la campagne chez la grand'mère, une Rochechouart, se consacrant à l'éducation de ses enfants et à la restauration de leur fortune. Elle y réussit, comme son fils réussira à restaurer la fortune de la France.

Élevé à la campagne, séjournant dans les villes pour ses études, il fut destiné d'abord à la carrière militaire. Entré pour raisons de fortune dans les ordres, il avait, comme enfant déjà, entendu parler des luttes religieuses qui désolaient le pays; jeune homme, il avait assisté aux guerres civiles; devenu homme, il fut donc en mesure, par son éducation comme par son instruction, étant doué de l'admirable faculté dont nous venons de parler, de diriger et dominer les événements. Il put le faire avec d'autant plus d'éclat que le pays, entré dans son époque de splendeurs, lui offrait d'abondantes ressources par la trempe singulière des caractères et la richesse des énergies.

Richelieu paraît aux états généraux de 1614 comme évêque de Luçon. Son rôle y est fort effacé et personne, pas plus que lui-même, ne soupçonne le futur grand homme d'État. Dans les quelques discours qu'il prononce, il se révèle comme un jeune homme impressionnable, désireux de contenter tout le monde; pourtant sa parole se distingue par une forme ample et simple, et, en deux points, il nous dévoile la tournure particulière de son esprit à voir les hommes et les faits dans leur réalité : le premier, en s'adressant à la reine qu'il traite de régente, malgré la déclaration de majorité du roi; le second, par son effort de conciliation des partis. Ces actes seront considérés à tort, l'un comme de la faiblesse, l'autre comme de la courtisanerie. Après la clôture des états généraux et à la veille des mariages espagnols, le jeune évêque se retira dans son prieuré de Coussay. Son frère et l'évêque de Bayonne s'efforcèrent de le faire attacher à la cour. Ils y réussirent en ce qu'Armand fut désigné pour remplir la charge d'aumônier auprès de la future reine. Il se rend à Poitiers, que traversait la cour se rendant à Bordeaux, écrit une lettre à la reine-mère sur la santé de sa fille, et retourne dans son prieuré. On ne saurait voir en cette conduite les actes d'un ambitieux ni d'un courtisan, pas plus d'ailleurs que ceux d'un homme d'État.

C'est l'étrange situation du royaume qui devait faire Richelieu. Marie de Médicis, ses intrigues et les faveurs inconsidérées qu'elle accordait aux Concini indignent les chefs des grandes familles. Condé se révolte, son armée dévaste le pays; les biens de Richelieu, ceux de sa mère sont mis au pillage; les grands se partagent les provinces et les fortunes; Marie de Médicis persiste dans ses errements; mais, se souvenant de l'orateur conciliant des états généraux, elle charge Richelieu de ramener le prince de Condé. Celui-ci, faible de caractère, consent à revenir à Paris; les intrigues continuant, il est arrêté. Nevers cherche à s'emparer de Reims; Bouillon lève des troupes dans sa province. C'est encore Richelieu qui est chargé de les ramener; mais, cette fois, il échoue, et il demande à remplir les fonctions d'ambassadeur extraordinaire à la cour d'Espagne. Ce fut, étant donné le rôle de l'Espagne dans les intrigues de la France, son premier acte d'homme d'État. La place de secrétaire d'État étant devenue vacante, il y est appelé; il accepte avec hésitation, pour ne pas dire répugnance.

C'était naturel. Précisément parce qu'il avait le génie de l'homme d'État, l'entreprise de rendre la paix à un royaume aussi profondément troublé dut lui paraître d'une difficulté insurmontable, avant qu'il n'eût lui-même mis la main à l'œuvre. Aussi refuse-t-il de renoncer à son évêché, ne se défaisant que de sa charge d'aumônier de la jeune reine.

Il entre en fonctions par un coup de maître. Nevers et Bouillon continuaient à lever des troupes, contractant des alliances avec l'étranger; Lesdiguières, gouverneur du Dauphiné, enrôle une armée dans sa province et, contrairement aux ordres de la cour, va secourir le duc de Savoie, pendant que la royauté prétendue absolue n'a ni chefs ni soldats et se trouve dans l'impuissance d'en recruter, « faute de capitaines voulant y consentir si l'on ne passe par toutes les rigueurs ».

Richelieu pardonne à Lesdiguières et met trois armées sur pied, dont celle de Champagne était composée de 4,000 Suisses, 4,000 lansquenets, 3,000 Liégeois et 4,000 Hollandais, 1,200 cavaliers allemands et 500 du pays de Liège; le restant des 30,000 hommes étaient des Français attachés à la cause de la reine.

Richelieu change le personnel des ambassades et l'instruit que les mariages espagnols n'ont pas modifié la politique de la France. C'était affaiblir les révoltés du côté de l'Allemagne; puis, pour ne pas susciter les méfiances du pape et pour empêcher une intervention de l'Espagne, il propose de régler en commun les affaires italiennes.

Nevers, Bouillon, Maine succombent à la fois diplomatiquement et militairement. Lorsque le roi et son favori Luynes eurent fait massacrer le maréchal d'Ancre, gardant Marie de Médicis prisonnière, Luynes offrit à Richelieu de faire partie du nouveau conseil. Fidèle à la reine-mère, il refuse et est exilé à Avignon. Il en est rappelé, toujours comme conciliateur, pour rétablir la paix entre le roi et la reine-mère enfuie à Blois. Le chapeau de cardinal lui fut attribué à cette occasion; mais il ne le reçut qu'après la mort de Luynes. Pendant huit ans, il était resté éloigné des affaires. Ce long temps d'observation et de méditations en fit, à son retour, le vrai, le grand Richelieu.

Un Talleyrand, qui s'était mêlé d'un complot contre sa vie, est condamné à mort; un membre de la maison de Montmorency subit le même sort, pour s'être battu en duel; le duc de Montmorency lui-même, le puissant gouverneur du Languedoc, a la tête tranchée pour s'être joint à la révolte du duc d'Orléans; deux partisans de ce dernier, les favoris du roi, Saint-Mars et de Thou, montent sur l'échafaud. Ces actes parurent d'une cruauté extrême. Ils furent, pour quiconque songe au caractère inflexible des hommes de ce temps, à la fois nécessaires et salutaires. Richelieu les accomplit certainement sans l'ombre de rancune personnelle, car il plaça plusieurs de ses ennemis, tels Orléans, Nevers et Bouillon, à la tête des armées dans la guerre contre les maisons d'Autriche et d'Espagne. Ces hommes, convaincus que la royauté avait des devoirs envers eux, se mettaient en révolte pour une vétille; mais, investis de fonctions qui leur semblaient leur revenir de droit, lui accordaient en retour un dévouement sans égal.

Il en fut comme des duels qui décimaient la noblesse et auxquels aucune ordonnance royale ne parvenait à mettre un frein : il fallait donner un exemple et prendre cet exemple le plus haut possible. Personne plus que Richelieu n'a témoigné de sollicitude pour la noblesse militaire, et c'est ainsi qu'il sut toujours allier une énergie de volonté, qui était de son temps, à un esprit de conciliation qui lui était particulier.

Et tel il nous apparaîtra dans tous les actes de sa vie. L'édit de Nantes avait accordé aux protestants des franchises et des libertés qui en faisaient comme un État dans l'État, a-t-on écrit et répété. En fait, il leur accordait une constitution semblable à celle dont jouissaient les diverses provinces de la France, et qui faisait dire à Richelieu ces paroles, résumé, en deux mots, de l'histoire du pays : « Les ancêtres de Votre Majesté ont plutôt reçu que donné la paix à leurs sujets. » Aussi les huguenots se révoltèrent, à l'instar des gouverneurs de province estimant que leurs droits n'étaient pas suffisamment respectés.

La Rochelle était le noyau de la résistance. Le roi d'Angleterre envoya une flotte de cent vingt vaisseaux et une armée de descente pour soutenir les révoltés.

Cette armée fut détruite dans l'île de Rhé et la flotte se retira, abandonnant les Rochellois, qui furent bloqués par terre et par mer. Une seconde flotte ne put franchir les digues que Richelieu avait fait construire. Malgré sa résistance héroïque, la Rochelle succomba à la hardiesse et à la ténacité du cardinal. Le duc de Rohan, chef des réformés du Languedoc, demanda le secours des Espagnols, qui lui servit aussi peu que celui des Anglais aux Rochellois. Les huguenots furent soumis, leurs forteresses rasées, le parti politique fut abattu; mais nul plus que Richelieu ne respecta leur liberté religieuse consacrée par l'édit de Nantes, et n'honora davantage leurs hommes de mérite, au point de nommer le duc de Rohan chef de l'armée française dans les Grisons.

Sa conduite à l'égard des catholiques ultramontains fut la même. Richelieu n'admet pas que les ecclésiastiques et les religieux aient le droit de tenir des biens de mainmorte; il exige d'eux le paiement des droits seigneuriaux. Un jésuite publie, avec l'approbation du pape, un traité soutenant que le pape peut destituer les souverains pour impiété ou insuffisance. L'ouvrage est déféré au Parlement et brûlé en place de Grève. Le supérieur des jésuites français est appelé en conseil; sans sa complète soumission l'ordre était chassé de France. Ayant des difficultés avec la cour de Rome, le roi refuse de recevoir le nonce et interdit aux évêques d'entrer en communication avec lui. Le pape prend peur et reconnaît, sinon en paroles du moins en fait, la doctrine gallicane et l'indépendance de l'Église de France.

D'autre part, l'abbé de Saint-Cyran, le fondateur de l'abbaye de Port-Royal, trouve le moyen d'exagérer les libertés gallicanes; il est mis à Vincennes où il reste jusqu'après la mort de Richelieu. « Cet homme, avait-il dit, est pire que six armées. Si on avait enfermé Luther et Calvin quand ils commencèrent à dogmatiser, on aurait épargné aux États bien du trouble. »

On a écrit qu'il fallait pardonner à Richelieu la violence de sa politique à cause des victoires qu'il remporta sur l'étranger. C'était méconnaître la force et la grandeur de cette politique, qui était tout d'une seule pièce. Avant d'avoir rétabli la paix à l'intérieur, Richelieu ne pouvait songer à la fortifier à l'extérieur; et, sans celle-ci, l'autre restait livrée aux intrigues du dehors.

L'Europe d'alors était divisée en quatre grands partis : les catholiques ultramontains, les catholiques espagnols, les catholiques gallicans et les réformés. Dans les luttes de ces partis, les souverains étrangers ne jouèrent qu'un rôle secondaire, se laissant entraîner, selon leurs intérêts du moment, à toutes les alliances imaginables. Il fallait y mettre un terme, et si l'abaissement de la Maison d'Autriche et d'Espagne fut le résultat de la lutte, ce n'est pas Richelieu qui en avait été la cause.

Il ne faut pas que les mots d'ambition, de suprématie, de puissance, nous trompent ; l'état des esprits suscite les ambitions, confirme la suprématie et constitue la puissance. C'est ce que comprit Richelieu, et les actes de sa politique extérieure portent le même caractère que ceux de sa politique intérieure. Il veut faire rétablir la souveraineté des princes de l'Empire, mais il ne touche pas à la constitution de celui-ci; il chasse les Espagnols d'Italie, et se garde de franchir les Pyrénées; de tous, il exige la liberté des cultes telle qu'il l'a établie en France. Enfin, non moins grand général que grand politique, si, dans la longue lutte contre la Maison d'Autriche et d'Espagne, ses armées furent souvent battues, elles ne le furent jamais sous son commandement. Nous verrons dans la suite comment le génie des grands capitaines tient de près à celui des grands hommes d'État.

Malheureusement, si Richelieu rendit la paix à l'Europe après l'avoir rendue à la France, il mourut à la tâche, et sa politique extérieure ne fut pas plus suivie que sa politique intérieure; les réformes qu'il avait réalisées ne furent pas plus comprises que celles qu'il se proposait d'accomplir.

Les historiens ont signalé, les uns sa politique étrangère, les autres sa politique intérieure ; d'autres se sont attachés à ses mesures administratives, judiciaires ou militaires, sans saisir le lien profond qui unit toutes ses pensées, tous ses actes, et qui fut son génie. A les écouter, Philippe de Champaigne eût dû nous représenter Richelieu en camail de cardinal, avec le haut-de-chausse des mousquetaires, le chapeau de l'amiral, le rabat du magistrat, chaussant le tout des pantoufles de l'homme de lettres.

C'est d'un Richelieu accoutré de la sorte, qu'on a pu méconnaître la pensée au point de croire que sa belle définition de la souveraineté était l'expression de sa volonté de transformer le pouvoir royal en pouvoir absolu, formule dont on fera comme le symbole de l'ancien régime.

« Il semble, dit Richelieu, que, l'établissement des monarchies étant fondé par le gouvernement d'un seul, cet ordre est comme l'âme qui les anime et leur inspire autant de force et de vigueur qu'il y a de perfection. » Au commencement du règne de Marie de Médicis, Montchrestien s'était servi de l'expression d'Aristote pour définir la monarchie dans le même sens : « C'est l'entéléchie des États » ; et Grotius, à la même époque, définit la souveraineté : « l'autorité au-dessus de laquelle il n'y a plus d'autre volonté humaine ». En effet, sans volonté souveraine, il n'y a ni monarchie, ni république, ni État d'aucune sorte. Les expressions de Richelieu sont la définition de toute souveraineté.

Une autre erreur fut d'attribuer les troubles et les soulèvements provoqués par les croquants et les nu-pieds aux exactions et aux charges insupportables des impôts, alors qu'ils ne furent que les conséquences, d'une part, des libertés et franchises locales interdisant, en cas de mauvaise récolte, non seulement l'exportation, mais encore le passage des blés, et, de l'autre, de l'existence d'un quatrième état qui s'était développé en France, comme dans toutes les organisations sociales aristocratiques, tels le démos d'Athènes, la plebs de Rome, les sans-culottes de la Révolution, des déclassés de tous les états privilégiés, et contre l'extension duquel Colbert luttera vainement.

Richelieu pouvait gouverner la France de son temps, il ne pouvait pas la changer. La sagesse, la grandeur et la force qu'il y déploya furent admirables. Tenant compte des circonstances dans lesquelles il agissait, comme des hommes auxquels il s'adressait, bien plus que ses victoires à l'intérieur et à l'extérieur, les mesures administratives qu'il prit dans l'intérêt de tous comme dans celui de l'État nous surprennent.

Que n'a-t-on pas écrit sur la création des intendants! Après les premières sévérités contre les gouverneurs, qui avaient abusé de leur autorité presque souveraine, disposant de l'organisation militaire, judiciaire et financière dans leurs provinces, Richelieu les laissa à la tête de l'organisation militaire, et chargea les intendants de veiller à la justice comme de percevoir les droits du roi. Les intendants touchèrent si peu à la justice provinciale que les tribunaux des bailliages, sénéchaussées, châtellenies, seigneuries. etc., continuèrent à fonctionner comme si les intendants n'existaient point, rendant des sentences dans lesquelles le nom du roi n'était même pas mentionné. Les cours souveraines et les parlements seuls se trouvaient en rapport direct avec le souverain et ses représentants.

Quant aux finances, elles se composaient, d'après le budget même de Richelieu, de la taille et des gabelles — il se proposait, au retour de la paix, d'abolir la première et de détruire les abus de la seconde: — des trois livres par muid de vin entrant dans Paris ; des neuf livres dix-huit sols par tonneau de Picardie; de la traite foraine du Languedoc; des épiceries et drogueries de Marseille; des deux pour cent d'Arles; du tiers surtaux de Lyon ; de l'imposition de la rivière de la Loire, etc. Ces droits varient de province à province, de localité à localité, selon les coutumes et les chartes, toutes conservant leurs franchises et leurs droits propres;

ni Richelieu, ni ses intendants ne songèrent à y porter la main. Lorsqu'en 1789 les cahiers de doléances des bailliages réclamèrent le maintien des libertés et franchises, nul ne se plaignit que les intendants eussent cherché à les modifier ou à les entraver.

Les états généraux de 1614 n'ayant trouvé d'autre remède pour mettre de l'ordre dans le royaume que de se disputer, la royauté ne les convoqua plus jusqu'en 1789; et ce fut encore, en se disputant, qu'ils commencèrent la Révolution.

En présence de la variété des coutumes et des institutions provinciales, les états généraux étaient frappés d'impuissance. Quant aux édits et ordonnances de la royauté, ils ne pouvaient devenir exécutoires et recevoir une portée légale qu'après l'approbation, non pas d'une, mais de vingt, trente, cent assemblées, cours des aides, cours des comptes, cours souveraines, parlements et états provinciaux, dont tous les membres étaient, par la nature même de leur charge héréditaire ou acquise à deniers comptants, absolument indépendants de la royauté.

Colbert, après Richelieu, négociera avec les états du Languedoc comme avec un État étranger, pour qu'ils portent leur redevance de deux à trois millions. Il serait curieux de faire le calcul de la somme que paient aujourd'hui à l'État les départements qui remplacent l'ancienne province. A cette époque, il y avait des hommes de caractère qui, ignorant l'importance des intérêts de l'État, défendaient avec opiniâtreté les intérêts de leurs provinces, convaincus que c'était là leur devoir.

Ce régime fut général en France. Quand Montmorency se révolte dans son gouvernement du Languedoc, les états approuvent sa conduite : mais le parlement de Toulouse annule le vote des états, les lettres et commissions du duc.

Quand les caractères se seront affaiblis et que les députés seront devenus plus ou moins dépendants du gouvernement, ils voteront, dans une ou deux chambres, des milliards que les contribuables paieront sans plus connaître l'intérêt du pays; mais cela s'appellera la liberté. Avec les hommes, le sens des mots change.

Une troisième difficulté, une des plus grandes contre lesquelles Richelieu eut à lutter, fut la confusion des fonctions judiciaires et des fonctions administratives. Elle était la conséquence à la fois des origines et de la nature de la royauté. Le roi féodal, était avant tout, le grand justicier du royaume; Bossuet l'appellera encore « le magistrat suprême », caractère qui s'était étendu à toutes les institutions de l'ancienne France, au point que les greffiers recrutaient les soldats; et quand, sur mille envoyés à l'armée, cinq cents retournaient dans leurs foyers, au dire même de Richelieu, c'était le juge qui décidait des motifs qu'ils avaient eu de déserter. Bien plus, Richelieu convient qu'on n'a pas le droit de changer les soldats de régiment, ni même d'enlever un soldat à un capitaine auquel il s'est attaché. C'est là ce qu'on appelait liberté à cette époque; elle nous est devenue, sous ces formes, inconcevable.

Que l'on considère donc l'étrange pouvoir de Richelieu, qui n'a même pas le droit de changer un soldat de régiment, et qui, en même temps, doit résister aux intrigues de la cour, étouffer les séditions des grands, les révoltes des réformés, et lutter contre la papauté, l'Espagne, l'Autriche, l'Angleterre!

Ses difficultés avec les parlements furent incessantes. Il y avait huit parlements; les uns acceptent, les autres refusent d'enregistrer ses édits. En vain il publie la célèbre déclaration du roi interdisant aux parlements d'intervenir dans les affaires de l'État et de l'administration, la confusion des fonctions judiciaires et administratives persistera jusqu'à l'abolition des parlements et des libertés provinciales. Elle tenait à l'histoire du pays.

Le parlement de Grenoble casse les traités d'approvisionnement pour l'armée d'Italie, de crainte que le blé ne manque dans le Dauphiné. Celui de Dijon rejette la part des charges qui lui incombent dans la défense de la Bourgogne. Celui de Bretagne refuse d'enregistrer l'édit qui fonde une compagnie de commerce avec les Indes. Et de tous le plus turbulent, le plus récalcitrant, est celui de Paris, toujours prêt à s'emparer du pouvoir souverain, comme il le tentera sous la Fronde.

Quant à Richelieu, il songea si peu à abolir les parlements et leur autorité que, trois mois après avoir dissous les cours souveraines de Rouen, il les rétablit et créa même un parlement nouveau, celui de Metz.

Nous ne nous arrêterons pas aux merveilleux efforts qu'il fit pour réparer et fortifier les ports, fonder des écoles de pilotes, créer des arsenaux, des régiments de marine, et doter la France d'une flotte puissante; ni aux encouragements qu'il donna aux arts et aux lettres. Ce ne furent, malgré leur éclat, que des œuvres secondaires de son génie si universel. Nous avons hâte de venir à ce que nous considérons comme son œuvre principale : son testament politique.

Il le dicta, selon que sa santé et ses occupations le lui permettaient, et ne relut que le premier chapitre. Certaines nterpolations telles que les images empruntées à la médecine ne pouvaient venir à l'esprit d'un malade; d'autres, voire des chapitres entiers, ne sont faits que de notes ou de souvenirs qu'il avait laissés. Quoi qu'il en soit, la postérité comprendra aussi peu son testament qu'elle ne comprit son génie. Voltaire le déclarera apocryphe.

Or, il n'est pas de tableau plus vivant de cette époque. Des passages, tels que « les sujets de France donnant la paix à leur roi », ne peuvent provenir que du grand cardinal; les conseils, dont l'importance et tout ensemble la négligence avec laquelle ils sont donnés, montrent qu'il avait la conscience que lui seul eût pu les suivre, jusqu'à la façon dont il y est parlé de la reine-mère, tout prouve que le testament tout entier fut inspiré de son esprit et destiné à n'être connu que du roi.

Il commence par la « Narration succinte des grands faits du Roi jusqu'à la paix l'an ... ». La date est laissée en blanc. Il espérait donc pouvoir rendre la paix à l'Europe avant que de mourir; mais il ajoute dans sa lettre au roi : « Cette pièce verra le jour sous ce titre *Mon Testament politique*, parce qu'elle est faite pour servir, après ma mort, à la police et à la conduite de votre royaume, si Votre Majesté l'en juge digne, parce qu'elle contiendra mes derniers désirs à cet égard, et qu'en vous la laissant, je consigne à Votre Majesté tout ce que je lui puis léguer de meilleur, quand il plaira à Dieu de m'appeler de cette vie. » Enfin, l'ouvrage est précédé de la table de matières, comme si Richelieu en avait dressé le plan avant que d'entreprendre la dictée.

Il traite, dans la première partie, de la réformation de l'ordre ecclésiastique, de la noblesse, du troisième ordre et du conseil du roi; dans la seconde, de la puissance du prince sur terre et sur mer, du commerce, des finances, et conclut que « la puissance des princes doit consister avant tout dans la possession du cœur de ses sujets ». Ce fut la définition la plus parfaite du caractère patronal de notre ancienne monarchie. Tout le testament est conçu dans le même esprit ; on n'y trouve pas trace d'un projet de monarchie absolue.

Déjà le tableau que Richelieu trace de l'Église est comme le résumé de celui de la France entière, hérissée de franchises et de libertés. Des abbayes, des couvents, des chapitres ne reçoivent l'évêque de leur diocèse que s'il donne acte de respect de leurs privilèges ; d'autres exercent la juridiction épiscopale ; d'autres encore relèvent directement de Rome ou du roi : des archevêques sont indépendants de leur primat ; des évêques, de leur archevêque ; des moines, des religieux ; des chanoines de leur évêque. La Sainte-Chapelle prétend au droit régal sur tous les évêchés, sauf quelques-uns qui, à leur tour, sont exempts. Les parlements, par contre, profitent de chaque occasion pour les soumettre tous par les appels, comme d'abus, à leur autorité. Et malgré tout cela, exemptions, privilèges, libertés, franchises particulières et générales, ou plutôt à cause de tout cela, l'Église de France est la plus puissante, la plus prospère de la chrétienté, au point que les Allemands en feront un proverbe : « Vivre comme Dieu en France. »

Les observations sur la Noblesse, si incomplètes soient-elles, sont encore plus intéressantes : loin de vouloir l'abattre, comme on serait porté à le croire d'après les premiers actes du cardinal, il ne songe qu'à en relever la fortune et rehausser le prestige : « Elle a été, écrit-il, depuis quelque temps si rabaissée par le grand nombre des officiers annoblis du troisième état, que le malheur du siècle a élevés à son préjudice, qu'elle a grand besoin d'être soutenue contre les entreprises de telles gens. »

Or, quels sont les moyens qu'il propose ? — « Une sévérité plus grande envers ceux de la noblesse qui usent de violence contre le peuple ; la suppression du luxe et des dépenses insupportables de la noblesse de cour ; et, pour soulager la misère de la noblesse de campagne, le maintien d'une armée permanente avec la création de trente compagnies de chevau-légers ; l'abolition de la vénalité des charges de la cour et des charges militaires ; la répartition judicieuse aux enfants de la noblesse pauvre, ayant la science et la piété requises, des bénéfices qui sont en collation du roi ; enfin, arrêter le cours de la rage du duel », ce qu'il avait tant essayé de son vivant.

Richelieu rangea dans le troisième ordre la noblesse de robe ; ce qui prouve non seulement combien le sens des mots a changé au siècle suivant, mais encore l'état des esprits de ce temps. La « réformation » du troisième ordre lui paraît plus difficile que celle des deux autres : « Il est plus difficile, dit-il, de reconnaître les défauts de la justice que d'en prescrire les remèdes. Il n'y a personne qui ne voie que ceux qui sont établis pour tenir la balance juste en toute chose l'ont eux-même tellement chargée d'un côté à leur avantage qu'il n'y a plus de contrepoids. » « Aussi le remède le plus souverain consisterait à supprimer la vénalité et à éteindre l'hérédité des offices. » Mais le grand ministre y compte si peu que, désespérant d'y réussir, il en expose les raisons dans une suite de pages portant toutes l'empreinte de son génie si plein de forces, d'énergie et de prudence.

Supposons qu'un de ses successeurs ait repris sa pensée : c'était la séparation des fonctions judiciaires et des fonctions administratives; mais c'était aussi la disparition des coutumes et franchises contraires à une organisation plus homogène du royaume, en même temps que le respect de toutes les franchises et libertés locales n'ayant rien de contradictoire entre elles; et la transition de l'ancien régime au régime nouveau s'accomplissait d'une façon naturelle Nul, après Richelieu, n'en eut le génie ni la force, et la Révolution s'accomplira dans l'Europe entière, par les guerres et les révoltes, le feu, le fer et le sang.

Du tiers état tel que l'entendra Sieyès, Richelieu ne fait aucune mention; mais il parlera du peuple, pour dire qu'il faut en soulager le plus possible les charges, et que, pour la royauté dont les recettes s'élèvent à cinquante millions quatre cent-quatre-vingt-trois mille livres par an, il faut compter le plus sur les trois fermes générales « qui intéressent plus les riches que les pauvres ». Dans son projet de budget il propose, en même temps que tout un système d'amortissement des dettes, l'abolition des tailles et des gabelles, pour les remplacer par un impôt uniforme sur les marais salins « afin que chacun puisse acheter son sel comme il achète son blé ». C'était, outre l'amortissement de la dette auquel nous ne pouvons parvenir, le système entier d'impôts indirects et l'uniformité des impôts directs, qui donneront à notre État moderne plus de trois milliards de recettes.

Nous négligeons tout un monde d'observations sur la nécessité d'organiser solidement une armée permanente; de maintenir deux flottes militaires, l'une dans l'Océan, l'autre dans la Méditerrannée; d'entretenir des légations auprès des puissances pour éviter les surprises et faciliter les relations pacifiques.

Les bienfaits matériels de son œuvre nous sont restés

acquis; la partie intellectuelle et morale est restée lettre morte. Son roi mourut trois mois après lui, et le testament du grand ministre ne fut publié que vers la fin du siècle, alors que l'on ne comprendra plus son génie ni celui d'aucun des grands hommes de l'époque.

III

COLBERT

Colbert ne fut pas un homme d'État dans le sens de Richelieu; ni ses origines ni son éducation ne l'y portaient. Issu d'une riche famille de drapiers de Reims, né en 1619 et nommé, en 1661, contrôleur des finances, il reprit et continua, à son insu, les projets économiques, commerciaux et financiers que Richelieu avait conçus. Il augmenta les recettes tout en diminuant les dépenses; mais, en lutte à son tour avec les franchises provinciales, et n'ayant ni les pouvoirs d'ensemble ni l'autorité générale de Richelieu, s'il ne parvint à abolir la taille et à transformer les gabelles, du moins mit-il de l'ordre dans la perception de ces dernières et s'efforça-t-il de remplacer la taille personnelle par la taille réelle. Il donna à la marine un développement extraordinaire, créa un vaste domaine colonial et, dépassant Richelieu, parvint à fonder les grandes compagnies orientales et occidentales, sans toutefois réussir à en faire les rivales de la grande Compagnie hollandaise, à cause de l'opposition qu'il rencontra, non plus chez les parlements, mais chez les grandes villes commerçantes du royaume.

Il voulut réaliser l'uniformité des poids et mesures et, toujours à cause des oppositions provinciales, dut se contenter d'établir un tableau de concordance. Pour la même raison il échoua, comme Richelieu, dans l'abolition des douanes qui divisaient les provinces, et ce ne sera que par la disparition des provinces, la perte de ses colonies, à travers l'anarchie et la Terreur, que la France parviendra à réaliser une partie des vues de son plus grand financier, le plus grand des économistes d'État.

On reproche à Colbert, au nom des illusions mêmes qui provoquèrent tous les désordres, son mercantilisme et la rigueur qu'il déploya contre les exportateurs de métaux précieux, sans soupçonner qu'à cette époque c'était une forme de l'usure, ruinant les particuliers non moins que l'État. L'exportation de l'argent en retour de marchandises, ou de marchandises en retour de l'argent, est une source de richesse au sujet de laquelle déjà Richelieu citait Marseille comme exemple.

On lui reproche encore, au nom des mêmes principes abstraits, son protectionnisme, comme si, pour un génie de sa trempe, des principes abstraits pouvaient avoir la moindre portée en regard de la connaissance exacte de l'industrie et du commerce d'un pays.

Aux yeux de Colbert, l'économie politique est une science purement expérimentale, et il faudra en arriver à de singulières aberrations pour se figurer que c'est d'abstractions que peut dépendre la prospérité des États. Colbert pratique la protection ou défend la liberté commerciale, établit des monopoles, accorde des privilèges ou s'y refuse obstinément, selon les circonstances. L'économie politique, telle qu'il l'entend, est la connaissance la plus exacte possible de toutes les conditions d'existence et de toutes les formes du travail de la nation, ainsi que des lois positives qui les régissent. Comme nul ne peut posséder une science aussi vaste, le génie doit y suppléer, en distinguant avec la clarté qui lui est propre, les faits particuliers des faits généraux; les premiers toujours transitoires, les seconds toujours permanents; ceux-là variables comme les objets soumis à la pesanteur, ceux-ci immuables comme la pesanteur elle-même. La science économique de Colbert est de la physique plutôt que de la politique; c'est ce qui explique l'éclat qu'elle a jeté, les résultats qu'il a obtenus et la raison pourquoi il n'eut, pas plus que Richelieu, de successeur.

Lui, qui exerça la protection sous toutes ses formes, écrit au lieutenant général de Baas : « Vous connaîtrez que, le commerce étant un pur effet de la volonté des hommes, il faut nécessairement le laisser libre, s'il n'y a une nécessité indispensable de le restreindre dans la main d'une compagnie ou de quelques particuliers. »

Lui, qui prodigua tant de privilèges, mande à d'Aguesseau, l'intendant de Toulouse : « Pour ce qui est du privilège que ces marchands demandent — les fabricants de vert-de-gris — je puis vous assurer que le roi ne le leur accordera pas, parce que les privilèges des manufactures établies dans le royaume contraignent toujours le commerce et la liberté publique. »

Quel est le fait permanent, la loi générale qu'il eut en vue en écrivant ces lignes, en apparence aussi contradictoires avec les privilèges si nombreux qu'avec la protection si éclatante qu'il accorda? La voici. Chaque peuple jouit de la prospérité qu'il mérite par son travail; il faut donc faciliter par tous les moyens l'introduction des industries qui lui font défaut et, tout à la fois, encourager celles qu'il possède par la plus grande liberté possible. C'est au fond la même pensée, quoique les applications en diffèrent avec les circonstances : l'existence ou non des industries. Mais, pour appliquer la loi comme Colbert le fit, il fallait qu'en plus de son génie il eût la France entière dans la tête, au point qu'il eût pu donner une autre forme au prétendu mot de Louis XIV, et dire en se frappant le front : « La France est là ! »

Pour donner une idée exacte de la façon de penser de Colbert, nous ne pouvons mieux faire que de transcrire quelques passages de ses instructions, rédigées pour son fils Seignelay se rendant à Rochefort :

« Aussitôt qu'il sera arrivé, il doit faire une visite générale de tous les vaisseaux et de tous les bâtiments de l'arsenal. Qu'il voie et qu'il s'instruise soigneusement de l'ordre général qui s'observe pour faire mouvoir une aussi grande machine. Qu'il interroge avec application sur tout ce qu'il verra, afin qu'il puisse acquérir les connaissances générales, pour descendre ensuite aux particulières. Qu'il se fasse montrer le plan général de tout l'arsenal, tant des ouvrages faits que de ceux qui sont à faire; sache la destination de chaque pièce différente, en voie la forme et la figure, et en sache donner les raisons. Qu'il écrive de sa main le nom de tous les vaisseaux bâtis et ceux qui sont encore sur les chantiers et l'état auquel il les trouvera, et en même temps une description de tout l'arsenal contenant le nombre des différentes pièces et leur usage particulier. Ensuite, il fera la liste de tous les officiers qui servent dans le port, depuis l'intendant jusqu'au moindre officier, et s'en fera expliquer les principales fonctions, dont il fera le mémoire. Après avoir fait ces connaissances générales, il descendra au particulier. Pour cet effet, il commencera par la visite du magasin général, laquelle il fera avec le garde-magasin et le contrôleur; verra l'inventaire et en fera, s'il est possible, le récolement, c'est-à-dire qu'il se fera représenter toutes les marchandises et munitions qui y sont contenues, pour voir si elles sont en la quantité et la qualité nécessaires; sur quoi il se fera toujours informer. Il pourra même juger si le garde-magasin et le contrôleur font bien leur devoir, en voyant si le magasin est propre et bien rangé, si tout est en bon ordre et s'il tient un livre d'entrées et d'issues, qui est absolument nécessaire pour le bon ordre. Après avoir vu et examiné le magasin général, il visitera les magasins particuliers des vaisseaux, les examinera et en fera le récolement comme ci-dessus, et, par ce moyen, pourra bien connaître la quantité et la qualité des marchandises nécessaires dans le magasin général pour l'armement d'un aussi grand nombre de vaisseaux que celui que le roi a en mer, et pareillement tout ce qui est nécessaire pour mettre en mer un seul vaisseau. Ensuite il visitera tous les ateliers de cordages, de l'étuve, des voiles, des charpenteries, des tonnelleries, des calfateries, le magasin à poudre et généralement tous les ouvrages qui servent aux constructions et apparaux des vaisseaux; il examinera de quelle sorte se font tous ces ouvrages, les différences des bonnes et mauvaises manufactures, et ce qui est à observer sur chacune pour les rendre bonnes et en état de bien servir. Dans le magasin général sont compris toute l'artillerie, tant de fonte que de fer; les armes, les mousquets, piques et autres de toutes sortes, ensemble toutes les munitions de guerre. Il examinera ensuite les fonctions de tous les officiers du port, verra leurs instructions, fera de sa main un mémoire de tout ce que chaque officier doit faire pour se bien acquitter de son devoir, et prendra le soin de les voir et les faire agir chacun selon sa fonction, pendant tout le temps qu'il séjournera au dit lieu de Rochefort. Il s'appliquera ensuite à voir et à examiner la construction entière d'un vaisseau, en verra toutes les pièces, depuis la quille jusqu'au dernier bâton de pavillon, en écrira lui-même les noms, et fera faire un petit modèle de vaisseau, qu'il m'enverra avec les noms de toutes les pièces écrits de sa main. Après avoir vu et examiné la construction entière d'un vaisseau et su le nom de toutes ses parties, il examinera encore l'économie entière de tous les dedans et l'usage de toutes les pièces qui y sont pratiquées. Il verra placer toutes les denrées, marchandises, armes, artillerie, agrès et apparaux nécessaires pour mettre un vaisseau en mer, en fera lui-même le détail, l'écrira de sa main et prendra la peine d'en faire charger un et de le mettre en cet état. Il doit encore s'informer et savoir parfaitement toutes les fonctions des officiers d'un vaisseau, lorsqu'il est en mer, savoir : du capitaine, du lieutenant, de l'enseigne, du maître, du contremaître, pilote, maître charpentier, maître voilier, maître calfat, maître canonnier, et combien d'hommes chacun d'eux commande, quelles sont leurs fonctions, et généralement tout ce qui s'observe pour la conduite d'un vaisseau, soit dans un voyage, soit dans un combat. Il lira avec soin tous les règlements et ordonnances qui ont été faits et donnés dans la marine depuis que j'y travaille, ensemble mes lettres et les réponses. Il sera en même temps nécessaire qu'il apprenne l'hydrographie et le pilotage, afin qu'il sache les moyens de dresser la route d'un vaisseau et qu'il étudie aussi la carte marine. »

On serait tenté de croire que Colbert lui-même a autrefois visité les arsenaux, les a examinés dans tous leurs détails, en connaît les officiers, s'est assuré de leurs capacités, a vu construire les vaisseaux et en a les modèles dans ses bureaux.

Et il se révèle le même dans toutes les branches : industrie, commerce, colonies, administration, agriculture, forêts, haras, routes, canaux, mines, fortifications, sciences, lettres, arts, bâtiments, justice, police, finances, impôts. Il les connaît et en parle comme un physicien de ses expériences, un chimiste de ses analyses, un botanistes de ses plantes. Aussi nous léguera-t-il non seulement les Gobelins, la Savonnerie, Sèvres, mais encore ses ordonnances sur l'exploitation des forêts, dont nous ferons notre code forestier, et son ordonnance sur la marine, qui deviendra le code maritime de l'Europe.

A parcourir sa correspondance, c'est à prendre le vertige. Dans ses lettres aux ambassadeurs, intendants, gérants, administrateurs, directeurs, gardes-jurés, commis, dames, évêques, officiers, capitaines de navires, pas un détail si infime soit-il, pas une vue d'ensemble si vaste soit-elle, ne lui échappent. Et si l'on se donne la peine de lire avec attention, en s'efforçant de se représenter non les mots mais les objets et les faits qu'il mentionne, les instructions qu'il donne aux maîtres de requêtes et qu'il envoie dans toutes les généralités, provinces et bailliages, le vertige se transforme en effort douloureux.

« Il est nécessaire que lesdits sieurs recherchent les cartes qui ont été faites de chaque province ou généralité pour qu'ils les voient, les reforment et les envoient; qu'ils distinguent les évêchés les uns des autres, et, en chaque évêché, les archidiaconats et archiprêtres, le nom de chaque paroisse... leur juridiction, leurs exemptions...; qu'ils distinguent de même les divisions militaires... de même encore celles de la justice...; qu'ils distinguent les généralités, les greniers à sel, les élections...; dans le même temps Sa Majesté désire qu'ils fassent des mémoires véritables de tout ce dont elle veut être informée, savoir (suit l'énumération de tous les traits de la vie religieuse, militaire, financière, économique, sociale de la France), et, après avoir expliqué tout ce qui est à faire pour connaître les *quatre sortes de gouvernement* des provinces du dedans du royaume, il ne reste plus qu'à examiner les avantages que Sa Majesté pourrait procurer à chacun. Pour cet effet il est nécessaire que les commissaires examinent avec grand soin de quelle humeur et de quel esprit sont les peuples de chaque province, de chaque pays et de chacune ville; s'ils sont portés à la guerre, ou à la marchandise et manufacture; si les provinces sont maritimes ou non; en cas qu'elles soient maritimes, s'il y a nombre de bons matelots, et en quelle réputation ils sont pour ce qui concerne la mer; de quelle qualité est le terroir; si cultivé partout ou en quelques endroits incultes; si fertile ou non, quelles sortes de biens il produit; si les habitants sont laborieux, et s'ils s'appliquent non seulement à bien cultiver, mais même à bien connaître à quoi leurs terres sont plus propres, et s'ils entendent la bonne économie; s'il y a des bois dans les provinces et dans quel état ils sont »; suit le compte rendu qu'il demande de l'état du commerce, des manufactures, routes, canaux, etc.

Quel homme pour donner et quels hommes pour exécuter de telles instructions! Elles le furent avec une telle précision, une exactitude si remarquable, que la postérité n'y comprendra plus rien, et que la grande, la principale œuvre de Colbert restera méconnue : le relèvement du quatrième État.

Nous y insistons d'une façon particulière, car la conséquence en sera la Terreur. Après la mort de Colbert elle devient inévitable.

Nous avons dit, dans notre étude sur Richelieu, que dans chaque organisation sociale aristocratique, il se formait un dernier état, par les déclassés des états privilégiés.

Les métiers, jurandes et corporations constituaient, sous l'ancien régime, une classe privilégiée comme les autres. Chaque métier avait ses droits, ses privilèges, ses coutumes, sa juridiction propre avec appel, à Paris à la Table de marbre, en province aux cours souveraines. Chaque métier avait ses règles d'apprentissage, lequel était parfois fort cher; de compagnonnage souvent fort long; de chef-d'œuvre et de maîtrise, qui devinrent de plus en plus coûteux. Le roi délivrait des lettres de maîtrise, comme il donnait des lettres de noblesse, et, tout comme dans les familles nobles le fils héritait du père et la fille épousait un noble de son rang, dans les métiers le fils entrait de droit dans la maison, et la fille se mariait avec un compagnon ayant fait son chef-d'œuvre.

Il en est résulté que les parents trop pauvres, par accident ou maladie, pour payer l'apprentissage à leurs enfants; que les nobles ayant dissipé leurs biens, les moines ou clercs chassés de l'église ou du couvent, les compagnons renvoyés de l'atelier et les soldats renvoyés de l'armée pour inconduite, formèrent nombre de misérables et constituèrent, déjà au treizième siècle, une classe à part, ayant d'autant moins le moyen de rentrer dans les autres classes que les familles, dans l'ancienne France, étaient, depuis la plus haute noblesse jusqu'au paysan, fermées, c'est-à-dire que les alliances se faisaient toujours entre familles de même rang.

Il y a encore, à l'heure qu'il est, des villes où les mêmes familles de mendiants sont inscrites au bureau de bienfaisance depuis deux ou trois siècles.

Après les guerres de la Fronde et les disettes successives, cette classe de misérables s'était beaucoup accrue. En vain les couvents, les églises prodiguent les aumônes à jours réguliers; en vain les châteaux secourent les chemineaux et soutiennent les malheureux de leurs domaines; en vain saint Vincent de Paul crée les Filles de la Charité, saint Jean-Baptiste de La Salle les frères des Écoles chrétiennes donnant l'apprentissage gratuit; ce furent moins des remèdes que comme les mendiants de Callot, des symptômes du mal.

Vint Colbert. Il écrit à l'intendant d'Orléans : « Il n'y a rien qui serve tant à augmenter et rendre prospères les peuples dans ce pays que les moyens différents de gagner leur vie. » A l'intendant de Rouen, il mande « qu'il ne peut rien faire de mieux, malgré les difficultés qu'il peut y rencontrer, que d'obliger les couvents et les abbayes de donner des laines aux pauvres et à les faires filer »; ou encore : « Il n'y a rien qui entretienne plus le fainéant que les aumônes publiques qui se font presque sans cause et sans aucune connaissance des nécessités; rien n'est aussi préjudiciable à l'État que la mendicité des pauvres valides et qui peuvent travailler; les religieux pourraient diviser ce qu'ils donnent aux pauvres, moitié en pain, moitié en laine, à condition de rapporter la laine fabriquée en bas... Vous ne pouvez peut-être guère faire de chose qui soit plus utile à la province et plus utile à l'État... La misère des peuples des villes et des provinces ne consiste pas dans les impositions qu'ils paient au roi, mais seulement dans la différence qu'il y a dans le travail des peuples. »

Il écrit aux maire et échevins d'Amiens : « Le roy ayant par les lettres patentes du mois de janvier dernier permis au sieur Marissel d'établir la manufacture de camelots, façon de Bruxelles et de Hollande, en la ville d'Amiens, Sa Majesté lui aurait, entre autres choses, fait don de la somme de 250 livres pour chacun métier qu'il monterait, jusqu'au nombre de quarante, afin de le dédommager des dépenses à faire pour ledit établissement. — Comme Sa Majesté désire être informée de l'état de ladite manufacture, le nombre des métiers qui y sont présentement montés, battant et actuellement travaillant, comme aussi quel nombre d'ouvriers français et étrangers y sont employés, elle m'a ordonné de faire cette lettre pour vous dire que son intention est que vous vous transportiez en ladite manufacture pour dresser procès-verbal des choses ci-dessus, lequel vous m'enverrez ensuite et qu'au surplus vous donniez audit Marissol toutes les assistances qui dépendent de vous pour fortifier et augmenter ladite manufacture. C'est ce que je vous recommande en mon particulier. »

Il écrit aux maire et échevins d'Abbeville : « Vous aurez vu si clairement combien le roi désire l'augmentation et la perfection de toutes les nouvelles manufactures que sa Majesté a fait établir dans son royaume pour le bien et l'avantage de ses peuples, que je ne doute pas que vous ne concouriez très volontiers en tout ce qui peut dépendre de vous à l'exécution d'un dessein qui doit produire tant d'avantages à votre ville en général, et à tous vos habitants en particulier. C'est pourquoi Sa Majesté m'a ordonné de vous écrire qu'elle désire que vous teniez soigneusement la main à ce que les entrepreneurs et ouvriers desdites manufactures jouissent paisiblement des exemptions portées par leurs patentes. »

Enfin, parmi les innombrables lettres qui témoignent des efforts immenses faits pour relever le travail dans le pays, nous détachons cette dernière, adressée à l'intendant de Tours, qui en est comme le résumé : « Je suis bien aise d'apprendre, par votre lettre du 13 de ce mois, que vous trouvez que les manufactures de Tours se maintiennent bien. Je vous prie de bien examiner ce point, parce que j'entends si souvent dire que le nombre des manufactures de soie et des métiers établis à Tours et environs diminue considérablement qu'il est bien difficile qu'il n'y ait pas quelque chose de véritable. Pour ce fait, il est nécessaire que vous vous informiez avec soin, mais aussi avec secret, du nombre de métiers et d'ouvriers qu'il y a dans Tours à présent, et que vous en fassiez comparaison avec le nombre qui y était il y a dix, douze, quinze et vingt ans. Je vous prie aussi de me donner une application particulière à faire en sorte que le commis de manufacture fasse bien son devoir dans l'étendue de cette généralité. — Quant à l'établissement des bas de laine ou tricot dans Angers, je ne puis pas deviner quelle dépense les maire et échevins ont trouvé qu'il y avait à faire, vu qu'il y a *une infinité de ces établissements faits en un grand nombre de villes du royaume, pour lesquels il a été fait presque aucune dépense*. Il serait seulement nécessaire que les maire et échevins payassent trois ou quatre bons ouvriers ou ouvrières pour apprendre aux enfants, même aux garçons et filles de 12 à 20 ans, et que lesdits maire et échevins fixent l'achat de quelque quantité de laine pour distribuer dans les commencements. Mais dans le même temps il faudrait engager les principaux marchands de la ville à faire travailler à ces ouvrages et en faire le débit. C'est de cette façon que cette manufacture s'est établie dans un grand nombre de villes du royaume. »

Et non seulement Colbert prodigue ses conseils, donne ses

encouragements pour mettre un terme à l'existence du quatrième état, mais il le fait d'une façon systématique. C'est ainsi qu'il écrit à la dame directrice d'une de ces nombreuses petites manufactures : « Qu'elle ne doit donner de rétribution qu'aux apprenties dénuées de ressources, pour que les mères trop pauvres les laissent aller à la manufacture. » Selon les provinces, les localités, les dispositions, il crée, outre les manufactures de bas de laine, dans toutes les provinces du royaume, des manufacture de serges, façon de Londres, à Gournay, Gisors, Chaumont, Magny, Chevreuse, Auxerre, Autun; du point de France, à Paris, Alençon, Bourges, Auxerre, Aurillac, et autres villes; et une infinité d'autres manufactures de toutes sortes, qui ont été établies ou augmentées considérablement, même toutes celles qui sont nécessaires pour l'équipement et l'armement des vaisseaux de guerre. Il crée des maisons de refuge, des hôpitaux dans chaque ville et bourg, publie son ordonnance sur la mendicité, fait construire à Paris une maison pour les enfants abandonnés. Enfin il fonde ce qu'on appela les Hôpitaux généraux où furent enfermés les pauvres capables de travailler. La mesure fut quelque peu violente, mais c'était la fin du quatrième état.

Colbert devait recevoir la récompense de tant d'efforts. L'intendant d'Alençon lui écrit : « Il y a plus de 80,000 personnes qui travaillent aux dentelles dans Alençon, Séez, Argentan, Falaise et les paroisses voisines, et je puis vous assurer que c'est une manne et une vraie bénédiction du ciel sur tout le pays dans lequel les petits enfants même de sept ans trouvent moyen de gagner leur vie. »

Quinze ans après la mort du grand économiste d'État, Boisguilbert écrira : « Sans guerre, ruine, ni famine, ni malheur public, le pays se trouve ruiné. » Personne après Colbert n'eut les ressources intellectuelles nécessaires pour continuer et soutenir sa grande idée de la régénération du quatrième état. Celui-ci se reforme et retombe dans la même misère que l'on expliquera par la même sottise : que ce sont les impôts qui causent la misère du peuple! on est devenu incapable de concevoir ce que c'est que l'état économique et social d'un peuple.

On s'égarera même, croyant mettre fin à la misère du quatrième état, à proclamer, bien avant la Révolution, la liberté du travail, et l'on en créera l'anarchie, portant au comble la misère générale. Le quatrième état croîtra et s'étendra jusqu'à la fin du dix-huitième siècle; alors ses souffrances se transformeront en fureur et massacres, avant même qu'on lui eût enseigné les droits de l'homme.

L'homme est ainsi fait : placez-le dans l'alternative de mourir de faim ou de recourir à la révolte, au vol et à l'assassinat, il se révoltera, volera et tuera.

Si, du moins, on avait compris les ordonnances de Colbert et ses règlements pour les maîtres et les ouvriers! On aurait pu échapper à la question ouvrière qui grandira pendant le dix-neuvième siècle, comme le quatrième état s'était développé sous l'ancien régime.

Dans les grandes manufactures dites royales, les ouvriers étaient traités comme des employés du roi; mais, dans les petites manufactures de création nouvelle, leur situation était à peu de chose près ce qu'elle sera dans les fabriques créées au dix-huitième siècle et depuis. Sans droits réglés par la coutume, sans assurance d'avenir, sans garantie en cas de maladie, ils étaient abandonnés à tous les caprices de l'entrepreneur ou du chef de l'industrie. Cette situation se résume ainsi : « Les ouvriers, disent des lettres de patente du roi, se sont relâchés et ont négligé leur travail sous le prétexte qu'ils ne pouvaient espérer devenir maîtres, ni même avoir la liberté de travailler pour leur compte particulier. »

Que fit Colbert? Dans ses règlements concernant la fabrique des bas et autres ouvrages de bonneterie au métier, il stipule qu'il sera choisi, dans trois ans à commencer des jour et date de la déclaration du roi, jusqu'à cent ouvriers des plus capables pour être faits maîtres de l'art et former la communauté; que les quatre plus âgés seront pour la première fois jurés de la communauté; dans la suite, il sera procédé tous les ans à leur élection et à la pluralité des suffrages. » D'un bond, Colbert donne le titre de maître aux ouvriers qui savent tenir le métier en état et y tisser un tricot sans défaut; mais, du coup aussi, il concède tous les droits et privilèges des antiques corporations; et, ce qui plus est, les lettres patentes du roi ajoutent : « Nous ordonnons qu'à chacun des cent premiers maîtres qui seront reçus, il soit fourni la somme de deux cents livres de nos deniers, pour être employés au payement d'une partie du prix du métier qui lui sera livré par les intéressés ou par la manufacture. »

Colbert n'alla pas au delà; certains trouveront qu'il allait déjà fort loin. Les corporations, communautés, jurandes, maîtrises de son temps étaient encore trop vivaces, et les privilèges, comme les entraves au progrès, tels qu'ils résulteront de l'excès de leurs franchises et libertés au siècle suivant, ne s'étaient pas encore fait jour.

Et ce fut un immense malheur pour les temps modernes; car nul n'ayant plus le génie de Colbert ne songea à faire pour les arts et manufactures ce qu'il avait fait pour l'aménagement et l'exploitation des forêts et pour les coutumes de la mer. S'il avait fait une ordonnance sur les arts et métiers, stipulant leurs rapports et les rapports entre ouvriers et patrons en général, comme il fit son code forestier et son ordonnance maritime, on n'eût plus qu'à la copier pour la faire entrer dans le système de la législation moderne.

Les lacunes mêmes de l'œuvre de Colbert révèlent la puissance de son génie. Il n'y en eut jamais de pareil chez aucun peuple ni dans aucun temps.

IV

BOSSUET

Le grand orateur, l'écrivain merveilleux, le théologien s'élevant à la hauteur des Pères de l'Église, l'historien illustre, que n'a-t-on admiré en Bossuet, sauf ce par quoi il se distingue et se place hors de pair : son génie d'homme d'État.

Nous froisserons peut-être des convictions bien ardentes en rangeant Bossuet, non parmi les grands penseurs et orateurs, mais parmi les grands politiques du dix-septième siècle. Nous chercherions vainement chez lui les traits qui distinguent le génie d'un Descartes ou d'un Pascal : des idées qui bouleversent le monde par leur nouveauté et leur hardiesse. Plus sage, réservé et prudent, comme Richelieu et Colbert, Bossuet voit la réalité des faits et y puise la sincérité et la profondeur de sa foi, qui fut la foi de la France de son temps; et, s'il ne se mêle pas des détails de la vie publique, s'il ne participe qu'au point de vue moral et religieux à la direction générale, il comprend comme les deux grands ministres, le caractère et le rôle de l'État. Il les dépasse même, en formulant leurs principes, en fixant leur doctrine, et en appliquant ses vues d'homme d'État aussi bien à la France qu'à l'histoire de tous les peuples, à l'Église gallicane qu'à l'Église réformée : jusque dans ses controverses et ses oraisons funèbres, il nous en dévoile la force et l'étendue, et, sa conception si vivante, si sereine de la Providence, aussi différente du Dieu lointain de Descartes que du Dieu écrasant de Pascal, en devient comme la lumineuse expression.

Tel fut Bossuet. Supprimez sa façon de concevoir notre ancienne monarchie, et son œuvre perd toute cohésion et portée : ses raisons ne sont plus que de l'éloquence, ses controverses de la scholastique, son histoire universelle une apologie des juifs, et sa politique tirée de l'Écriture sainte un livre que les naïfs ont essayé de lire et que personne n'a jamais compris. Déjà le titre de cette œuvre posthume aurait dû mettre en garde : *Politique tirée des propres paroles de l'Écriture sainte.*

De quelle autorité Bossuet pouvait-il enseigner la politique au Dauphin? Il est bien conseiller d'État de la duchesse de Bourgogne; mais ce titre est honorifique, son titre d'évêque seul est effectif. Il ne pouvait prendre comme modèle de science politique les actes du grand-père si susceptible et orgueilleux, sans se transformer en vulgaire courtisan; ni se servir des grands hommes de Plutarque, sans faire œuvre purement littéraire; ni enfin donner, comme ce sera de mode au dix-huitième siècle, l'instruction abstraite d'une politique imaginaire. Il ne restait donc au grand évêque qu'à se servir des passages des Écritures saintes pour étayer et fortifier sa manière de voir sur la politique et les institutions de son temps. La foi du jeune prince et sa connaissance des Écritures rendaient la tâche facile. Le titre seul du livre fut déjà un acte d'homme d'État.

Malheureusement, cet acte même devait rendre son œuvre incompréhensible, et en cela Bossuet partagea le sort de Richelieu et de Colbert. Trompé par le titre, on attribuera toute l'importance aux citations, alors qu'un auteur ne fait ses citations que parce qu'elles confirment ses opinions.

Il n'est pas aisé, toutefois, de séparer les pensées de l'homme d'État des citations de l'évêque, les unes et les autres formant un ensemble.

La Judée était une théocratie dont la direction se trouvait entre les mains des prêtres et des prophètes; la France du temps de Bossuet, au contraire, était une royauté aristocratique où la noblesse d'épée et de robe jouait le rôle principal. A cette différence de situation, Bossuet ne peut rien changer; mais elle nous permet de distinguer le grand homme d'État de l'éminent évêque.

Les origines restent bibliques. Les hommes sont nés d'un père commun, ils sont frères, et, selon les paroles du Christ, obligés de s'aimer les uns les autres. L'homme d'État ne se révèle que quand Bossuet commence à citer les Romains et les Grecs : « Ainsi la société humaine demande qu'on aime la terre où l'on habite ensemble; on la regarde comme une mère, une nourrice commune, on s'y attache et cela unit. C'est ce que les Latins appellent *caritas patriæ soli*, l'amour de la patrie... Thémistocle en mourant ordonne à ses amis de porter ses os dans l'Attique pour les inhumer secrètement. » « Mais il ne suffit pas que les hommes habitent la même contrée ou parlent le même langage, parce qu'étant devenus intraitables par la violence de leurs passions ils ne pouvaient être unis à moins que de se soumettre tous ensemble à un même gouvernement qui les réglât tous. » — « Otez le gouvernement, la terre et tous ses biens sont aussi communs entre les hommes que l'air et la lumière, mais dans un gouvernement réglé chaque particulier renonce au droit d'occuper par la force ce qui lui convient... Par le gouvernement chacun devient plus fort... toutes les forces de la nation concourent en un et le magistrat souverain a droit de les réunir... Sous un pouvoir légitime chacun se trouve plus fort, en mettant toute la force dans le magistrat qui a intérêt de tenir tout en paix pour être lui-même en sûreté. Dans un gouvernement réglé, les veuves, les orphelins, les pupilles, les enfants même dans le berceau sont forts... Leur bien leur est conservé; le public prend soin de leur éducation, leurs droits sont défendus et leur cause est la cause propre du magistrat... C'est-à-dire qu'il suffit que le prince ou que le magistrat règle les cas qui surviennent suivant l'occurrence, mais qu'il faut établir des règles générales de conduite afin que le gouvernement soit constant et uniforme : et c'est ce que l'on appelle lois... Les lois doivent établir le droit sacré et profane, le droit public et particulier... Elle est égale à tout le monde et, au milieu de la corruption, elle conserve son intégrité... Il y a des lois fondamentales qu'on ne peut changer, il est même dangereux de changer celles qui ne le sont pas... Le partage des biens entre les hommes et la division des hommes mêmes en peuples et en nations ne doit pas altérer la société générale du genre humain... La loi serait trop inhumaine si, en partageant les biens, elle ne donnait pas aux pauvres quelques secours sur les riches. Par ces lois il n'y point de partage qui empêche que je n'aie soin de ce qui est à autrui comme s'il était à moi-même et que je ne fasse part à autrui de ce que j'ai comme s'il était véritablement à lui. C'est ainsi que la loi remet en quelque sorte en communauté les biens qui ont été partagés pour la commodité publique et particulière. »

« Si l'on est obligé d'aimer tous les hommes et qu'à vrai dire il n'y ait pas d'étrangers pour le chrétien, à plus forte raison doit-il aimer ses concitoyens. Tout l'amour qu'on a pour soi-même, pour sa famille et pour ses amis se réunit dans l'amour qu'on a pour sa patrie, où votre bonheur et celui de vos familles et de vos amis est enfermé. C'est pourquoi les séditieux qui n'aiment pas leur pays et y portent la division font l'exécration du genre humain. »

Nous arrêtons là les citations du premier livre de la *Politique* de Bossuet; en voici la conclusion : « Pour conclure tout ce livre et le réduire en abrégé, la société humaine peut être considérée en deux manières : ou en tant qu'elle embrasse tout le genre humain comme une grande famille ; ou en tant qu'elle se réduit en nations ou en peuples composés de plusieurs familles particulières qui ont chacune leurs droits. La société considérée dans ce dernier sens s'appelle société civile; on peut la définir selon les choses qui ont été dites : sociétés d'hommes unis ensemble sous le même gouvernement et sous les mêmes lois. Par ce gouvernement et ces lois, le repos et la vie de tous les hommes est mise autant qu'il se peut en sûreté. Quiconque donc n'aime pas la société civile dont il fait partie, c'est-à-dire l'état où il est situé, est ennemi de lui-même et de tout le genre humain. »

Dans les livre second et troisième, Bossuet traite de l'autorité royale : « Le premier empire parmi les hommes est l'empire paternel... Il s'établit pourtant bientôt des rois ou par le consentement des peuples ou par les armes... Ces empires quoique violents, injustes et tyranniques d'abord, par la suite des temps et le consentement des peuples peuvent devenir légitimes... Il n'y a aucune forme de gouvernement, ni aucun établissement humain qui n'ait ses inconvénients; de sorte qu'il faut demeurer dans l'état auquel un long temps a accoutumé le peuple. Ainsi on voit que ce droit de conquête qui commence par la force, se réduit pour ainsi dire au droit commun et naturel du consentement des peuples et par la possession paisible... L'obligation d'avoir soin du peuple est le fondement de tous les droits que les souverains ont sur leurs sujets. »

« C'est pourquoi, dit le livre quatrième, l'autorité royale est absolue », et, ajoute Bossuet, « pour rendre ce terme odieux et insupportable plusieurs affectent de confondre le gouvernement absolu et le gouvernement arbitraire. Mais il n'y a rien de plus distingué... Le roi est soumis à la loi du royaume autant ou plus que les autres... Il est le magistrat suprême » — c'est le nom que lui donne de préférence Bossuet — et telle fut, en effet, la royauté de France dès son origine lorsque les grands seigneurs féodaux choisirent Hugues Capet pour être leur grand justicier. Mais cette notion de la royauté, absolue en quelque sorte comme l'autorité d'un président de cour de cassation, se troublera de plus en plus après Bossuet, au point de prendre un sens contraire. Bossuet, cependant, l'explique admirablement : « C'est autre chose que le gouvernement soit absolu, autre chose qu'il soit arbitraire. Il est absolu par rapport à la contrainte, n'y ayant aucune personne capable de forcer le souverain qui, en ce sens, est indépendant de toute autorité humaine. » Au commencement du dix-septième siècle, Grotius définissait la souveraineté « le pouvoir au-dessus duquel il n'y avait plus d'autre volonté humaine » ; et, dans ce sens, il n'est pas un président de république qui ne soit encore aujourd'hui inviolable. Mais Bossuet explique sa pensée à fond en ajoutant : « Il ne s'ensuit pas de là que le gouvernement soit arbitraire... parce qu'il y a des lois dans les empires contre lesquelles tout ce qui se fait est nul en droit. »

Ce qui rappelle le mot de Richelieu à Louis XIII : « Les ancêtres de Votre Majesté ont reçu la paix de leurs sujets », et l'opinion de Bossuet lui-même sur la conquête « qui ne devient légitime que par le consentement des peuples ». Ces lois, donc, des empires, « contre lesquelles tout ce qu'on fait est nul en droit, » ce sont les lois propres aux provinces et par lesquelles elles ont été acquises au royaume. « Le gouvernement affranchit tous les hommes de toute oppression et de toute violence, comme il a été si souvent démontré. Et c'est ce qui fait l'état de parfaite liberté, n'y ayant au fond rien de moins libre que l'anarchie, qui ôte d'entre les hommes toute prétention légitime et ne connaît d'autre droit que celui de la force. »

Quiconque se souvient comment Richelieu mourut avant d'avoir pu abolir la vénalité des charges, séparer les fonctions administratives des fonctions judiciaires et rendre plus égale la perception des impôts, et en même temps songe à l'échec de Colbert désirant établir l'uniformité des poids et mesures et faire disparaître le quatrième état, peut lire entre ces lignes l'histoire de la future Révolution : du moment que ni roi ni ministre ne parviendront à concilier les franchises et libertés locales avec les libertés générales et communes, c'est l'anarchie qui prévaudra, et dans cette anarchie, la force : ce sera la Terreur.

Ah ! si dans les livres on s'efforçait toujours de lire la pensée de leurs auteurs, il y a beau temps que l'on aurait compris la vraie magnificence de Bossuet et le secret de son génie.

Son *Histoire universelle* est composée de trois parties ; la première se rapporte à l'histoire de la Judée, la seconde à la suite des religions, la troisième aux empires et à leurs révolutions. C'est cette dernière, ne comptant dans l'édition in-8° que quatre-vingt-dix pages, qui est la véritable histoire universelle. Les autres sont conçues au point de vue du croyant sincère, celle-ci au point de vue de l'homme d'État.

Lui-même indique la différence de ces deux points de vue : « Car ce même Dieu qui a fait l'enchaînement de l'univers et qui, tout puissant par lui-même, a voulu, pour établir l'ordre, que les parties d'un si grand tout dépendissent les unes des autres, ce même Dieu a voulu aussi que le cours des choses humaines eût sa suite et ses proportions ; je veux dire que les hommes et les nations ont eu des qualités proportionnées à l'élévation à laquelle ils étaient destinés, et qu'à la réserve de certains coups extraordinaires où Dieu voulut que sa main parût toute seule, il n'est point arrivé de grand changement qui n'ait eu ses causes dans les siècles précédents. Et comme, dans toutes les affaires, il y a ce qui les prépare, ce qui détermine à les entreprendre et ce qui les fait réussir, la vraie science de l'histoire est de remarquer en chaque temps ces secrètes dispositions qui ont préparé les grands changements et les conjonctures importantes qui les ont fait arriver. »

Il n'existe pas de meilleure définition de la science de l'histoire. « Car, dit-il encore, il ne suffit pas de considérer ces grands événements qui décident tout à coup de la fortune des empires ; il faut les prendre de plus haut et observer les inclinations et les mœurs. » Et pourtant il n'est pas d'historien qui raconte la suite des événements d'après les inclinations et les mœurs, sinon par accident, comme Thucydide quand il dépeint les Grecs de son temps, ou Tacite quand il fait la critique des Romains en les opposant aux Germains. Nul ne songe à en faire une loi générale de l'histoire et à ramener aux inclinations et aux mœurs des peuples les événements qui décident de leur existence. Seul Bossuet le fait; mais, pour comprendre toute la puissance de sa pensée, comme tout à l'heure sa façon de concevoir ce qu'il appelle la monarchie absolue, il faut entendre le mot de loi dans le sens que lui donnait l'ancien régime.

« La coutume, disait Domat, c'est la loi. » Et Tocqueville observera que « la place que doit occuper l'idée de loi dans l'esprit humain était vacante chez les hommes de l'ancien régime » !

Lors donc que Bossuet nous parle de lois, ce sont les coutumes qu'il faut entendre. Mais, en histoire, le respect des coutumes ne lui suffit plus; il lui faut remonter jusqu'aux inclinations et aux mœurs, qui expliquent les coutumes. « Plus un peuple a des mœurs régulières et fortes, plus il se donne des coutumes stables, et plus les événements de son histoire dominent ceux des autres peuples, à coutumes instables, à mœurs légères. »

Telles sont les vues de Bossuet sur l'histoire : sa conception de l'État est une loi de l'histoire.

Parlant de l'Égypte, il dit : « Parmi de si bonnes lois, ce qu'il y eut de meilleur, c'est que tout le monde était nourri dans l'esprit de les observer; une coutume nouvelle était un prodige en Égypte; tout s'y faisait toujours de même; et l'exactitude qu'on y avait à grandir les petites choses maintenait les grandes. »

Il dira des Grecs : « La liberté que se figuraient les Grecs était une liberté soumise à la loi, c'est-à-dire à la raison même reconnue par tout le peuple. Ils ne voulaient pas que quelques hommes eussent du pouvoir parmi eux. Les magistrats redoutés du temps de leur ministère redevenaient des particuliers qui ne gardaient d'autorité qu'autant que leur en donnait leur expérience. La loi était regardée comme la maîtresse ; c'était elle qui établissait les magistrats, qui en réglait le pouvoir et qui enfin châtiait leur mauvaise administration. »

Ses vues surprenantes sur les Romains ont été confirmées par deux siècles de recherches et de critique historique. « Ils n'ont rien, écrit-il, dans tout leur gouvernement, dont ils se soient tant vantés que de leur discipline militaire. Ils l'ont toujours considérée comme le fondement de leur empire. La discipline militaire est la chose qui a paru la première dans leur État, et la dernière qui s'y est perdue, tant elle était attachée à la constitution de la république. » En d'autres termes, après la chute des Tarquins, les Romains conservèrent leur organisation militaire pour en faire leur organisation politique, organisation qui pénétra tellement leurs coutumes et leurs mœurs que, dès le commencement de la république jusqu'à la fin de l'empire, les fonctions civiles restèrent confondues avec les fonctions militaires.

Enfin, chez tous, Égyptiens, Grecs, Romains, ce furent les mœurs qui corrompirent les coutumes, et c'est la disparition de ces dernières qui entraîna la décadence et la disparition de ces peuples.

Ce sont ces vues si justes, si profondes sur l'État, qui ont fait de Bossuet le grand historien qu'il est, et ce sont encore elles qui feront de lui un grand orateur.

On s'est demandé d'où pouvaient provenir sa pompe et sa magnificence de langage? La *Politique* commence en ces termes : « Dieu est le roi des rois, c'est à lui qu'il appartient de les instruire et de les régler comme ses ministres » ; ajoutez à cette entrée en matière sa définition des lois, celle de la royauté absolue telle qu'il l'entend, fondée sur le respect de ces lois et ayant pour base le dévouement du roi à ses sujets, et l'histoire glorieuse de la France et sa grande destinée dériveront de cette élévation comme d'une source vive.

Toutes les splendeurs dont Bossuet entoure la mort d'une Henriette d'Angleterre ou celle d'un prince de Condé, tous les éclats de ses oraisons funèbres sont plus que l'expression d'un art consommé; ils sont celle de son génie d'homme d'État, d'où elles prennent la grandeur, la force et la simplicité qui en constituent l'art vivant véritable.

Enfin, dans ses *Lettres et Avertissements aux protestants*, qu'il écrit, comme abbé, à Metz, dans son *Projet de réunion des protestants de France à l'Église catholique*, ainsi que dans celui d'une *Réunion entre les catholiques et les protestants d'Allemagne*, c'est toujours l'homme d'État qui reparait à travers toutes les interprétations du dogme. « C'est un des effets les plus odieux de la nouvelle réforme d'avoir armé les sujets contre leurs princes et leur patrie, s'écrie-t-il, car il n'y a rien de plus opposé à l'esprit du christianisme que la réforme se vantait de rétablir, que cet esprit de révolte, ni rien de plus beau à l'ancienne Église que d'avoir été tourmentée et persécutée jusqu'aux dernières extrémités durant trois cents ans... et d'avoir toujours conservé dans une oppression si violente une inaltérable douceur, une patience invincible et une inviolable fidélité envers les Puissances. »

Bossuet échoua dans ses efforts et, chose étrange, par la même cause qu'il échouera devant Rome, lorsqu'il défendra les quatre articles de la Déclaration du clergé de France : ses vues d'homme d'État.

Les grands schismes ont toujours été, non des questions

de dogme, mais de politique religieuse. Les dogmes sont si élevés, la politique est si proche du cœur des nations! Or, les peuples qui se sont jetés dans la réforme, sont précisément ceux qui avaient été convertis les armes à la main : nos deux provinces aryennes, le Languedoc et la Bourgogne, le centre et le nord de l'Allemagne, les pays scandinaves, la Hollande et l'Angleterre. Clovis et Charlemagne, les Normands et les chevaliers de Teutobourg furent de forts méchants apôtres; les peuples soumis par eux reçurent le culte nouveau, écoutèrent la parole des prêtres; mais leurs craintes, leurs espérances, loin de s'identifier à la croyance imposée, restèrent sourdement attachées à quelque tradition idolâtre ou fétichiste, ou à quelque idée schismatique de leur croyance antérieure. C'est la force qui prévalut et c'est la force qui prévaudra encore, comme le dit Bossuet.

En véritable homme d'État, il cherche une conciliation entre la religion prétendue réformée et la croyance générale du pays. Son effort resta vain, car au delà des dogmes, il y avait des causes sans rapports avec eux. D'abord la Renaissance, qui avait surexcité au plus haut point non seulement l'amour des arts, mais aussi les besoins de luxe et de richesse. Les enfants de la noblesse s'étaient emparés d'un grand nombre d'évêchés importants, de riches abbayes et de couvents. Survinrent la découverte de l'Amérique et l'inondation de l'Europe par les métaux précieux du nouveau monde. Les redevances perdirent plus d'un tiers de leur valeur et, à cette cause de perturbation économique, vinrent s'ajouter les effets de l'usure, défendue par l'Écriture, sur l'argent. Elle s'était jetée, depuis le moyen âge, sur l'exploitation de la propriété foncière de la petite noblesse et sur l'exportation, d'un pays à l'autre, des métaux précieux. La gêne, ou plutôt la crise devint générale lorsque la papauté, pour achever Saint-Pierre, fit prêcher les indulgences. Ce fut la goutte qui fit déborder le vase.

Il n'y aurait eu ni Luther, ni Calvin, ni Mélanchthon, ni Érasme ; un docteur quelconque eût prêché n'importe quelle doctrine, que le résultat eût été le même. La révolte était dans la force des choses. En France, la petite noblesse s'empara des biens de l'Église qui étaient à sa portée; la grande et les souverains firent de même en Allemagne et en Angleterre, et les masses populaires les suivirent selon leur situation du moment. Des provinces se révoltèrent contre des provinces voisines, des villages contre leur suzerain, des paysans contre leur seigneur, selon les traditions religieuses des masses d'une part et, d'une autre, selon la cause du malaise général; à tel point que, durant ces longues et terribles guerres, on vit des catholiques s'unir aux protestants pour combattre les catholiques, des protestants aux catholiques pour combattre les protestants, chaque parti agissant selon ses intérêts et ses passions du moment.

Que pouvait Bossuet, que pouvait la liberté de conscience dans une question dont les origines remontaient à des siècles : la conversion à main armée ou volontaire des premiers chrétiens des différents pays ? C'est de l'histoire, morale en action des peuples, dont il s'agit.

Or, tout peuple converti volontairement identifiant ses craintes et ses espérances avec sa foi nouvelle, celle-ci devenait l'expression de son caractère et de son génie national. C'est ce que comprit Bossuet en écrivant : « Ces principes de religion, quoique appliqués à l'idolâtrie et à l'erreur, ont suffi pour établir une constitution stable d'État et de Gouvernement. »

Quiconque se souvient des persécutions et des haines qui éclatèrent au sein de la population gauloise à l'époque des premiers chrétiens et martyrs de Lyon comprendra que, converties à leur tour et de plein gré, ces populations s'attachèrent aux dogmes nouveaux, et leur donnèrent une interprétation et une application répondant à leur propre état intellectuel. C'est ainsi que la France devint la fille aînée de l'Église.

Toute croyance, pour devenir vivante, doit être interprétée et appliquée par le croyant, à moins d'être ce que l'on voudra, du formalisme, du servilisme, de l'hypocrisie, tout excepté une croyance.

Depuis des siècles on enseigne le christianisme aux nègres de Saint-Domingue; ils sont fétichistes comme aux premiers jours.

En France, on distingue encore au dix-septième siècle l'Église espagnole, l'Église ultramontaine et l'Église gallicane. C'étaient trois formes politiques issues de la diversité des croyances nationales, et qui n'ont rien de commun avec l'uniformité des dogmes, sinon qu'elles en sont issues selon le caractère et l'esprit de chaque peuple. Ce fut un immense malheur pour la France, qu'au lieu de concevoir la question des libertés gallicanes dans ce sens, qui fut le sens de Bossuet, on en fit une affaire politique et une question de domination soit de la papauté sur les évêques de France, soit des évêques de France sur la papauté, alors qu'aucune puissance au monde ne modifie à son gré l'esprit et le caractère des croyances d'un peuple.

L'attitude de Bossuet en cette circonstance fut celle d'un véritable homme d'État, et la justesse de ses prévisions, admirable. En 1682, les quatre articles de la Déclaration du clergé de France furent rétractés; deux ans après, survint la révocation de l'édit de Nantes. C'est à ces deux événements que remonte le commencement de la Révolution, où s'effondreront l'Église et la royauté, les libertés gallicanes ainsi que les franchises provinciales. La royauté perdit ses assises, l'Église souleva des haines qui durent encore, et les libertés particulières, religieuses et politiques, disparurent devant la nécessité de sauver la France à la fois de la guerre civile et de l'invasion étrangère.

L'histoire de la Révolution, en effet, devient incompréhensible si l'on ne se reporte pas à la diversité du caractère des croyances religieuses populaires chez les nations latines.

En Italie, les traditions du faste et de la pompe des empereurs romains, comme celles de leur domination sur le monde, s'étaient attachées à la tiare; de même que le culte de la beauté de leurs dieux antiques se retrouve dans leurs représentations du Christ et des saints.

En Espagne, les traditions de la lutte héroïque soutenue contre les Arabes et la domination des Maures firent naître une soumission sans réserve aux prêtres, soumission dont le peuple espagnol a donné des exemples jusqu'à briser les armées de Napoléon.

De même, en France, la Déclaration des quatre articles n'était que l'expression du sentiment populaire allant jusqu'à attribuer à ses rois le don de faire des miracles et conservant la tradition des pèlerinages aux lieux sacrés sous la direction de ses évêques, tradition qui date des origines celtiques et s'étend à travers les Croisades jusqu'à Notre-Dame de Lourdes.

Rome, toujours si prudente et si sage dans sa conduite

envers les croyances populaires, perdit dans cette circonstance la mesure qu'elle avait su conserver jusqu'à Richelieu. Elle eût dû laisser s'assoupir la question, et non la trancher. La faute en fut moins à Rome qu'aux passions soulevées par la Ligue. Les ultramontains de France payèrent chèrement l'erreur d'avoir entraîné la papauté à faire d'une question de domination politique intérieure une question de dogme.

C'est encore en homme d'État que Bossuet combattit le quiétisme de Fénelon et en obtint la condamnation. Au point de vue religieux, ce fut une erreur : les âmes délicates et vraiment saintes se réfugieront toujours dans la confiance absolue dans la grâce divine, qu'aucun enseignement, sauf celui de leur conscience, ne peut leur donner.

C'est pour la même raison que la Déclaration des quatre articles fut condamnée. Comme les rois sont les représentants de Dieu dans l'ordre civil, le pape l'est dans l'ordre sacré ; si les premiers doivent respecter les lois sans lesquelles leur autorité n'existerait pas, le second doit respecter les croyances religieuses telles qu'elles émanent des dogmes selon le caractère et le génie de chaque nation, condition d'existence non seulement de la foi, mais de l'autorité du saint-siège lui-même. Vérité incontestable au point de vue politique, c'était, au point de vue religieux, une erreur et qui, élevée à la hauteur d'un dogme, détruisait l'autorité du saint-siège, comme les libertés provinciales, élevées à la hauteur d'un droit souverain, détruisaient la souveraineté. Il y a plus de rapport qu'on ne pense entre les schismes dans l'Église et les guerres civiles dans les États.

Malgré sa merveilleuse connaissance des Écritures et des Pères de l'Église et malgré son admirable don de théologien,

Bossuet est et reste un homme d'État, et se révèle tel jusque dans sa façon de concevoir la Providence : « Dieu est le roi des rois ; il ordonne et règle l'univers et la suite des empires, comme les rois ordonnent leurs domaines. Il est le justicier, le magistrat divin qui donne, quand il lui plaît, aux rois de grandes et de terribles leçons. »

Ce n'est pas le Dieu des pauvres et des simples de l'Évangile ; c'est le Dieu d'Israël, le Dieu de Moïse, de David et de Salomon ; c'est le Dieu du peuple élu, le Dieu d'État qui dicte ses lois, en commande le respect, en châtie les transgressions ; et, s'il faut pousser jusqu'au bout l'analogie, rappelons les paroles de Bossuet au sujet de la monarchie absolue et de son devoir de respecter les lois « contre lesquelles tout ce qu'on fait est nul en droit » ; ainsi que le passage que nous avons cité de son *Discours sur l'histoire universelle* disant que ce même Dieu qui a fait l'enchaînement de l'univers « a voulu aussi que le cours des choses humaines ait sa suite et ses proportions. »

Toutes ces fortes pensées passeront inaperçues : le rôle que Bossuet attribue à la Providence, aussi bien que sa définition de la monarchie absolue, son *Discours sur l'histoire universelle*, comme sa *Politique tirée de l'Écriture sainte*. Il n'aura pas plus de successeur que Colbert s'efforçant de faire disparaître le quatrième état, ni que Richelieu se proposant l'abolition de la vénalité des charges dans le royaume.

La cause de cette impuissance intellectuelle en matière de gouvernement, impuissance qui commence au lendemain de la mort de Colbert, fait condamner Bossuet et aboutit à la révocation de l'édit de Nantes ; — l'un et l'autre furent attribués à la vieillesse de Louis XIV, comme si avec la vieillesse et la jeunesse des rois se modifiait la force intellectuelle des peuples — cette cause fut infiniment plus profonde.

Le rôle de Descartes et de Pascal dans l'histoire de la pensée française, rôle qui n'eut rien de commun avec la politique du grand roi, nous la montrera d'une façon éclatante. Avec eux s'éteindra le règne des hommes de génie; celui des hommes d'esprit lui succédera; ce sera, pour parler le langage de tous les temps, le règne des sophistes et des rhéteurs.

V

DESCARTES

C'est dans Descartes et Arnauld, Pascal et Domat, qu'il faut étudier la profondeur et l'étendue de la différence intellectuelle et morale qui sépare le dix-septième siècle du dix-huitième. Dans Descartes surtout, de la doctrine duquel, faute d'avoir été comprise, dériveront toutes les folies qui se débiteront en philosophie, et dans Pascal, dont les pensées, également mécomprises, expliquent toutes les erreurs qui se commettront en économie politique et en législation.

Rien n'est plus difficile que de se rendre compte de ce qui constitue la supériorité intellectuelle en philosophie. Combien les doctrines de Platon et d'Aristote ne diffèrent-elles pas de celles de Descartes et de Pascal ! Et cependant ils ont été doués, à des degrés divers, du même génie philosophique. Tandis que dans les sciences proprement dites, Archimède et Galilée, Ptolémée et Képler, pour faire leurs découvertes penseront identiquement de la même manière, de même que Descartes et Pascal, dans les mathématiques et en physique, suivront les mêmes règles.

C'est que la philosophie est tantôt un art, tantôt une science. Le politique dispose des hommes et dirige les masses en vue du but qu'il veut atteindre; le poète dépeint les passions humaines et fait parler et agir ses héros en vue de l'effet qu'il veut produire : le philosophe, dans sa doctrine, expose l'être et le devenir des choses d'après une idée maîtresse, un principe qui, les dominant, les explique. De là, la variété des doctrines, comme la diversité des politiques ou des œuvres littéraires.

La philosophie n'est une science que relativement à ce qu'on appelle la méthode ou la logique : la connaissance des règles d'après lesquelles nos idées se transforment en jugements, raisonnements, analyses, synthèses, inductions, déductions. Chaque règle y peut être vérifiée ; une règle nouvelle peut venir s'y ajouter à une règle connue, les exemples les soutiennent, l'expérience les justifie. Cependant, même pour cette distinction si facile, les hésitations subsistent en philosophie, et souvent, comme chez Descartes, la méthode se confond avec la doctrine.

Cette confusion fut même le trait de son génie; l'art dépassa la science. Pour faire sortir la pensée du désordre dans lequel la scholastique l'avait plongée par ses distinctions et ses formules, il inventa son doute au sujet de la certitude et de l'évidence de toutes les connaissances humaines, conseillant de les examiner comme on examinerait des fruits pourris et bons, mêlés dans un panier. Lui-même commença par les rejeter toutes, pour ne reprendre que celles dont il lui semblait impossible de douter, les idées simples et évidentes par elles-mêmes.

Déjà ce point de départ si éclatant de justesse ne fut pas compris. Et on le comprit d'autant moins que Descartes affirmait que les idées simples nous étaient comme innées. Or, les enfants, les sauvages, ne les ont pas; donc elles ne forment pas le fondement de nos connaissances. Descartes aurait dit que nous naissons avec la faculté de les produire, qu'il n'eût pas été compris davantage. Il eût fallu rechercher comprendre, définir cette faculté; c'était trop demander; il était plus facile de s'enthousiasmer pour Bacon.

Comme Descartes, Bacon s'était heurté aux difficultés de la scolastique et recommanda, non la recherche des idées simples, mais l'étude de la nature, le recours à l'expérience. Le principe parut splendide, sans qu'on prît plus de soin d'approfondir la pensée de Bacon que celle de Descartes. On n'alla même pas jusqu'à s'assurer de quelle façon Bacon entendait l'étude de la nature. On se serait aperçu qu'il le faisait absolument de la même manière que les scolastiques, remplaçant leurs entités par les natures naturantes, leurs règles alambiquées par des axiomes absurdes, pour en revenir à leur définition par le primitif du genre, de la chaleur par le mouvement vers le haut, du froid par le mouvement vers le bas, etc. On remplaça les recherches ardues par de belles phrases sur la grandeur ou les beautés de la nature, sur la certitude incomparable de son étude, et on en resta là.

Ce n'est pas par la nature qu'on explique la pensée, c'est notre pensée qui doit expliquer la nature, et pour cela il faut commencer par les idées dont il est impossible de douter, fondements de nos connaissances et de nos certitudes. A la suite de ce principe, la doctrine de Descartes se déploie avec une ampleur magistrale:

« J'ai l'idée de Dieu, donc il existe »; car comment, moi, être chétif, infime, borné en tous sens, pourrais-je concevoir l'être infini, tout-puissant, éternel, « si cet être n'avait pas mis cette idée en moi, comme l'ouvrier la marque à son ouvrage ».

« Je pense, donc je suis »; car comment pourrais-je

affirmer mon existence si, par ma pensée, je ne distinguais ce qui est moi de ce qui ne l'est pas ?

« Et mon moi, mon âme, est inétendue, sans haut ni bas, sans largeur ni profondeur, car je ne puis être ni plus ni moins moi : je suis toujours moi-même, indivisible dans ma conscience, indivisible dans ma pensée.

« Mon corps, au contraire, a des membres, des parties multiples, et, comme la matière étendue, peut être divisé dans toutes ses parties.

« Aussi la matière, étendue comme le corps, est, comme lui, divisible en ses parties, et le monde, l'univers, à partir des vibrations de la lumière jusqu'au mouvement des astres, ne sont que mouvement des parties de l'étendue. »

Certes, il y a des lacunes dans la doctrine, si fortement qu'elle soit conçue, si logiquement qu'elle soit établie. Il en fut comme de son principe, les idées simples : on se moqua du point où siège l'âme inétendue, tout comme des tourbillons et de la chiquenaude mettant en mouvement l'univers, ainsi que de la marque mise en nous par l'idée prétendue innée de Dieu. Tout cela parut fort amusant, on y mit de l'esprit à revendre, sans se trouver plus avancé. Puis, revenant aux belles phrases sur l'étude de la nature et les certitudes de l'expérience, on crut découvrir l'origine des idées simples dans les sensations. Ce fut, même sous cette forme, encore un triomphe de la grande pensée de Descartes : il n'est pas de sensation au monde qui nous donne des points sans dimensions, des lignes sans largeur ni profondeur, des nombres abstraits, fussent-ils écrits en lettres romaines ou arabes.

L'erreur était éclatante ; il ne restait qu'à en faire une doctrine. Condillac l'essayera, le but dépassera ses forces, et c'est un Allemand qui y réussira.

Celui-ci divisera naïvement nos connaissances en idées *a priori* et en idées *a posteriori*, les idées simples de Descartes, et les idées provenant des sensations de Condillac. Ce fut l'origine de la sophistique allemande. Ayant séparé nos connaissances en deux parties distinctes, sans que l'une jamais puisse s'accorder avec l'autre, il en arriva comme de deux boules qu'un jongleur jette l'une après l'autre en l'air et qui jamais ne se rejoignent, à moins que cessant le jeu il ne les dépose toutes deux sur la table.

Personne, pendant deux siècles, ne songera à accomplir cet acte de bon sens. Les philosophes jongleront de plus fort en plus fort et, restant bouche bée devant ces tours d'adresse, le bon public croira que c'est la science même de la philosophie.

Descartes disait que les idées simples nous étaient comme innées. Il entendait par là que nous avions la faculté innée de les produire. Cette faculté, nous nous en servons dans chaque jugement, et c'est par elle que la pensée humaine se distingue de l'instinct de la bête.

L'enfant au berceau, qui tend ses bras à sa mère, n'a certes pas l'idée de la ligne droite; il agit d'instinct comme le petit chien; mais tandis que celui-ci agit toute sa vie ainsi, l'enfant, sans que personne ne le lui puisse enseigner, apprend à distinguer les actes de son intelligence qui, se répétant à travers ses sensations les plus diverses, l'amènent à concevoir des idées qui sont l'expression même de ces actes intellectuels : telle l'idée de la ligne droite sans largeur ni profondeur, qui n'est autre chose que l'acte intellectuel par lequel la pensée va immédiatement d'un objet à un autre.

Peu importe le nom qui sert à désigner les idées formées

de la sorte; peu importent les définitions maladroites que nous en donnons, comme celle qui dit que la ligne droite est un chemin, ou celle de Pascal appelant le cercle un rond. Toutes ces idées, étant l'expression d'actes accomplis par la pensée, sont évidentes, aucun doute n'est possible à leur sujet; comme le dit Descartes, elles forment la base de toute connaissance et certitude, et deviennent, quand on les formule, les axiomes : La partie est moindre que le tout; deux choses égales à une troisième sont égales entre elles; point d'effet sans cause; point de substance sans attribut.

Si, des idées simples — ligne, nombre, partie, tout, étendue, mouvement — telles que Descartes les conçoit, nous passons à sa preuve de l'existence de Dieu, elle sera mécomprise de la même manière.

L'homme étant un être faible, borné en tous sens, comment peut-il avoir conçu l'idée de l'être tout-puissant, éternel, infini, si Dieu lui-même n'a pas mis cette idée en lui? Mais non seulement l'homme est un être faible dans ses forces, borné dans ses qualités, comme dans ses actes, il en est de même de la nature entière. Tout, dans la nature, est déterminé et déterminable, et tout est, dans la science que l'homme peut en acquérir, défini et définissable; mais tout, dans la nature, comme dans la science, porte la même marque : tout se trouve entouré d'indéterminé et d'indéterminable, d'infini, et d'éternel

De la sorte, suivant rigoureusement la pensée de Descartes, on doit conclure à l'existence du Dieu créateur, à moins de prouver que ce n'est pas Dieu, mais la matière, la nature, l'univers, qui sont infinis, éternels, absolus, sans fin ni limite. Mais, en ce cas, comment la science peut-elle prétendre à une certitude, à une évidence quelconque, tout, dans la science, devant être défini et définissable, à partir des lignes parallèles qui ne se rencontrent jamais, jusqu'au mouvement et à la composition des astres qui brillent dans l'espace ?

Ou la science de l'homme est réelle, certaine, ou elle n'est qu'un leurre et une chimère, ne pouvant jamais mener à une certitude, à une évidence dernière. Elle est, en suivant la pensée de Descartes dans son entier développement, la preuve la plus éclatante de l'existence de Dieu.

Pourquoi ne l'a-t-on pas suivi dans sa grande voie ? Pour la même raison que l'on transforma le célèbre « je pense, donc je suis », en cette formule absurde « le moi pose le non-moi. » Et, d'absurdité en absurdité, on en vint à affirmer que la *volonté* fait *l'être*, et que s'il n'y avait plus de volonté, il n'y aurait plus rien.

L'idée de Descartes, pourtant, était lumineuse. Il prenait le mot *être* dans le sens le plus naturel, celui que nous lui donnons en chacun de nos jugements, et, généralisant la signification dans le sens où la pensée attribue l'être aux choses, il conclut : je pense, donc je suis. L'antinomistique et la sophistique n'eurent point d'autre origine que l'incapacité de comprendre la pensée si simple et si juste de Descartes.

Son opinion sur l'indivisibilité du moi et l'inétendue de l'âme présente plus de difficultés. On s'attacha surtout à l'inétendue, ce qui conduisit Malebranche à la vision en Dieu et Leibniz à l'harmonie préétablie entre le moi inétendu et le monde étendu. Les deux hypothèses furent des conclusions logiques du principe de Descartes, sans aucun jeu avec la portée des idées ou le sens des mots.

On les eût évitées si l'on s'était attaché à l'ensemble de la pensée cartésienne. C'est en opposition avec la matière étendue et divisible qu'il conçoit l'âme inétendue et indivisible; et c'est le mot indivisible qu'il eût fallu étudier, en recherchant si ce moi, tout en étant indivisible, pouvait être inétendu.

La théorie de Descartes sur la matière eut le même sort. Descartes définit la matière par les idées simples d'étendue et de parties d'étendue, ce qui l'amène à expliquer tous les phénomènes par les mouvements de ces parties. Newton, acceptant la théorie de Descartes, trouva que le mouvement des astres suivait les lois de Galilée sur la pesanteur et celles de Kepler sur les ellipses. Cette découverte parut le renversement des idées de Descartes, bien que Newton, en fidèle cartésien, avouât ne pas comprendre une matière agissant à distance sans l'intermédiaire d'une autre matière.

Il eût pourtant été facile de concilier les lois de la gravitation avec les idées de Descartes sur la matière et le mouvement. On tenait la solution, puisqu'on savait que la lumière et la chaleur sont des forces impondérables. La nécessité de deux matières, l'une pondérable, l'autre impondérable, l'une forme, l'autre force, la première variable selon ses parties, la seconde se transformant en tension, vibration, ondes, courant, selon ces mêmes parties, pour devenir électricité, attraction, lumière, chaleur, s'imposait. Nul n'y songea, et on abandonna la grande pensée de Descartes, traitant l'opinion de Newton de sophisme.

Ce fut l'idéal du genre : transformer une opinion scientifique en sophisme, et ériger, par une conséquence logique, l'erreur en théorie scientifique! Et toutes ces extravagances trouveront des croyants sincères. S'il y a des limites à la science, il n'y en a pas à la folie.

Hors Newton qui mourut au commencement du dix-huitième siècle, Descartes n'eut point de successeurs. Sa doctrine était à la fois trop simple et trop grande. On s'attachera bien à ses idées, mais en leur donnant un sens contradictoire. On citera son nom, mais en l'abaissant à un niveau intellectuel qui ne fut pas le sien. S'il donna une impulsion à la pensée humaine, cette impulsion fut trop forte pour ceux qui prétendirent le suivre; ils n'avanceront que de chute en chute.

En mathématique et en physique, cependant, Descartes eut des successeurs dignes de lui, et c'est encore un homme du dix-septième siècle, Arnauld, qui, dans sa merveilleuse *Logique,* nous en dévoilera la raison.

VI

ARNAULD

Sainte-Beuve considérait la *Logique* de Port-Royal comme « l'œuvre la plus célèbre et la plus utile de Messieurs de Port-Royal ». La génération qui le suivit raya le livre du programme des études. A la fin du dix-neuvième siècle, on le comprit encore moins qu'au commencement du dix-huitième.

Nous pouvons admirer la puissance de Descartes, la profondeur de Pascal, la magnificence de Bossuet; nul, si ce n'est Aristote, ne dépasse en précision, justesse et rigueur, les auteurs de la *Logique* de Port-Royal. Arnauld, qui en fut le premier rédacteur, eut le génie du bon sens et en imprima le sceau à l'ouvrage.

« Maître Antoine Arnauld, prêtre et docteur en théologie de la maison et société de Sorbonne », lisons-nous au bas d'une gravure de l'époque qui reproduit ses traits à la fois sévères et doux, reçut de ses contemporains, comme Louis XIV, le surnom de Grand.

Soupçonné, tour à tour, de jansénisme et de gallicanisme, attaqué, poursuivi, traqué, Arnauld rectifie Descartes dans ses *Lettres*, confond Malebranche dans son *Traité des idées*, supplée Bossuet dans ses *Méditations sur le système de la nature et de la grâce*, triomphe de Pascal dans son *Traité de géométrie*, fonde la *Grammaire générale*, et rédige en six jours, pour le jeune duc de Chevreuse, la partie principale de la *Logique*, établissant sur un fondement inébranlable la science de la pensée.

Port-Royal adopta la *Logique*, l'agrandit et la fit sienne. En lisant dans les éditions postérieures : cette partie est d'Arnauld, cette autre de Nicole, cette troisième peut-être de Sacy, il nous semble voir un monument portant sur chacune de ses pierres le nom de l'ouvrier qui la tailla et dont l'architecte fut le génie même du plus glorieux siècle de notre histoire.

Il n'existe pas une erreur en philosophie, dont la *Logique* ne nous révèle la nature et les causes ; il n'est pas une découverte dans les sciences, dont elle ne nous donne le secret.

« Le mot *idée*, lisons-nous au chapitre premier, est du nombre de ceux qui sont si clairs qu'on ne peut les expliquer, parce qu'il n'y en a point de plus clair et de plus simple. » Au lieu de s'en tenir à cette évidence, les nouveaux logiciens imaginèrent l'explication des idées par les sensations, ce qui en amena d'autres à revendiquer l'évidence pour les idées abstraites simples. Les uns et les autres se jetaient dans un cercle vicieux : prétendre expliquer l'évidence et la certitude des idées par la sensation ou par l'abstraction alors que celles-ci ne s'expliquent que par les idées que nous nous en faisons, c'est vouloir l'absurde.

Les conséquences des deux erreurs furent incalculables. L'une donna naissance à des théories n'ayant pour base que les sensations, et matérialistes par essence, en psychologie, morale, politique, histoire, etc.; l'autre fut l'origine de systèmes complets sur Dieu et l'univers, fondés sur le seul jeu des idées abstraites.

Ainsi l'on méconnut le principe même de la logique de

Port-Royal, et bientôt on devait en méconnaître la classification des idées.

« Quoique toutes choses qui existent soient singulières, écrit Arnauld, néanmoins par le moyen des abstractions nous ne laissons pas d'avoir plusieurs sortes d'idées, dont les unes ne représentent qu'une seule chose, comme l'idée que chacun a de soi-même, et les autres en peuvent également représenter plusieurs... Les idées qui ne représentent qu'une seule chose, comme l'idée que chacun a de soi-même, s'appellent singulières ou individuelles, en ce qu'elles représentent des individus, et celles qui en représentent plusieurs s'appellent universelles, communes, générales. »

A ces deux grandes classes d'idées, si nettement caractérisées, les logiciens postérieurs ajoutèrent deux classes : les idées sensibles ou *a posteriori*, telle que l'idée de bleu, de rouge, de chaud, de froid, provenant des diverses espèces de sensations ; et les idées abstraites ou *a priori*, telles que les idées de l'être, de la cause, de la substance, du temps, de l'espace, que l'esprit conçoit, abstraction faite des idées sensibles, particulières ou générales.

Les penseurs de Port-Royal eussent trouvé cette distinction artificielle. Les idées sensibles et abstraites, qu'ils concevaient aussi bien que nous, leur paraissaient de simples phénomènes intellectuels compris dans la formation des idées particulières et générales. Les idées sensibles et abstraites, en effet, dans le sens rigoureux du mot, ne représentent pas des *idées de quelque chose*. Il n'existe pas de bleu, de rouge, de chaud, de froid ; mais il y a des choses qui sont bleues, rouges, chaudes, froides. De même les idées d'être, de cause, de substance, de temps, d'espace, ne peuvent représenter des objets ; elles n'emportent l'existence qu'en tant qu'elles représentent d'autres idées considérées dans leur sens général; exemples : l'être, c'est-à-dire toutes les choses qui sont; la cause, c'est-à-dire les choses qui entraînent des effets; l'espace, c'est-à-dire toutes les choses qui sont étendues.

Un abîme sépare les deux manières d'entendre la portée de nos idées.

Nous nous sommes habitués à raisonner sur les sensations de chaud, de froid, de dureté, de résistance, sur les idées de l'être, de la cause, de la substance, etc., comme si ces sensations et ces idées étaient par elles-mêmes quelque chose. Les penseurs du dix-septième siècle ne les envisageaient pas de cette manière, sinon pour leur contester, comme l'ont fait Descartes pour les idées sensibles, Pascal pour les idées abstraites, toute espèce de certitude. A des hommes tels que Descartes et Pascal, les sensations paraissaient chose trop inconstante et incertaine pour pouvoir servir de fondement à la pensée scientifique; quant aux idées abstraites, ils les envisageaient, comme dans les mathématiques, non dans leur sens abstrait, mais dans leur sens général. Pour les esprits du dix-septième siècle, le temps était la mesure du mouvement; Descartes définit la matière par l'idée d'étendue; Port-Royal fait de la substance une idée simplement plus générale que celle de corps, et relègue les diverses idées de cause parmi les lieux de rhétorique.

« Nous concevons clairement, dit Port-Royal, l'existence, la durée, l'ordre, le nombre, pourvu que nous pensions seulement que la durée de chaque chose est un mode ou une façon dont nous considérons cette chose en tant qu'elle continue d'être, et que pareillement l'ordre et le nombre ne diffèrent pas, en effet, des choses ordonnées et nombrées. »

En appliquant ainsi chacune de leurs idées à l'existence concrète des choses, les penseurs du dix-septième siècle acquirent une simplicité, une clarté et une ampleur, qui expliquent la netteté de leur pensée aussi bien que la fermeté de leurs doctrines, rappelant le caractère plastique de la philosophie grecque dans sa période d'éclat.

Descartes, Arnauld, Pascal, Domat concevaient leurs idées et les choses qu'elles présentaient avec autant de force et de plénitude que Molière, Corneille et Racine les caractères et les passions de leur temps. Les uns et les autres nous sont devenus inimitables.

Pourquoi, dans les mathématiques où l'on traite, tout comme en philosophie, de choses abstraites et de choses sensibles, les progrès ont-ils été continus, tandis que la philosophie s'est écartée de la grande voie où le dix-septième siècle était entré d'une manière si triomphante? C'est que l'on n'a pas suivi la manière dont Port-Royal entendait la portée des idées.

Aucun mathématicien ne prétend que la ligne, l'unité, le nombre existent en dehors de sa pensée; qu'il y a, en toute réalité, des lignes sans largeur ni profondeur, des points sans dimensions, des unités et des nombres sans particularité, tandis que les philosophes se sont imaginé que des objets particuliers répondaient aussi bien à leurs sensations abstraites qu'à leurs idées abstraites.

Nul mathématicien, au cours de ses calculs, n'additionne, ne soustrait, ne multiplie, ne divise des grandeurs d'ordres différents, n'ajoute des lignes à des équations, ne retranche une figure d'un nombre, tandis que les philosophes, dans leurs spéculations, se sont mis à retrancher la sensation de l'idée, à compléter l'être par le non-être pour obtenir la somme du devenir, à diviser la succession des phénomènes prétendant expliquer la cause ou l'évolution, à multiplier la force par la volonté pour définir le principe des choses.

Descartes déclare en termes formels que, pour composer son *Discours de la Méthode*, il a pris pour guides les évidences des mathématiques ; Arnauld, cherchant les règles de la synthèse, n'en trouve pas de meilleures que celles des géomètres. Ces exemples ont été vains, et, poursuivant la vérité au moyen d'idées auxquelles on n'accordait pas leur vraie portée, on a été poussé vers les plus folles fantaisies et de la sorte, tandis que les mathématiques n'ont cessé de se développer, on en est arrivé à pouvoir se demander s'il existe une science de la philosophie.

Port-Royal avait réuni tous les éléments nécessaires pour faire de la philosophie une science précise ; on voulut dépasser son œuvre, sans s'apercevoir que dans cette précipitation on négligeait les conditions les plus élémentaires pour y parvenir.

Le sage principe d'Arnauld a été abandonné le premier ; puis on faussa sa division des idées. Les philosophes nouveaux, emportés par l'ardeur avec laquelle ils poursuivaient chacun son point de vue particulier, en vinrent jusqu'à abandonner les « axiomes ».

Ces axiomes, d'une vérité si claire et si absolue, semblèrent des débris de la scolastique ; on les trouva trop simples. On préféra inventer tout d'une pièce la méthodologie, l'antinomistique, et découvrir la phénoménologie de l'esprit, les lois de l'association des idées, et l'on finit par établir les « cannons de la découverte des causes » ; alors que par l'abandon des axiomes d'Arnauld on s'était mis dans l'impossibilité d'établir une vérité quelconque.

Arnauld compte sept axiomes se rapportant à la proposition. Les deux premiers sont les plus importants.

Axiome I : *L'attribut est mis dans le sujet par la proposition affirmative selon toute l'extension que le sujet a dans la proposition.*

Axiome II : *L'attribut d'une proposition affirmative est affirmé selon toute sa compréhension, c'est-à-dire selon tous ses attributs.*

On sait que le mot *compréhension* exprime l'ensemble des attributs connus dans une idée et le mot *extension* l'ensemble des sujets auxquels cette idée s'applique.

Les axiomes III et IV sont complémentaires des deux premiers ; les trois autres se rapportent aux propositions négatives.

Nous ne nous arrêterons qu'aux premiers. Ils renferment les règles qui régissent tous les progrès, toutes les découvertes de l'esprit humain, en même temps que la doctrine la plus complète de l'induction.

Platon, dans le *Parménide*, fait de l'induction, sous le nom de dialectique, le moyen d'établir l'accord de toutes nos connaissances par la découverte des idées immortelles des choses. D'après les Analytiques d'Aristote, l'induction enseigne le terme moyen du syllogisme, et se confond avec la démonstration qui, seule, en s'élevant aux essences formelles et universelles, donne à l'homme la certitude de savoir qu'il sait. Bacon ne voit l'accroissement des sciences que dans l'induction qui dévoile « les natures naturantes des phénomènes dont la multiplicité est capable d'effrayer l'esprit ». Chacun mesura l'induction à l'échelle de sa pensée.

Arnauld, plus modeste, nous enseignant les simples lois du jugement, nous permet seul de pénétrer les caractères aussi bien de l'induction des esprits les plus humbles, que de l'induction la plus sublime des grands penseurs. Toutes les lois de l'histoire intellectuelle de l'humanité sont résumées dans les deux axiomes d'Arnauld.

Un enfant se heurte à une chaise et se fâche contre elle, lui attribuant la volonté de le heurter; c'est là un jugement de jugement, et une induction à l'instar de celle du sauvage qui, rencontrant une pierre d'une forme bizarre, lui attribue un pouvoir bien ou malfaisant, et s'en fait un fétiche. Raisonnement et induction élémentaires; la pensée, encore peu développée, impose ses caractères aux objets et aux faits qui la frappent.

Revenons au premier axiome. Ce serait renouveler la scène de M. Jourdain que de vouloir en prouver la justesse.

En disant que les lions sont des animaux, personne n'entend par là que les lions sont tous les animaux. Ce fait est d'une évidence telle que chacun, dans ses jugements, fait de la méthode sans le savoir. Néanmoins nous croyons devoir insister.

Nous ne pouvons, sans dire des non-sens, prétendre que ce papier est cette table, cette table ce palais, et quand nous affirmons que cette ombre est Pierre ou que les étoiles fixes sont des soleils, nous prenons les idées de Pierre et de soleil dans un sens attributiel ou général. Je dis de cette ombre qu'elle est Pierre parce qu'elle a les formes extérieures ou les mouvements de Pierre, et des étoiles fixes qu'elles sont des soleils parce qu'elles en ont les caractères généraux. Ainsi, en tout jugement affirmatif, le sujet est pris, pour nous servir de l'expression de Port-Royal, selon son extension, et l'attribut selon sa compréhension seulement.

L'axiome ne change pas si, au lieu d'appliquer notre jugement à une idée simple, nous l'appliquons à un jugement tout entier, qui devient en ce cas sujet d'un second jugement.

Exemple : « Cette étoffe est noire parce que tous les objets noirs absorbent les rayons de lumière », proposition contenant un jugement de jugement, le premier devenant sujet du second.

Or, un jugement devenant sujet est pris nécessairement, selon l'axiome de Port-Royal, non plus selon la compréhension de son attribut, mais selon l'extension de cet attribut. Celui-ci, qui était attribut dans la proposition formant le premier jugement, devient sujet dans celle exprimant le second. Ainsi, dans l'exemple cité : cette étoffe est noire parce que tous les objets noirs absorbent les rayons de la lumière ; l'attribut noir du premier jugement ne représente plus, dans le second, selon sa compréhension, toutes les qualités du noir ; mais, selon son extension, toutes les choses auxquelles ces qualités s'appliquent, toutes les choses noires.

Il a fallu des siècles de progrès dans la science de l'optique pour émettre ce second jugement et saisir le rapport entre l'extension de l'attribut noir et les caractères de la lumière. Semblables à l'enfant qui fait ses premières inductions, les hommes ne possédaient ni les connaissances ni le développement intellectuel nécessaires pour donner cette portée à leurs jugements. Les premières inductions s'arrêtèrent aux rapports élémentaires que la pensée concevait spontanément entre elle-même et les jugements.

L'enfant qui croit que la chaise a voulu le heurter étend simplement son premier jugement : cette chaise m'a fait mal, à lui-même qui devient, avec la chaise et le fait d'avoir éprouvé une douleur, le sujet du second jugement. Il identifie les actes qu'il accomplit lui-même avec l'objet dont il a éprouvé le choc, et conclut : cette chaise m'a fait mal parce qu'elle l'a voulu. Ce jugement a été émis fort sérieusement en philosophie par Schopenhauer qui identifia de même la volonté et la force dans *Le Monde comme volonté et représentation*. Induction instinctive et purement imaginaire, qui n'a d'autre raison que l'extension donnée à l'attribut d'un jugement devenu sujet d'un second jugement.

C'est par des raisonnements de même valeur que les hommes, dès leurs origines, interprétèrent la marche du soleil, le retour des saisons, l'heur et le malheur qui les surprenaient, attribuant le mouvement des astres à des esprits m ,urs, le changement des saisons à des divinités particulières, leurs peines et leurs plaisirs à de bons ou de mauvais génies.

Mais, en même temps qu'ils créaient leurs légendes et leurs fables, les hommes découvraient le langage, inventaient l'agriculture et la fonte des métaux, jetant les fondements de la civilisation.

Quelle différence y avait-il entre leurs inductions imaginaires et celles que, déjà, nous pouvons appeler scientifiques ?

Le deuxième axiome ajoute : « L'attribut d'une proposition affirmative est affirmée selon toute sa compréhension, c'est-à-dire selon tous ses attributs. »

Et Arnauld ajoute : « La compréhension marque les attributs contenus dans une idée, et l'extension les sujets qui contiennent cette idée. Il s'ensuit de là qu'une idée est toujours affirmée selon sa compréhension, parce qu'en lui ôtant quelqu'un de ses attributs essentiels on la détruit et on l'anéantit entièrement, et ce n'est plus la même idée ; par conséquent, quand elle est affirmée, elle l'est toujours selon tout ce qu'elle comprend en soi : ainsi, quand je dis qu'un rectangle est un parallélogramme, j'affirme du rectangle tout ce qui est compris dans l'idée du parallélogramme ; car s'il y avait quelque partie de cette idée qui ne convînt pas au rectangle, il s'ensuivrait que l'idée entière ne lui conviendrait pas, et ainsi le mot de parallélogramme, qui signifie l'idée totale, devrait être nié et non affirmé du rectangle. »

Vérité sur laquelle il revient encore en disant : « L'identité que marque toute proposition affirmative regarde l'attribut comme resserré dans une étendue égale à celle du sujet. »

En réunissant les deux axiomes et leur explication, nous avons la réponse à la question de la différence des fables et des découvertes de l'esprit humain.

Les unes et les autres proviennent d'un jugement de jugement. Dans les légendes et les fables, le second jugement porte sur les événements ou les choses extraordinaires et surprenantes : le mouvement des astres, le changement des saisons, les joies, les déceptions imprévues; dans les découvertes, sur des événements constants, des choses ordinaires dans la vie : un son prononcé, une graine tombée, un minerai fondu. Dans les premières, l'extension accordée au premier jugement comprend uniquement les rapports qu'il renferme avec les caractères de la pensée; dans les autres, cette extension comprend, en outre, un attribut *essentiel*, suivant l'expression d'Arnauld, de l'attribut du premier jugement.

Dans les unes et les autres, la pensée suit les mêmes règles ; mais, au lieu de s'appliquer à l'interprétation des grands phénomènes de la nature, elle s'applique aux données les plus élémentaires de la vie humaine.

Le premier homme qui éprouva une impression au son émis par un de ses semblables et qui, jugeant cette impression, supposa une impression identique chez celui qui l'avait émis, découvrit la première parole. Il avait perçu l'attribut essentiel de tout langage, à savoir que chaque son émis par la voix humaine exprime une impression, un sentiment, une idée ; comme tel autre perçut un attribut essentiel propre à la plante, au fruit et à la graine, qui recueillit la graine, la confia au sol et récolta le fruit ; de même qu'un troisième découvrit la fonte des métaux, en percevant un attribut essentiel propre au feu et au minerai dont le feu change la forme.

En vain on chercherait autre chose, dans ces découvertes, qu'un jugement de jugement, une application des axiomes d'Arnauld. Tel homme éprouvant telle impression a prononcé tel son, donc les sons émis par les hommes expriment leurs impressions. De cette induction, dérivèrent les langues et leurs formes infinies.

Telle plante porte tel fruit et telle graine, donc les mêmes graines reproduiront les mêmes plantes et les mêmes fruits ; le feu change la forme de tel minerai, donc tous les minerais de même espèce changeront de forme de la même manière sous l'action du feu ; inductions premières qui donnèrent naissance à l'agriculture et à la métallurgie.

Reste une dernière application de ces axiomes.

Supposons que l'esprit conçoive *tous* les attributs essentiels propres à un ou plusieurs jugements simples, comme Arnauld nous en fournit l'exemple en affirmant du rectangle que c'est un parallélogramme, celui-ci comprenant *tous* les attributs essentiels du parallélogramme. Appliqués d'une manière aussi parfaite, les deux axiomes donnent la formule de la science la plus haute et de la certitude la plus complète que l'esprit humain puisse atteindre ; formule absolue, qui résume toutes les inductions possibles, toute science imaginable.

Il est vrai qu'au seizième siècle la renaissance des sciences était à son aurore, et nul ne pouvait prévoir leur développement futur. L'état des connaissances que possédaient les logiciens de Port-Royal ne leur permettait pas d'attribuer à leurs axiomes toute leur portée; ils s'arrêtèrent à l'induction énumérative et ne dépassèrent point les règles de l'analyse de Descartes ni celles de la synthèse géométrique de Pascal. Les axiomes d'Arnauld n'en sont pas moins la formule précise des lois les plus universelles et absolues de la pensée.

Arnauld dit : « Dans toute proposition affirmative, l'attribut est affirmé selon tous ses attributs essentiels » et il ajoute : « L'identité que marque toute proposition affirmative regarde l'attribut comme enserré dans une étendue égale à celle du sujet. »

Et maintenant qu'après avoir pris un jugement simple et unique comme sujet d'un jugement, nous prenons divers jugements pour en former un sujet, nous découvrons que ce sujet complexe est encore régi par les deux axiomes.

Galilée observe une lampe qui se balance au dôme de Pise, rapproche ce fait de celui que les pierres tombent et que l'eau coule, et marque, selon l'expression d'Arnauld, l'identité des attributs de ces sujets divers, en prenant ces attributs selon leur extension pour en faire le sujet d'un jugement d'ensemble : il perçoit que tous les corps tombent les uns vers les autres et découvre la pesanteur. De plus, il exprime les attributs essentiels de la pesanteur qu'il vient de découvrir : tous les corps tombent en raison directe des masses — sans masse point de corps — et en raison inverse du carré de distances — sans distance point de chute — et chaque masse tombe identiquement de la même manière et, selon la distance, de la même façon. Après avoir découvert la pesanteur, Galilée en formula les lois.

Prenons un exemple dans les mathématiques : les angles d'un triangle sont égaux à deux droits, c'est-à-dire l'attribut de l'espace mesuré par les trois angles est identique à l'espace situé d'un même côté d'une ligne droite, lequel encore est identique à l'attribut de deux angles droits. L'induction faite par celui qui formula le premier la valeur d'un triangle ne se distingue en rien — au point de vue de l'application des axiomes — de l'induction de Galilée.

Cherchons un exemple dans la vie pratique : un cadavre est trouvé sur la voie publique; il s'agit d'émettre un jugement sur les attributs de ce cadavre en les prenant selon leur extension. Est-ce un accident, un suicide, un meurtre ? — Supposons que le cadavre ait une blessure dans la région du cœur et qu'il n'y ait pas d'arme auprès de lui; le sujet du second jugement sera « meurtre ». Restent à trouver les identités qui marquent les attributs essentiels contenus dans le premier attribut : une blessure dans la région du cœur et l'absence d'arme.

Aux esprits superficiels, il semblera qu'il suffit de trouver l'assassin. La chose est plus compliquée. Il faudra, selon la formule d'Arnauld, découvrir tous les attributs essentiels contenus dans l'attribut du cadavre : l'arme qui a fait la blessure, l'armurier qui l'a fabriquée, le marchand qui l'a vendue, la personne qui en était propriétaire au moment du crime, sa présence sur les lieux, l'intérêt qui a motivé le meurtre, la manière dont elle s'y est prise. Otez l'un ou l'autre de ces attributs, c'est-à-dire les rapports identiques que le premier attribut contient : l'identité entre la forme de la blessure et la forme de l'arme, l'identité de l'arme fabriquée et de l'arme vendue, l'identité de la personne qui possédait l'arme et de celle qui s'est trouvée sur les lieux, l'identité entre les motifs et l'acte, et aussitôt toute certitude, toute évidence s'évanouit.

L'intérêt que présentent certains procès criminels provient de l'obscurité de l'une ou l'autre circonstance nécessaire à établir l'évidence.

Si, dans un procès criminel, la connaissance de l'un ou l'autre attribut essentiel et le rapport que cet attribut renferme avec les différentes circonstances du crime fait défaut, le crime doit être, selon l'expression énergique d'Arnauld, nié et non affirmé du sujet.

Prenons comme dernier exemple un jugement complètement faux : le soleil tourne autour de la terre. Tant qu'on s'est contenté d'ajouter de nouveaux attributs, soit au sujet soleil, soit à son attribut, sans considérer comme sujet le jugement dans son ensemble, — exemple : le soleil en tournant s'allume le matin, il s'éteint le soir, — on ne sortait pas de la série des jugements attributiels dont le soleil restait le sujet. Il en fut autrement dès qu'on s'efforça de donner à l'attribut son extension entière : le mouvement du soleil autour de la terre. Le jugement émis sous cette forme entraînait la recherche, pour pouvoir émettre un second jugement, d'un rapport d'identité du mouvement du soleil à d'autres mouvements. Et c'est ainsi que Copernic en vint à se demander si le mouvement du soleil tournant autour de la terre ne se trouvait pas dans un rapport identique avec les objets qui paraissent se mouvoir devant nous quand nous-mêmes nous trouvons en mouvement. D'un jugement faux il fit un jugement vrai, obéissant d'instinct aux axiomes d'Arnauld.

« C'est pourquoi, dit Arnauld, il y a une parole d'un très grand sens dans Aristote, qui est que la démonstration ne regarde que le discours intérieur et non le discours extérieur. » Cette parole marque le dernier point auquel il importe de nous arrêter.

L'induction parfaite obéit toujours aux mêmes règles, qu'il s'agisse de a découverte de la pesanteur, de la valeur des angles d'un triangle ou de l'auteur d'un crime; que le second jugement se résume dans une phrase, produit de l'inspiration d'un moment; qu'il ait coûté des années d'efforts, comme la découverte de la gravitation par Newton, ou qu'il soit le résultat de l'enquête minutieuse d'un juge d'instruction, ces règles sont aussi constantes que les axiomes d'Arnauld immuables.

Cependant loin d'attribuer, à l'exemple d'Aristote et d'Arnauld, les progrès des sciences au discours intérieur, les partisans de la théorie sur l'évidence propre aux idées sensibles l'attribuèrent au discours extérieur, à l'expérience formulée par Bacon.

Les singes se chauffent au feu allumé par des voyageurs, et n'ont point l'idée de l'entretenir; un enfant, au contraire, voit le rapport qui existe entre le feu qui brûle et le bois qu'on y met; tandis qu'un savant, comme Stahl, voudra expliquer la cause de la flamme par le phlogistique. Comment un même fait expérimental, le bois qui brûle, peut-il laisser le singe dans l'ignorance, inspirer à l'enfant un jugement juste, et faire naître dans la pensée d'un savant des jugements erronés? L'expérience, le fait étant pour tous le même, ne peut rendre compte de ces différences. Le discours intérieur, expliqué par les axiomes d'Arnauld, en donne au contraire toutes les raisons.

Quand Lavoisier découvrit l'oxygène et expliqua les phénomènes de la combustion, l'expérience ne lui avait en aucune manière dévoilé l'oxygène, avant qu'il l'eût découvert.

Il se trouvait, en face du phénomène de la combustion, dans le même état d'esprit, si nous pouvons nous exprimer ainsi, que le singe en face du feu, percevant les effets, mais n'en saisissant pas les rapports. Il raisonna d'abord comme l'enfant, percevant un rapport entre le feu et la matière qui brûlait; puis, concevant rigoureusement, ainsi que le veut Arnauld, un attribut essentiel propre à la fois à la matière qui brûle, et au milieu l'air dans lequel il brûle, il trouva le poids. Il pesa le mercure qu'il allait faire brûler et l'air dans lequel le mercure brûlerait, et fit sa découverte.

Ainsi les deux axiomes d'Arnauld expliquent les progrès de la science et le développement de la pensée humaine parvenant à l'épanouissement de toutes ses facultés.

Ils nous font comprendre la dialectique de Platon qui veut que par les idées immortelles nous découvrions l'accord de nos connaissances; ils nous révèlent la puissance de la démonstration aristotélicienne, qui exige la découverte des formes essentielles, cause et primitif du genre dont il s'agit, par lesquelles seules on démontre.

Tout attribut pris, dans un second jugement, comme sujet, dans son extension, constitue le primitif du genre d'Aristote : Cette pierre tombe parce que tous les corps tombent; ce triangle a telles propriétés parce que tout triangle les a, qui est l'exemple même du Stagirite.

L'application de l'axiome premier explique la théorie d'Aristote, celle du second la doctrine de Platon, les idées immortelles, nous disons les lois immuables.

Il n'y a que l'induction de Bacon qui ne s'adapte pas à eux, quelque vastes qu'aient été les aspirations de l'illustre chancelier. Bacon prétend définir par induction les natures simples, le chaud et le froid, le lourd et le léger, le dense et le volatil; quand même la science n'eût point prouvé que le chaud et le froid, le lourd et le léger, le dense et le volatil proviennent d'une même force, les axiomes d'Arnauld le démontraient, puisque ces prétendues natures simples renferment des attributs essentiels communs et sont, par suite, de même genre.

Quant aux axiomes dont Bacon parle dans l'*Organum*, ils n'ont servi qu'à égarer les esprits. « Les organes des sens, écrit Bacon, ont de l'analogie avec les organes de l'optique. C'est ce qui a lieu dans la perspective, car l'œil est semblable à un miroir et aux eaux, et dans l'acoustique l'organe de l'ouïe a de l'analogie avec cet obstacle qui, dans une caverne, arrête le son et produit l'écho.. Un corps de pareils axiomes, ajoute le chancelier, étant comme le sommaire, comme l'esprit de toutes les sciences, personne ne l'a encore composé; il serait pourtant de tous les ouvrages le plus propre à faire sentir l'unité de la nature. »

De nos jours, un successeur de Bacon, Stuart Mill, s'efforça de donner « ce corps d'axiomes, ce sommaire de l'esprit des sciences ». Si, dit son cannon I, deux cas ou plus d'un phénomène, objet d'une recherche, ont seulement une circonstance commune — le creux de l'oreille et le creux de la caverne — la circonstance dans laquelle seule les cas concordent est la cause ou l'effet du phénomène, — le son produit dans l'oreille et l'écho de la caverne. — On torturerait dans tous les sens les cannons de Stuart Mill, il n'en sortirait que des axiomes à la Bacon.

Inutile de nous arrêter davantage à la prétendue induction de la méthode expérimentale. Pour faire une expérience, si simple ou compliquée soit-elle, il faut émettre un jugement sur un jugement donné, en suivant rigoureusement les axiomes d'Arnauld.

Notre ancienne et belle logique était, par son principe, sa division des idées comme, par ses axiomes, le guide le plus sûr, aussi bien pour l'interprétation des découvertes passées que pour la direction nouvelle à donner à la pensée.

Malheureusement s'il y a, dans l'histoire des peuples, des époques telles que notre dix-septième siècle, où les pensées vont droit comme des rayons de lumière, il en est d'autres où elles se décomposent en un prisme, comme ces mêmes rayons. Alors, chacun voit les choses sous un jour différent. Les oppositions surgissent partout, les mots perdent leur sens, les idées leur portée, les grands courants intellectuels se fractionnent; on finit par se plaire dans les contradictions et par dépenser ses facultés à couvrir des subtilités de la dialectique les erreurs dont on est incapable de triompher. Une œuvre logique paraît plate, un livre qui étonne par ses incohérences est placé hors de pair, et les doctrines qui, par leurs excès, excitent d'autant plus les passions que les idées sur lesquelles elles reposent sont plus incomplètes, enthousiasment un public nombreux. Incapable de supporter la lumière franche de la vérité, on n'est charmé que par les nuances fausses et les harmonies discordantes; le monde des arts et des lettres déchoit comme celui de la pensée; et dans toutes les directions on n'admire que le sophisme jetant autour de lui son éclat trompeur.

Le sophisme ! C'est une des parties les plus fortes et les plus belles de la Logique.

Rappelons ce beau passage : « Les hommes ne sont pas nés pour employer leur temps à mesurer des lignes, à examiner les rapports des angles, leur esprit est trop grand, leur vie trop courte... mais ils sont obligés d'être justes, équitables, judicieux dans tous leurs discours, dans toutes leurs actions, dans toutes les affaires qu'ils manient. »

Il n'est pas de faute commise en philosophie, en morale, en politique, que Port-Royal n'ait définie dans sa cause, par son analyse des sophismes.

Cette dernière partie de la Logique a été aussi peu comprise que la première. La preuve de l'incomparable justesse et de la grande portée des vérités qu'elle contient, était pourtant facile à faire. A chaque erreur dans les doctrines et dans les actes, il eût suffi d'ouvrir le chapitre des sophismes, pour en trouver l'explication.

Hélas ! Port-Royal s'adressait aux hommes de son temps. Les exemples dont il s'était servi, ne répondirent plus à l'état des esprits qui leur succédèrent, et l'on s'abandonna à la sophistique étrangère.

Voilà deux siècles que se poursuit ce mouvement : rationalisme, antinomistique, positivisme, pessimisme, évolutionnisme, nihilisme, psychologie *a posteriori*, physiologie *a priori*, droit naturel de la force, droit public imaginaire, nous avons tout accueilli, tout absorbé, sans contrepoids pour nous soutenir, sans boussole pour nous conduire sur cette mer démontée.

VII

PASCAL

De tous les penseurs du dix-septième siècle, Pascal est celui qui dépassa le plus l'intelligence du siècle suivant. On en fit à la fois un sceptique méprisant les prétentions de la science et un sectaire farouche, et, s'arrêtant aux petits faits, on se servit de Montaigne qu'il cite si souvent, en même temps que de saint Augustin dont il emprunte parfois les pensées et les sentences, pour voir en lui, d'une part un pyrrhonien foulant aux pieds les principes immortels de la Raison et, de l'autre, un janséniste exalté. On le revêtit d'un costume bariolé comme celui dont on affubla Richelieu et, sans son style, il y a beau temps qu'il serait oublié.

Si l'on eût étudié les rapports de Pascal avec ses amis, Arnauld, son aîné de onze ans, qui fut sous bien des rapports son maître, et Domat, de deux ans plus jeune, qui fut en quelque sorte son disciple, on n'aurait pas eu besoin de Pyrrhon ni de Montaigne, de saint Augustin ni de Jansénius pour l'expliquer.

Ce qui caractérise les hommes de génie du grand siècle, c'est tout ensemble la simplicité et la grandeur, la droiture et la loyauté de leurs conceptions. Leurs idées ont toujours la même portée, les mots dont ils se servent le même sens inaltérable; l'enchaînement qu'ils donnent aux uns et aux autres suit, comme les caractères de l'époque, une ligne droite inflexible. Telle est l'explication aussi bien du style que du génie de Pascal. Pyrrhon et Jansénius, loin d'éclairer sa pensée, la rendent incompréhensible en la rendant contradictoire.

La vie de Pascal nous a été racontée par sa sœur; ses *Pensées* ont été éditées par Port-Royal avec une préface de son neveu; circonstances heureuses qui nous permettent de suivre pas à pas le développement de sa pensée et la genèse de sa doctrine.

Blaise Pascal fut instruit par son père, qui lui enseigna le latin et, des sciences naturelles et physiques, ce qu'il estimait pouvoir être mis à la portée d'un enfant. Il ne fréquenta aucun collège et certaines connaissances, faisant partie de l'enseignement public de l'époque, échappèrent à son insatiable curiosité; l'histoire, par exemple, dans laquelle il ne s'élèvera pas à la hauteur de Bossuet. Il la traitera d'une de « ces matières où l'on cherche à savoir ce que les auteurs ont écrit ». Le fait est intéressant; il montre combien le génie des grands hommes dépend de leur première éducation.

Il n'en fut pas de même des mathématiques, plus simples dans leurs données. Le père de Pascal, fort mathématicien, désirait qu'il ne les abordât qu'après avoir acquis la connaissance des langues. Mais l'enfant, ayant entendu dire à son père que les mathématiques étaient « le moyen de faire des figures justes », dans ses récréations se mit à tracer des figures avec un charbon, appelant les lignes des barres et les cercles des ronds. Il trouva ainsi tout seul que l'angle extérieur d'un triangle est égal à la somme des deux angles intérieurs, et celle des trois angles intérieurs égale à deux droits : la trente-deuxième proposition du premier livre d'Euclide.

Nous mentionnons ces faits parce qu'on en a conclu que Pascal avait le génie des mathématiques. Nous connaissons un enfant qui, entendant parler du glouglou d'une pipe turque, découvrit la pesanteur de l'air et construisit un narghilé; il n'en fut pas plus un Torricelli ou un Galilée, que Pascal, malgré son calcul des probabilités, ne fut un Newton.

En même temps qu'il découvrait la trente-deuxième proposition du livre d'Euclide, il écrivait à l'âge de douze ans un traité sur les sons, pour avoir entendu dire que les sons étaient provoqués par la vibration de l'air. Ce sont là jeux d'enfant. Pascal eut une foi d'enfant et cette foi enfantine, il la conservera toute sa vie. Ce fait est plus important pour l'histoire de sa pensée que toutes ces anecdotes.

Le premier écrit que nous ayons de lui est une prière qu'il adresse à Dieu pour le bon usage des maladies. Il avait vingt-quatre ans et le croyant des *Pensées* s'y trouve déjà tout entier, ainsi que dans sa lettre sur la mort de son père.

Mais il était loin d'avoir épuisé toutes les tendresses de son cœur. Le discours sur les passions, on dirait mieux, sur les charmes de l'amour, est à la fois d'une sincérité et d'une pureté incomparables. On ignore le nom de la dame à laquelle il fut adressé; elle ne l'a peut-être jamais reçu.

Quoi qu'il en soit, et tout en conservant intacte sa foi, il se passionne de plus en plus pour les sciences, écrit sur le vide un traité dont il ne nous reste qu'un fragment, et fait faire la célèbre expérience du Puy-de-Dôme pour vérifier la découverte de Torricelli. Le fragment contient le passage fameux : « Dans les sujets qui tombent sous le sens ou sous le raisonnement, l'autorité est inutile; la raison seule a raison d'en connaître. Elles ont leurs droits séparés : l'un a tantôt tout l'avantage; ici l'autre règne à son tour. Mais comme les sujets de cette espèce sont proportionnés à la portée de l'esprit, il trouve une liberté tout entière de s'y étendre, sa fécondité inépuisable produit continuellement, et ses inventions peuvent être tout ensemble sans fin et sans interruption... De là vient que par une prérogative particulière non seulement chacun des hommes s'avance de jour en jour dans les sciences, mais que tous les hommes ensemble y font un continuel progrès à mesure que l'univers vieillit. De sorte que toute la suite des hommes, pendant le cours de tant de siècles, doit être considérée comme un même homme qui subsiste toujours et qui apprend continuellement. »

Ce ne sont pas là, certainement, les opinions d'un homme qui désespère ou doute de la raison. Rapprochons un autre passage se rapportant au droit de l'autorité : « Dans les matières où l'on recherche seulement de savoir ce que les auteurs ont écrit, comme dans l'histoire, la géographie, dans les langues... et surtout dans la théologie, et enfin dans toutes celles qui ont pour principe ou le fait simple, ou l'institution divine ou humaine, il faut nécessairement recourir à leurs livres, puisque tout ce que l'on peut savoir y est contenu. »

L'assimilation de l'histoire et de la géographie à la théologie paraît étrange, et cependant elle nous révèle toute la grandeur de son génie philosophique. Dans les deux fragments qui nous restent de son traité sur l'esprit géométrique, il dit : « La géométrie ne définit aucune de ces choses, espace, temps, nombre, égalité, ni les semblables qui sont en grand nombre. » Il revient aux idées de Descartes, pour le dépasser aussitôt, car, au lieu de s'arrêter à l'étendue, ses parties et leur mouvement, il pénètre à fonds les idées d'étendue et de durée, d'espace et de temps, et découvre que dans les deux sens, aussi bien en grandeur qu'en petitesse, l'homme est incapable de comprendre ces notions cependant si évidentes. A toutes les étendues qu'il puisse concevoir, viennent s'ajouter d'autres étendues à l'infini; à toutes les durées, des temps éternels; à toutes les petitesses, à tous les instants qu'il peut se figurer, succèdent des atomes plus petits, des instants moindres encore, sans que jamais il ne parvienne à concevoir le néant.

Que signifie cela? — L'homme qui, par ses idées les plus certaines et les plus évidentes par elles-mêmes, celles de l'étendue et de la durée, est porté à concevoir l'infini, l'éternel, l'être absolu, Dieu, ne peut pas plus le comprendre que le néant qui n'est pas et qui n'est rien. Comment expliquer tant de force et tant de faiblesse, de si grandes aspirations et une telle impuissance?

Depuis Zénon d'Élée, le sophisme du plus rapide ne pouvant atteindre le plus lent, parce qu'un espace infiniment divisible les sépare, est connu; mais, tandis que le sophiste grec s'y arrête et s'y plaît, croyant démontrer l'impossibilité du mouvement, Pascal accepte la difficulté dans toute son étendue; il se voit entouré d'un double infini de grandeur et de petitesse, et reconnaît ne pas pouvoir se donner une certitude quelconque à leur sujet.

Descartes se contente de l'idée de Dieu pour en démontrer l'existence. Cela ne suffit pas à Pascal. Cette idée, il la pénètre, la scrute, l'analyse; sa pensée l'y porte invinciblement, et toujours la même difficulté, implacable, renaît; il se sent aussi impuissant à comprendre l'existence du néant qu'à concevoir l'être infini, éternel, absolu. Comme l'étendue, la durée se divise sans fin, l'étendue et la durée s'ajoutent à d'autres étendues et à d'autres durées, sans jamais nous laisser atteindre l'être vraiment infini et éternel.

Il y a là une lacune dans la raison humaine. En quoi consiste-t-elle? D'où provient-elle?

En vain Pascal approfondit le problème; finalement, s'adressant à sa foi d'enfant, il trouve dans le dogme du péché originel la seule explication du fait : l'homme ayant péché dans son orgueil, sa pensée s'est ternie; sa raison, troublée.

Mais comment, dans ces conditions, expliquer les rapports entre Dieu et l'homme? Dieu, être infini, éternel par essence et l'homme devenu si profondément, si absolument incapable de le concevoir? Sa conclusion est encore d'une justesse lumineuse; il nous la dit dans son second traité sur l'esprit géométrique : « Je ne parle pas ici des vérités divines, que je n'aurai garde de faire tomber sous l'art de persuader, car elles sont infiniment au-dessus de la nature; Dieu seul peut les mettre dans l'âme et par la manière qui lui plaît. Je sais qu'elles entrent du cœur dans l'esprit, et non pas de l'esprit dans le cœur, pour humilier cette superbe puissance du raisonnement, qui prétend devoir être juge des choses que la volonté choisit, et pour guérir cette volonté infirme, qui s'est toute corrompue par ses sales attachements. »

Ne pouvant se rendre compte de la suite grandiose et du développement si logique de la pensée de Pascal, on recourut à l'enfantillage d'une petite et d'une grande conversion; la première, survenue à la suite de son étude sur l'esprit géométrique, la seconde à son entrée à Port-Royal, comme si une conversion pouvait transformer l'intelligence d'un homme!

La foi de Pascal ne s'est pas altérée un seul instant, mais

par la suite naturelle de son développement intellectuel elle lui donna la solution cherchée.

Port-Royal, emporté par sa polémique contre les jésuites, y poussa Pascal et lui inspira les *Lettres provinciales*. Ce fut un événement à la fois littéraire et politique ; littéraire, parce qu'elles devinrent le chef-d'œuvre de notre langue ; politique, parce que le parti ultramontain, ne pouvant y répondre avec la même perfection, s'exaspéra dans la lutte contre les jansénistes et les gallicans, et finit par triompher. Nous savons par Bossuet quel en fut le résultat.

La grande pensée philosophique de Pascal n'apparaît point dans ses *Lettres provinciales*. Ce fut une œuvre de polémique. Par contre, il s'absorbe de plus en plus dans sa foi. Elle lui avait donné une première solution, le dogme de la rédemption devait la compléter. C'est à ce point de vue qu'il faut lire les *Pensées*, l'œuvre principale, la grande œuvre de Pascal.

Elles ne sont, il est vrai, qu'un recueil de ses idées, jetées au hasard de l'inspiration sur des chiffons de papier et devant servir à une apologétique du catholicisme. On a regretté que la maladie dont il souffrait ait empêché l'achèvement de l'ouvrage. Nous sommes d'un avis contraire. Les *Pensées* eussent perdu dans leur enchaînement rigoureux, la spontanéité, la vie et la force qui les caractérisent. Il en est comme de la statue de la Vénus de Milo et de la Victoire de Samothrace, au sujet desquelles on peut se demander si, en ajoutant les membres qui leur manquent, on n'en altérerait pas la beauté.

Certes bien des pensées nous paraissent incompréhensibles et inconciliables. La faute en est plus à nous qu'à leur auteur. Pascal nous dit : « Personne ne s'accuse de manquer de jugement, » et ailleurs : « Travailler à bien penser est le premier principe de morale. »

Est-ce la faute à Pascal si nous confondons sous le mot raison deux choses qu'il distingue soigneusement : la raison qui s'attache aux objets des sens et dont les découvertes et inventions sont indéfinies, et la raison qui prétend nous dévoiler les principes du vrai et du bien, et qui est encore plus incapable de définir ces termes que ceux du nombre, de l'espace et du temps, si évidents cependant par eux-mêmes ?

Est-ce la faute à Pascal si nous nous étonnons que, croyant sincère, il ait pu faire de la preuve de l'existence de Dieu l'objet d'un calcul de probabilité, comme si la façon dont il a été fortifié dans sa foi par son impuissance même de concevoir l'être infini, éternel, lui avait laissé une autre issue !

Enfin, si des aphorismes comme ceux-ci : « Il y a sans doute des lois naturelles; mais cette belle raison corrompue a tout corrompu; — trois degrés d'élévation du pôle renversent toute la jurisprudence ; — vérité en deçà des Pyrénées, erreur au delà; » et tant d'autres, nous apparaissent comme la négation de tout sentiment de vérité, de tout instinct de justice, sommes-nous bien sûrs que notre opinion n'est pas un effet de la sophistique du dix-huitième siècle dont l'esprit moderne est malheureusement saturé, et que Pascal, qui se contente de constater des faits incontestables, ne soit admirablement dans le vrai ?

Domat, son ami, nous le prouvera tout à l'heure.

Poursuivons la logique de ce puissant génie jusqu'au bout.

La pensée humaine, malgré tous ses efforts, demeure

impuissante à pénétrer l'être infini, éternel, tout en étant créée pour le chercher et l'atteindre. Déchue de sa pureté primitive, elle était irrémédiablement perdue, et, si elle s'est relevée, ce ne fut et ne put être que par une intervention de Dieu même. Cette intervention, comment se fit-elle ? Par la rédemption : « C'est par le Christ et dans le Christ, écrit Pascal citant saint Paul, que nous parvenons à Dieu. » Étant données les idées de Pascal sur l'espace et le temps, il lui était impossible de conclure autrement. Au point de vue de la philosophie la plus pure, il n'y avait d'autre solution à la difficulté de concevoir l'étendue sans borne et le Dieu sans limite, que d'admettre les dogmes de la chute de l'homme et de la Rédemption et de la Grâce.

Jansénius n'eût pas inventé sa doctrine de la Grâce, que Pascal l'eût trouvée.

Sa pensée géante soulève toutes les questions. Il n'est pas un professeur de mathématique ou de physique qui ne soit forcé de citer Pascal. Il n'est pas un apologiste de la religion catholique qui puisse se passer de lui. Les philosophes seuls s'imaginent être d'autant plus philosophes qu'ils en font moins de cas.

Sa pensée brise sa chétive enveloppe, et, conséquent avec lui-même, Pascal nous offre l'émouvant spectacle du martyre d'un saint : résigné à toutes les souffrances au point d'y trouver une consolation, pratiquant toutes les charités excepté celle envers lui-même, s'interdisant toute douceur jusque dans sa nourriture de malade, se soumettant à toutes les privations, enfin portant un cilice pour ajouter encore à ses souffrances, en souvenir de la Passion du Rédempteur.

La science de Pascal avait été celle d'un homme doué de

facultés extraordinaires; sa doctrine en morale et en métaphysique fut d'une logique inflexible jusque dans son mépris de la raison, et les dernières années de sa vie furent celles d'un homme parvenu à dominer toute faiblesse.

Quelle put donc être son erreur? La même que celle de Descartes et d'Arnauld.

Le premier fit des idées simples le fondement de la certitude, sans se rendre compte que ce fondement consiste avant tout dans la faculté de les produire. Le second, continuant le maître, divisa les idées en générales et en particulières sans s'apercevoir comment les idées générales simples se distinguent des idées générales complexes. Pascal commet la même erreur. Pas un instant il ne soupçonne que l'idée de l'étendue réelle que nous mesurons avec peine, et celle de la durée véritable que nous calculons avec soin, sont fort distinctes de celles de l'espace et du temps que notre pensée parcourt en un clin d'œil, qu'il s'agisse d'un mètre ou de la distance de la terre à la dernière nébuleuse, qu'il s'agisse d'une heure ou de milliers d'années.

Cette différence, pourtant, sautait aux yeux, et il semble que les penseurs du dix-huitième siècle devaient la toucher du doigt.

Loin de là. Prenant ces idées tantôt dans un sens, tantôt dans un autre, ils jouèrent avec elles comme les enfants avec des soldats de plomb, et finirent par croire, comme d'Alembert, que presque sur tout on peut dire ce qu'on veut; ou, comme le philosophe de Kœnigsberg, qui créera une science transcendentale dans laquelle on soutient indifféremment le pour et le contre sans jamais aboutir à une certitude.

Et, comme pour achever l'absurde, ils découvrirent, dans cette même raison ayant perdu toute direction, des principes immuables, des droits imprescriptibles, portant l'extravagance à son comble.

Nous parlions d'un abîme entre le dix-septième et le dix-huitième siècle; à mesure que nous avançons, il devient plus béant.

VIII

DOMAT

Pascal fait suivre son aphorisme : « Il y a sans doute des lois naturelles, mais cette belle raison corrompue a tout corrompu », de ce commentaire : « De cette confusion dérive que l'un dit que la justice est l'autorité du législateur, l'autre la commodité du souverain; l'autre, la coutume présente, et c'est le plus sûr; rien suivant la seule raison n'est juste de soi; tout branle avec le temps. La coutume fait toute l'équité, par cette seule raison qu'elle est reçue; c'est le fondement mystique de son autorité. Qui le ramène à son principe, l'anéantit. »

Domat, à qui Pascal lèguera ses papiers, explique dans le Traité des lois qui précède son ouvrage sur les *Lois civiles dans leur ordre naturel*, l'aphorisme de son ami, et en montre la profonde vérité.

Malheureusement, il commença par affirmer que la loi fondamentale de l'homme était Dieu, son principe et sa fin, et que toutes les fautes et erreurs des hommes provenaient du péché originel, fidèle en cela encore à son ami. Son traité ne fut pas plus compris que les *Pensées* et la *Politique tirées de l'Écriture Sainte*.

Domat eut l'admirable logique de son ami, et déduisit de son principe les conséquences suivantes : « Dieu a non seulement ordonné que les hommes s'aident naturellement, mais il les a encore créés de façon qu'ils établissent des relations entre eux et constituent des sociétés dans la mesure de l'affection qu'ils éprouvent les uns pour les autres. »

En établissant de la sorte la loi de l'existence des sociétés humaines, loi immuable, comme il le dit, il aurait pu ajouter le mot de Pascal : « Car qui ramène la justice à la raison, l'anéantit » ; c'est de la nature et de la valeur des affections humaines qu'elle dérive !

Les hommes se sont constitués en société parce qu'ils ont suivi les règles « qui commandent de rendre à chacun ce qui lui appartient, de ne faire tort à personne, de garder toujours la fidélité et la sincérité, et les autres semblables » ; mais ils ne les ont suivies que parce que « ce sont des effets de l'amour mutuel. Car aimer c'est vouloir et faire bien, et on n'aime ceux à qui on fait quelque tort, ni ceux à qui on n'est pas fidèle et sincère ».

Façon de voir autrement simple, vaste et vraie que celle de toutes les hypothèses et de tous les raisonnements imaginables par lesquels on s'efforce de démontrer que c'est la raison qui les prescrit; car la même raison peut aussi, selon les circonstances, prescrire à l'homme de diriger, de dominer son semblable et, au besoin, de le tuer; alors que, d'après Domat, il faut quand même continuer à les observer. Mais, en ce cas, le devoir élémentaire qu'ordonne l'amour d'autrui se transforme en abnégation et vertu; car il ajoute : « On fait ici ces réflexions pour voir que, comme c'est l'amour d'autrui qui est le principe et l'esprit de toutes celles qui regardent les engagements, ce n'est pas assez de savoir, comme savent les plus barbares, qu'il faut rendre à chacun ce qui lui appartient, qu'il ne faut faire tort à personne, qu'il faut être fidèle et sincère, et les autres règles semblables, mais qu'il faut de plus considérer ces règles et la source de leur vérité dans l'amour d'autrui pour leur donner toute l'étendue qu'elles doivent avoir. »

C'est donc sur les affections mutuelles que se sont fondées les sociétés humaines, même celles des barbares; et, selon le degré où ces affections sont portées par les hommes, « il se forme, continue Domat, entre eux des liaisons; liaisons différentes pour les usages de l'agriculture, du commerce, des arts, des sciences, et pour toutes les autres communications que les divers besoins de la vie peuvent demander ». Lesquelles liaisons engendrent à leur tour « des engagements de deux espèces entre les hommes : la première est de ceux qui se forment par les liaisons naturelles du mariage entre le mari et la femme, et de la naissance entre les parents et les enfants; et cette espèce d'engagement comprend aussi bien les engagements des parents et des alliances qui sont la suite de la naissance et du mariage.

« La seconde espèce renferme toute les autres sortes d'engagements qui approchent toutes sortes de personnes les unes des autres, et qui se forment, soit dans les diverses communications qui se font entre les hommes de leur travail, de leur industrie et de toutes sortes d'affaires, de services et d'autres secours, ou dans celles qui regardent l'usage des choses, ce qui renferme les différents usages des arts, des emplois et des professions de toute nature et de tout ce qui peut lier les personnes selon les différents besoins de la vie, soit par des communications gratuites ou par des commerces ».

Ainsi Domat ne voit dans tout le développement de la civilisation des peuples, dans tous les progrès qu'ils peuvent accomplir que deux espèces de liaisons et d'engagements, et oppose ceux de la famille à tous les autres. Nous ne croyons pas qu'il existe, dans le monde de théories humanitaires et sociologiques qu'on a créées depuis que son Traité a été publié, une seule qui approche autant de la vérité et de la réalité des faits. Il n'est pas une découverte de documents, pas une publication des sources, qu'il s'agisse des peuples modernes ou de ceux de l'antiquité, de Rome, de la Grèce, de l'Égypte, de l'Inde, qui ne confirme les idées de Domat trouvant d'une part dans les liens familiaux, et d'autre part dans toutes les autres liaisons imaginables l'explication de l'histoire de l'humanité.

Nous n'en sommes encore qu'aux conséquences immédiates de son premier principe. Voyons celles qu'il déduit de son second, la chute d'Adam.

Chez ces hommes du grand siècle, on ne sait ce qu'il faut le plus admirer : la sincérité de leur foi que nos savants du jour traitent dédaigneusement et de laquelle ils tiraient un principe suprême d'évidence et de certitude, ou la puissance de leur intelligence qui leur permettait de s'élever, avec ce seul point de départ, à des hauteurs d'où ils voient vivre les peuples et se dérouler leur histoire.

La question est beaucoup plus simple qu'elle ne le paraît. La foi bien entendue, celle qui se forme avec les origines d'un peuple, a tellement reçu l'empreinte de son caractère et de son esprit qu'elle a fini par faire corps avec lui, et, dans ces conditions, loin d'être une entrave à l'essor du génie, elle lui devient comme un soutien, en ce sens qu'elle-même a eu, à travers les siècles, un développement tel qu'elle s'est pliée à tous les progrès de la nation. Nous entendons parler de la foi réelle, vivante dans les cœurs, et non des abstractions dont les esprits ont fait de tous temps ce qu'ils ont voulu. On peut avoir du génie sans avoir de foi, mais jamais la foi n'empêche le génie; elle lui offre parfois même des solutions inattendues de justesse.

Domat en donne un grand exemple : « Le péché originel de l'homme, c'est son amour-propre. La société n'existe que par l'amour mutuel et n'est fondée que sur lui; et les fautes que l'on voit dans la société de contraire à l'ordre est une suite naturelle... non plus de l'amour mutuel dont le caractère est d'unir les hommes dans la recherche de leur bien commun... mais de cet autre amour tout opposé dont le caractère lui a justement donné le nom d'amour-propre, parce que celui en qui cet amour domine ne recherche que des biens qu'il se rend propres, et qu'il n'aime dans les autres que ce qu'il peut rapporter à soi. »

En effet, l'amour-propre, l'égoïsme dirions-nous aujourd'hui, est la loi, le fait général ou dominant de toutes les sociétés en voie de dissolution. Quand chacun ne recherche que la satisfaction de ses intérêts personnels, l'intelligence de l'intérêt général disparaît et, de toutes parts, l'état politique et social s'écroule. Il en va tout autrement dans une époque de progrès comme celle de Domat, et nous allons voir de quelle façon saisissante il nous explique le rôle que peut y prendre cet agent de destruction.

« On voit, par la conduite de la société, qu'une aussi méchante cause que notre amour-propre et un poison si contraire à l'amour mutuel qui devrait être le fondement de la société, se transforme en un remède qui la fait subsister; car c'est ce principe de division qui réunit encore les hommes en mille manières, et qui entretient la plus grande partie des engagements... L'amour-propre n'ayant pas dégagé l'homme de ses besoins, et les ayant au contraire multipliés, il a aussi augmenté la nécessité des travaux et des commerces, et en même temps la nécessité des engagements et des liaisons; car, aucun ne pouvant se suffire seul, la diversité des besoins engage les hommes à une infinité de liaisons sans lesquelles ils ne pourraient vivre. Cet état des hommes porte ceux qui ne se conduisent que par l'amour-propre à s'assujettir aux travaux, aux commerces et aux liaisons que leurs besoins rendent nécessaires; et pour se les rendre utiles et y ménager et leur honneur et leur intérêt, ils y gardent la bonne foi, la fidélité, la sincérité, de sorte que l'amour-propre s'accommode à tout pour s'accommoder de tout; et il sait si bien assortir ses différentes démarches à toutes ses vues qu'il se plie à tous les devoirs jusqu'à contrefaire les vertus. »

Toutefois, si justes que soient ces observations sur le rôle de l'amour-propre dans une société fortement constituée, d'où vient cette autorité, cette force qui fait que ceux qui ne se dirigent que par l'amour-propre se voient obligés de respecter les engagements et les liaisons qui proviennent de l'amour mutuel jusqu'à en contrefaire les vertus ?

C'est la coutume : son autorité est mystique, disait Pascal; son autorité est historique et sociale, dit Domat : « Nous avons en France, comme partout ailleurs, l'usage des lois naturelles et des lois arbitraires; mais avec cette différence entre ces deux sortes de lois, que tout ce que nous avons de lois arbitraires est compris dans les ordonnances et dans les coutumes, et dans les lois arbitraires de droit romain et du droit canonique *que nous observons comme des coutumes.* » Ainsi toutes les lois qu'il appelle arbitraires, y compris les coutumes, le droit romain, le droit canonique, sont pour lui des coutumes. Il dira ailleurs : « La coutume est la loi. »

Revenons à la façon magistrale dont il expose comment, des affections mutuelles, dérivent d'abord les lois naturelles, conditions élémentaires de la formation de tout état social, suscitant les deux grandes espèces d'engagements qui résultent nécessairement de la constitution de la famille et du développement du travail en industrie, commerce, arts et sciences.

Depuis les premières familles qui ont contribué à la formation d'un état social, jusqu'à la naissance des arts et des sciences, il y a cependant une marge dont les historiens fixent l'étendue par siècles. Comment cette longue transition, ce lent développement s'est-il accompli? Domat vient de nous le dire : par la coutume.

C'est par elle, par elle seule, que les affections du père pour ses enfants, des enfants pour le père; celles qui font rendre à autrui ce qui lui appartient, observer la fidélité et la sincérité, sont devenues des obligations et des droits. Le fils doit soumission au père, et le père a droit de l'exiger; le père doit protection au fils, le fils a droit d'y compter; le bien provenant d'autrui doit lui être rendu, et il a le droit de le reprendre; la fidélité promise, la foi jurée doivent être tenues, et ceux à qui elles ont été assurées ont droit à les réclamer; de même, ceux qui ont reçu des biens ont droit d'en user sans toutefois nuire aux autres, qui ont le droit de l'exiger; et ceux qui ont reçu les promesses ou la parole d'autrui ont le droit d'en user sans nuire à ceux qui les leur ont faites. De la sorte, de l'habitude des générations d'obéir aux mêmes règles dictées par les mêmes affections et la même bienveillance réciproque, la sécurité s'est établie, les relations se sont fortifiées, la civilisation s'est créée et développée.

La coutume n'en reste pas moins arbitraire variant de pays à pays, de province à province, selon le degré de développement que leurs habitants sont parvenus à donner ou à conserver à leurs affections, autres, non seulement en deçà et au delà des Pyrénées, mais en deçà ou au delà du ruisseau, du sentier qui sépare deux pays ou deux provinces à coutumes différentes.

Domat en donne un exemple pour la France : « Ainsi, écrit-il, il n'y a point de patrie où l'on ne reconnaisse qu'il est de droit naturel que les frères et les autres collatéraux succèdent à ceux qui ne laissent ni ascendants ni descendants ; mais ce droit est considéré bien différemment en divers lieux. Car, dans les provinces de ce royaume qui se règlent par les coutumes, le droit des héritiers du sang est tellement regardé comme une loi naturelle que ces coutumes ne reconnaissent pas même d'autres héritiers... Mais, dans les autres, qui ont pour leur coutume le droit écrit, chacun a la liberté de priver ses collatéraux, et même ses frères, de tous ses biens et même de les donner à des étrangers. »

C'est que le droit écrit, qui a été la coutume de ces provinces, était le droit romain, lequel fut rédigé alors que les affections et les liens de famille s'étaient complètement relâchés, et la loi en devint l'expression ; tandis que dans nos provinces à populations plus jeunes, à affections plus fortes, les droits de la famille se sont formés et maintenus de la même façon qu'ils s'étaient formés à l'origine de Rome; la puissante clientèle de ses grandes familles en est le témoignage.

Ainsi les coutumes, tout comme les ordonnances, le droit canonique et le droit romain, sont arbitraires, variant avec les affections et les degrés de civilisation des peuples.

Qu'est-ce donc que la justice ?

« La justice universelle de toutes les lois, répond Domat, consiste dans leur rapport à l'ordre de la société. » Définition qui, tout en étant merveilleusement exacte, n'est qu'un commentaire du fameux aphorisme : « Il est juste que le juste soit suivi ; il est nécessaire que le fort soit suivi... il faut donc admettre ensemble la justice et la force ; et pour cela faire que ce qui est juste soit fort et ce qui est fort soit juste. » D'après Domat, l'aphorisme de son ami signifie que les hommes, pour pouvoir fonder une société, doivent obliger le fort à être juste, et, pour pouvoir maintenir l'état social, faire en sorte que le juste soit toujours fort. Or, s'il est nécessaire de suivre le plus fort, le fort pour cette raison n'est pas le juste ; mais dès qu'il naît entre le fort et le faible des affections, des engagements et des obligations réciproques, il en surgit des droits pour tous deux, droits qui imposeront au fort, en même temps qu'ils soutiendront le faible. Pour un moment la force peut primer le droit, mais il n'existe d'état social ordonné qu'à la condition que le droit prime la force. Tel est le sens de la définition si vraie de Domat : la justice consiste dans le rapport des lois à l'ordre de la société.

Mais ce par quoi les vues géniales de Domat dépassent toutes les hypothèses émises après lui, par un dérèglement d'esprit sans pareil au nom de la raison, sur la justice et sur le droit — dogmes que l'on suivra pendant deux siècles avec un aveuglement porté jusqu'au fanatisme — c'est la façon dont il distingue les lois naturelles des lois arbitraires, et celle dont il les concilie.

« La justice de chaque loi, dit Domat, est renfermée dans ses bornes, et aucune ne s'étend à ce qui est autrement réglé par une autre loi; et il paraîtra dans toutes sortes d'exceptions et de dispenses qui sont raisonnables qu'elles sont fondées par quelques lois. De sorte qu'il faut considérer les lois qui souffrent des exceptions comme des lois générales qui règlent ce qui arrive communément; et les lois qui font des exceptions et des dispenses, comme des règles particulières qui sont propres à certains cas, mais les unes et les autres sont des lois et des règles également justes, selon leur usage et leur étendue. » Qu'est-ce que cela signifie ? Toute loi est pour nous générale, elle n'est une loi et n'est juste qu'à cette condition ; au contraire, toute loi qui fait des exceptions et des dispenses nous paraît foncièrement injuste, et son application une iniquité.

Écoutons Domat : « Il y a cette différence entre la justice des lois naturelles et la justice des lois arbitraires, que les lois naturelles étant essentielles — les conditions de l'existence des états sociaux — elles sont aussi essentiellement justes, et que leur justice est toujours la même dans tous les temps et dans tous les lieux. Mais quoique les lois naturelles ou immuables soient si essentiellemennt justes qu'elles ne puissent être changées, il faut prendre garde de ne pas concevoir par cette idée des lois naturelles, que parce qu'elles sont immuables et qu'elles ne souffrent pas de changement, elles soient telles qu'il ne puisse y avoir d'exceptions d'aucune des lois qui ont ce caractère.

« Ainsi, pour un premier exemple de la nécessité des lois arbitraires, c'est une loi naturelle que les pères doivent laisser leurs biens à leurs enfants après leur mort, et c'est aussi une loi qu'on met communément au nombre des lois naturelles qu'on puisse disposer de ses biens par un testament. Mais si on donne à la première de ces lois une étendue sans aucune borne, un père ne pourra disposer de rien, si on étend la seconde à une liberté infinie de disposer [de] tout, comme faisait l'ancien droit romain, un père pour[ra] priver ses enfants de toute sa succession, et donner tous s[es] biens à des étrangers.

« On voit par ces conséquences si opposées, qui suivraie[nt] de ces lois étendues indéfiniment, qu'il est nécessaire [de] donner à l'une et à l'autre quelques bornes qui les con[ci]lient.

« Ainsi, pour un autre exemple, c'est une loi naturelle q[ue] celui qui est maître d'une chose en demeure toujours maître jusqu'à ce qu'il s'en dépouille volontairement, [ou] qu'il en soit dépouillé par quelque voie juste et légitime ; c'est une autre loi naturelle, que les possesseurs ne soient p[as] toujours troublés jusqu'à l'infini et que celui qui a posséd[é] longtemps en soit cru le maître, parce que les hommes o[nt] naturellement le soin de ne pas abandonner à d'autres ce q[ui] leur appartient, et qu'on ne doit pas prétendre sans preuv[e] qu'un possesseur soit usurpateur.

« Si on étend trop la première de ces deux lois, qui ve[ut] que le maître d'une chose n'en puisse être dépouillé que p[ar] de justes titres, il s'ensuivra que quiconque pourra montr[er] que lui, ou ceux qui ont été les maîtres d'un héritage quoi[qu']il y aurait plus d'un siècle qu'ils eussent cessé de le posséde[r], rentrera dans cet héritage et en dépouillera le possesseu[r], si avec cette longue possession il ne peut montrer un tit[re] qui ait ôté le droit de ce premier maître. Et si au contrai[re] on étend trop la règle qui fait présumer que les possesseu[rs] sont les maîtres de ce qu'ils possèdent, on fera perdre inju[s]tement la propriété à tous ceux qui ne se trouvent pas [en] possession.

« Il faut remarquer, dans tous ces exemples et dans les autres semblables des lois arbitraires qui sont la suite des lois immuables, que chacune de ces lois arbitraires a deux caractères qu'il est important de connaître et de distinguer et qui font comme deux lois en une. Car il y a dans ces lois une partie de ce qu'elles ordonnent qui est un droit naturel, et il y en a une autre qui est arbitraire. Ainsi la loi qui règle la légitime des enfants renferme deux dispositions : l'une qui ordonne que les enfants aient part dans la succession de leur père, et c'est une loi immuable; et l'autre qui règle cette portion à un tiers, ou une moitié, ou plus ou moins, et celle-ci est une loi arbitraire. Car ce pouvait être ou les deux-tiers ou les trois-quarts, si le législateur l'avait ainsi réglé. »

Ainsi Domat prévoit et définit d'avance, avec quelle sûreté et évidence! les difficultés que le siècle suivant rencontrera dans la définition des droits naturels et des principes de la raison étendus indéfiniment. Il en signale les contradictions forcées et la nécessité de les régler et ordonner. Tout cela sera peine perdue. Le siècle suivant proclamera les droits imprescriptibles, et les contradictions qui leur sont inhérentes le mèneront à la seule issue possible, la Révolution.

Le droit à la liberté, entendu indéfiniment, rendu imprescriptible, est le droit pour chacun de faire ce qu'il lui plaît : c'est l'anarchie, le triomphe partout du plus fort sur le plus faible, négation de toute liberté.

Le droit à l'égalité, étendu indéfiniment, est l'abolition de toutes les inégalités d'âge, de sexe, d'expérience, d'intelligence et de moralité : c'est-à-dire la consécration des inégalités les plus monstrueuses.

Le droit à la fraternité, étendu indéfiniment, est la destruction de tout ordre économique, social, politique : tout le monde étant frères, plus d'ouvriers ni de patrons, plus de serviteurs ni de maîtres, plus de supérieurs ni d'inférieurs d'aucune sorte.

Et, pendant tout un siècle, nul ne comprendra que ces droits ne pouvaient prendre quelque réalité qu'en étant limités dans leur portée, arrêtés dans leurs effets, par des lois arbitraires, comme disait Domat — lois positives, disons-nous aujourd'hui, tombant dans l'excès contraire en ne reconnaissant plus aucune sorte de droit naturel.

Ainsi les mêmes hommes, qui exaltèrent la raison humaine jusqu'à la diviniser, démontreront par leur conduite combien sagement Pascal en avait signalé la vanité, et Domat les contradictions.

Leurs paroles s'étaient adressées à des sourds; leurs écrits furent lus par des aveugles.

LIVRE II

LES HOMMES D'ESPRIT

I

LE BON SENS ET L'ESPRIT

On a défini le ridicule : une difformité morale ou physique. Avoir un esprit obtus, un cœur étroit, un corps mal fait, sont des infirmités, non des ridicules. Mais, être difforme et poser à l'Apollon, égoïste et jouer à la vertu, esprit faux et prétendre raisonner juste : voilà le ridicule.

On disait jadis : le ridicule tue. Ce fut sans doute quand nous avions encore notre vieux et gros bon sens.

Il est deux sortes de bon sens, l'un qui s'attache aux vastes problèmes de la vie de l'homme et de l'existence des nations et des États, en offrant la solution simple, naturelle, éclatante d'évidence : ce bon sens-là est toujours du génie. L'autre qui s'arrête aux petits incidents, aux accidents journaliers, et, les envisageant dans leur portée, jette sur eux une lumière subite, un éclat inattendu, et qui n'est que de l'esprit.

Entre les deux, il n'y a point d'état intermédiaire : l'homme de génie, qui se mêle d'affaires journalières, y perd souvent son bon sens, et l'homme d'esprit, qui s'en prend aux grandes questions, y perd toujours son esprit; son petit bon sens, qui lui fait donner tant de relief aux faits de la vie journalière, s'évanouit aussitôt; mais, personne n'étant juge, et le génie faisant défaut, la fausse monnaie est prise pour authentique, les prétentions pour de la vérité, les illusions pour de la science.

Ainsi le même pays dira à la même époque : le ridicule tue! et couvrira de gloire des hommes qui ne furent que les histrions de la pensée. On saisira vivement le ridicule dans les petites choses, mais on se trouvera dans l'impossibilité de l'apercevoir dans les grandes; et les hommes d'esprit, leurs saillies, leurs boutades, leurs paradoxes, leurs sophismes, prendront aux yeux du gros public, les apparences du génie.

Ainsi naquit la libre pensée, droit de dire, sans ridicule, tout ce qui vous passe par le cerveau au sujet des questions les plus graves que la pensée puisse se poser, et, par contre-coup, l'enthousiasme avec lequel ces sottises seront accueillies. Elles s'étaleront au coin des rues, s'infiltreront à la Cour, passeront la frontière, pénétreront le cerveau des souverains, mais aussi celui des quelques hommes de caractère qui restent, pour en faire des sectaires.

Quelle erreur de croire que la pensée est libre parce qu'aucune croyance ne la gêne et qu'aucune législation ne l'entrave!

La pensée vraiment libre est celle qui, dans son vol, embrasse et domine les sujets au-dessus desquels elle plane, allant de droite à gauche, s'élevant ou descendant à son gré, guidée par la vue d'aigle dont elle est douée. Toute autre pensée peut être libre dans les petites choses dont elle mesure exactement l'étendue et la portée; dans les grandes, elle trébuche sur tous les obstacles et tombe dans toutes les fondrières.

La meilleure preuve que tel est vraiment l'état des prétendus libres penseurs, est le soin qu'ils prennent d'entourer leurs idées du plus d'éclat possible, de leur donner l'expression la plus parfaite, de les faire paraître comme des diamants alors que ce n'est que du verre taillé à facettes.

La pensée vraiment libre n'a que faire de tels soins. Elle dit, et la vérité brille comme cristal. Peu importe que ceux à qui elle est présentée n'en apprécient pas la valeur parce qu'elle n'est pas suffisamment polie; son heure viendra à la suite de la cruelle expérience qui se fera de tous les faux joyaux.

Les actes et la pensée des hommes du dix-septième siècle devaient devenir, dans la suite, d'autant plus incompréhensibles que l'état de choses auquel ils se rapportaient se modifiait plus rapidement. Le ridicule dans les grandes choses semblera sublime, tandis que le ridicule dans les petites ressortira, se détachant sur le fond assombri des grands événements.

Domat nous a montré comment des affections mutuelles naissent les lois naturelles, et comment ces lois étendues indéfiniment deviennent contraires les unes aux autres et contradictoires à elles-mêmes. Leur observation, expression des affections naturelles, n'en reste pas moins une condition de l'existence des sociétés. Or la France s'étant donné des coutumes et des lois arbitraires fixant les limites et arrêtant les effets des lois naturelles, ces coutumes et ces lois s'étaient à un moment donné compliquées à tel point, en se développant, qu'elles finirent, à leur tour, par devenir contraires les unes aux autres et contradictoires à elles-mêmes. Ainsi les affections finirent par s'émousser, les caractères par faiblir, et l'intelligence, aussi bien des lois naturelles que des coutumes, par devenir de plus en plus difficile. L'amour-propre, l'intérêt, l'intrigue s'en emparèrent pour les exploiter, et, du même coup, le génie nécessaire à l'interprétation de ces coutumes qui constituent l'éducation morale des peuples, et de ces lois qui sont l'expression des affections qui les ciment, disparut.

C'est à ce tournant de l'histoire de France que nous sommes arrivés.

Déjà Sully, Henri IV et Montchrestien se plaignent de la passion qui porte la noblesse à quitter ses terres; la vie au milieu du luxe et des fêtes lui paraît plus attrayante que la monotonie des champs et le contact avec ses paysans. Ses mœurs se raffinent, ses besoins augmentent; en même temps les revenus des terres dépensés à la ville et à la cour, ne se répandant plus parmi les paysans, appauvrissent les campagnes. La confiance et l'affection mutuelle des deux grandes classes de la nation disparaissent; le mépris d'une part, la haine de l'autre les remplacent; les campagnes deviennent de plus en plus difficiles à gouverner, et la noblesse de plus en plus incapable de conduire les affaires du peuple, ayant perdu le sentiment des besoins et des intérêts de celui-ci, ce ne sera plus par le mérite, mais par la faveur, qu'elle parviendra aux charges de l'État.

Le clergé imita l'exemple de la noblesse. Se partageant en clergé ultramontain et en clergé gallican, le premier cherchant son soutien à Rome, comme la noblesse de cour cherchait le sien auprès du roi, le second conservant ses assises dans les croyances populaires, tous deux se transformèrent en partis politiques. Dans ces oppositions tous deux perdirent l'instinct des grands intérêts de l'État, pour ne plus envisager que la satisfaction de leurs ambitions personnelles. Le parti ultramontain, soutenu auprès de Rome par la royauté et auprès de la royauté par Rome, triomphe de ses adversaires gallicans, jansénistes ou protestants. La foi, perdant de son intensité avec la trempe des caractères, devient d'une part plus étroite, et, d'autre part, cède la place au scepticisme ou à des sociétés secrètes vouant leur haine à toute religion.

Un côté plus grave encore, de la transformation des croyances fut que, à l'instar des charges de l'État données à la faveur et à l'intrigue, les hautes charges de l'Église revinrent, non plus à la piété et à la science, comme le voulait Richelieu, mais à l'intrigue et à l'ambition. La dissolution des mœurs du haut clergé eut la même cause que celle de la haute noblesse.

Le troisième ordre suivit le mouvement. La noblesse de robe, par la vénalité des charges et les besoins du Trésor, vit à tel point s'accroître son nombre que son existence devint comme une calamité publique; tandis que la magistrature inférieure augmentait d'autant plus son autorité et son influence que la diversité des coutumes et des ordonnances entraînait une multiplicité plus grande de difficultés et de procès.

Les métiers de leur côté, réclamant des privilèges de plus en plus considérables, formeront avec la magistrature inférieure le tiers état proprement dit.

Des idées de Colbert s'efforçant de maintenir, selon les

exigences de la prospérité générale, la balance entre la protection et la liberté du commerce, les privilèges et la franchise de production, il n'est plus question. Chaque métier, chaque corporation, tout en maintenant sa coutume de n'avoir qu'un nombre déterminé d'apprentis et d'ouvriers, de s'abstenir de tout accaparement de matière première et d'avoir plusieurs ateliers ou locaux de commerce à la fois, tend à s'assurer le monopole de sa production et de son commerce. Les droits de l'apprentissage et de la maîtrise, qui du temps de Colbert se chiffraient par sols, se payèrent par livres et centaines de livres. Le chef-d'œuvre fut rendu de plus en plus coûteux, et l'on acheta la maîtrise, à deniers comptants, du roi. Enfin, le commerce entre les provinces et avec l'étranger devint de plus en plus difficultueux, entravé en tous sens par des droits abusifs, des privilèges particuliers, des péages sans motif, des douanes sans raison.

La conséquence fut que les compagnons sans travail vinrent se joindre aux pauvres et aux déclassés de toute espèce, pour reformer un quatrième état, qui s'accroîtra encore de tous les ouvriers des fabriques d'invention nouvelle. N'étant plus sujettes aux coutumes et aux règlements des jurandes et maîtrises, leurs propriétaires ou directeurs ne reconnurent ni droits ni indépendance à leurs ouvriers, et les rivèrent à un travail uniforme, sans autres profit ni espoir que le salaire journalier nécessaire à leur existence. Les haines s'amassèrent dans le cœur des ouvriers des fabriques nouvelles contre leurs patrons, de la même façon et pour les mêmes causes que celles contre la noblesse de cour dans celui des paysans.

Survienne une disette et le quatrième état reprendra les même proportions qu'après les désastres de la Ligue et de la Fronde, et se constituera avec d'autant plus de force et de discipline qu'il comptera un plus grand nombre des ouvriers de fabrique dans son sein.

Mais l'effet le plus désolant, peut-être, de tout ce mouvement économique et social fut l'impression qu'il produisit sur la partie intellectuelle et instruite de la nation.

La monarchie prodiguant ses faveurs, créant des privilèges, déclarant la guerre et faisant la paix pour un caprice, établissant et rompant à son gré les relations commerciales; nommant à sa fantaisie les gouverneurs de provinces, les intendants de généralités, les maires des villes; envoyant, enfin, sur une simple lettre de cachet, qui lui plaît et pour le temps qu'il lui convient, à la Bastille, se transforme en monarchie sans contrôle ni frein. Cependant ces faveurs étaient, d'une part, l'unique moyen de soutenir la noblesse appauvrie, et, de l'autre, l'unique ressource du Trésor pour accroître ses revenus, tout impôt, toute contribution générale devant recevoir l'approbation des états provinciaux, parlements et cours souveraines; ces guerres ne pouvaient être soutenues que grâce au concours de troupes étrangères, la monarchie dite absolue n'ayant pas l'autorité nécessaire pour en lever suffisamment dans le royaume; ces gouverneurs n'avaient qu'une autorité purement honoraire, sans aucun pouvoir sur l'organisation et l'administration des provinces; ces intendants se conformaient soigneusement aux lois et aux coutumes de leurs généralités, respectant les franchises locales, comme les gouverneurs les franchises provinciales; ces maires, nommés sur la demande des villes, restaient soumis à leurs institutions municipales; enfin cette royauté qui, sur une simple lettre de cachet, pouvait incarcérer tout Français à la Bastille, ne pouvait commander quoi que ce fût au moindre de ses sujets, sans soulever états, parlements et cours souveraines contre elle.

C'était à n'y rien comprendre et, en effet, toute la France du dix-huitième siècle n'y comprit absolument rien. On n'en criera pas moins, et sur tous les tons, contre la monarchie, et l'on ira chercher à l'étranger des modèles politiques.

On s'en tirera en hommes d'esprit, et on commettra la plus lourde des sottises.

Les institutions politiques d'un pays sont l'expression de son développement historique, et les formes politiques ne peuvent pas plus se transposer d'une nation à une autre que les événements de l'histoire de l'une ne se raccordent aux événements de la vie de l'autre.

Le caractère de la souveraineté essentiellement patronale de la monarchie de la France resta incompris.

Celui de la souveraineté intellectuelle de nos grands penseurs subit le même sort. Il aurait fallu du génie, c'est-à-dire du bon sens dans les grandes choses, pour les suivre; on n'eut que de l'esprit, et l'on s'adressa encore à l'étranger pour lui emprunter des doctrines et des idées plus faciles à saisir.

Ce fut une seconde sottise. Les idées et les doctrines issues du génie d'une nation, ne se greffent pas plus sur le génie d'une autre que les plantes d'espèces différentes ne se greffent les unes sur les autres. On ne se doute pas à quel point les idées incomplètes d'une nation sont complétées par son caractère national. Un Allemand contemporain de Domat enseigne à ses compatriotes que les hommes sont libres, égaux et frères de par le droit de la nature; que quiconque ne respecte pas ce droit est sans droit ni loi; et pendant près de deux siècles les Allemands restent les sujets les plus placides et les plus soumis, tandis que dans l'espace de vingt ans les mêmes idées, tombées en France, y mettent le monde intellectuel dans l'enthousiasme et le pays sens dessus dessous.

C'est qu'on ne plaisante pas avec les idées incomplètes. Tant qu'elles se trouvent soutenues, comme le dit si bien Domat, par les affections mutuelles dont elles sont issues, et complétées par les coutumes qui en règlent et en limitent le sens, elles font partie du progrès général ; transportées sur un sol étranger, elles perdent ces assises, et les hommes se trouvent placés dans l'alternative ou de changer d'idées comme de gants selon les impressions du moment, ou de faire appel aux passions pour leur donner quelque fixité.

Ces circonstances expliquent le rôle joué par les hommes d'esprit à une époque d'affaissement des caractères, et l'influence qu'ils parvinrent à exercer. On accepte leur idées aussi facilement qu'ils les ont conçues ; on se laisse entraîner par la même impressionnabilité, et pour peu qu'ils aient quelque talent d'écrivain ou d'orateur, ils soulèvent les masses. C'est ainsi qu'un Voltaire paraîtra un géant, un Montesquieu un législateur sublime, et les sages conceptions d'un Domat dépourvues d'intérêt.

Ce serait bien beau d'avoir de l'esprit, si cela ne vous faisait pas dire tant de sottises. L'esprit dans les petites choses court les rues ; dans les grandes, il est comme les pétards avec lesquels jouent les enfants : cela amuse et fait grand bruit, à moins que cela ne blesse et ne tue.

I

MONTESQUIEU

D'Aguesseau, qui écrivait à son fils au sujet de l'ouvrage de Domat : « C'est le plan général de la société le mieux fait et le plus achevé qui ait jamais paru », dira de l'*Esprit des Lois* de Montesquieu : « C'est de l'esprit sur les lois. »

Montesquieu, seigneur de la Brède, fut, par sa famille, de noblesse de robe et de noblesse d'épée ; mais n'appartint, en réalité, ni à l'une ni à l'autre. Il se défait de sa charge de président à mortier du parlement de Bordeaux, ne va pas à la cour, ne cultive pas ses terres, et les hommes d'épée lui paraissent des barbares : « Bientôt à force d'avoir des soldats, dit-il, nous serons comme les barbares. » Les fortes assises sociales qui soutenaient les hommes du dix-septième siècle feront défaut à son caractère comme à son esprit ; il n'en dira qu'avec plus de facilité tout ce qui lui passera par la tête, et écrira une œuvre semblable à celle du conte de Chamisso sur l'homme qui a perdu son ombre : toutes ses pensées auront un éclat, une lumière extraordinaire ; elles seront sans solidité et sans relief, sans ombre portée.

Les *Lettres persanes* furent son premier livre. On les a comparées aux *Lettres provinciales* ; c'était assimiler le vol d'un moineau à celui d'un aigle.

Dans ces lettres, Montesquieu avoue ne rien comprendre à la France dont il critique les mœurs et les institutions ; il y mêle une histoire d'amour où il montre qu'il ne connaît pas plus les mœurs de l'Orient que celles de son pays.

Il travaille vingt ans à son *Esprit des Lois*, et son ouvrage, devenu célèbre, effacera celui de Domat.

« Les lois, dans la signification la plus étendue, écrit-il, sont l'expression des rapports nécessaires qui dérivent de la nature des choses. » On peut, à la rigueur, accepter cette définition pour les lois physiques, bien que les lois ne soient pas l'expression des rapports nécessaires, mais de rapports identiques, immédiats et complets; on peut l'étendre jusqu'à un certain point aux lois intellectuelles et morales. Mais, que les lois proprement dites soient l'expression de rapports nécessaires, alors qu'elles sont justement le contraire, c'est, comme eût dit Nicole, un sophisme par ambiguïté des termes.

Ensuite Montesquieu analyse les lois de la nature; puis il arrive aux lois positives que Domat appelait lois arbitraires, avec combien de raison, nous venons de le voir; mais, pour Montesquieu, les lois étant l'expression des rapports nécessaires doivent être positives et non arbitraires. Nouveau jeu avec le sens des mots, et dont les événements nous montreront la gravité.

En attendant, ayant transformé les lois arbitraires en lois positives, Montesquieu continue : « Il faut qu'elles se rapportent à la nature et au principe du gouvernement qui est établi ou qu'on veut établir, soit qu'elles le forment comme font les lois politiques, soit qu'elles le maintiennent comme font les lois civiles. Elles doivent être relatives au physique du pays; au climat glacé, brûlant ou tempéré; à la qualité du terrain, à sa situation, à sa grandeur; au genre de vie des peuples laboureurs, chasseurs ou pasteurs; elles doivent se rapporter au degré de liberté que la constitution peut souffrir ; à la religion de ses habitants, à leurs inclinations, à leur richesse, à leur nombre, à leurs mœurs, à leurs manières. »

Par son ensemble, son éclat, sa forme et la force avec laquelle se succèdent ses vues multiples, elles emportent tout à la fois l'admiration et la conviction. Pourtant il n'est pas un mot de vrai, pas une idée juste dant tout le passage. Les lois ne peuvent se rapporter ni à la nature ni au principe du gouvernement « qui est établi ou que l'on veut établir, » par la simple raison qu'il faut, pour faire des lois, d'une part qu'un gouvernement subsiste qui puisse les faire et, d'une autre, que le peuple ait l'habitude de respecter les lois. Sans ce respect il n'y a pas plus de lois que de gouvernement. Montesquieu confond l'effet avec la cause, sophisme signalé par Nicole.

« Les lois doivent être relatives au physique du pays, à son climat, à ses habitants, à leur nombre, à leurs mœurs, à leurs manières. » On peut certes, en étudiant les lois d'un peuple, connaître s'il habite un climat glacé, brûlant ou tempéré, la plaine ou la montagne ; si les lois se rapportent à l'agriculture, à la chasse, à la pêche ou au commerce, à un nombre restreint ou à un grand nombre d'habitants. Mais que l'on puisse faire des lois relatives à tout cela, c'est, en vérité, dépasser la confusion des effets avec les causes. Les lois qui prescriraient les degrés de la température, la hauteur des montagnes ou l'étendue des plaines, et jusqu'au nombre et au travail des habitants, seraient insensées ; elles n'y sont donc relatives que parce qu'elles en sont les effets, réglant ou ordonnant des accidents absolument secondaires ; elles ne sont pas les causes d'où ces accidents proviennent.

Enfin, les lois doivent être relatives aux mœurs et aux manières qui semblent les choses les plus accidentelles, les plus variables et paraissent, par suite, les plus faciles à régler. C'est encore une fois tout juste le contraire. Les mauvaises mœurs corrompent les lois les meilleures, les bonnes améliorent les pires; loin d'être un effet des lois, elles sont la loi des lois.

Avec Montesquieu, nous entrons dans un monde intellectuel nouveau, et déjà les premières pages de son œuvre nous font entrevoir la sincérité avec laquelle la génération des états généraux se figurera sauver le pays rien qu'en lui donnant une constitution, et celle de 1793 imposera ses lois au monde.

Il eut non moins de succès avec son *Exposé de la nature et du principe du Gouvernement* : « Il y a trois espèces de gouvernements, le républicain, le monarchique et le despotique », et les principes de ces gouvernements sont, « pour le premier, la vertu; pour le second, l'honneur, et pour le troisième, la crainte. »

La République, après avoir vaincu la monarchie, revendiqua toutes les vertus, mais s'empara aussi de tous les honneurs, et finit par transformer la crainte en terreur, prouvant que celle-ci peut être de tous les gouvernements.

Les gouvernements despotiques, appelés aujourd'hui autocratiques, ne subsistent que par la confiance et le dévouement de leurs sujets. Quand ceux-ci sont remplacés par la crainte, le gouvernement despotique se change en révolutions du palais, qui ne sont plus une forme de gouvernement du tout.

C'est une erreur profonde et un sophisme par conclusion du particulier au général, que cette distinction des gouvernements et de leurs principes. Il y a une différence profonde entre le gouvernement despotique et le gouvernement tyrannique, le premier propre à l'origine de toutes les institutions politiques, le second caractérisant leur fin. De Charlemagne à Robespierre il y a du chemin, comme de Romulus à Néron. Montesquieu se débarrasse de cette énorme question en un chapitre de trois lignes : « Quand les sauvages de la Louisiane veulent avoir un fruit, ils coupent l'arbre sur pied et cueillent le fruit; voilà le gouvernement despotique. »

Nous demandions un jour à un jeune Ottoman ce que c'était qu'un gouvernement despotique ?

Il répondit : « C'est un gouvernement qui a une mauvaise administration. » Ces simples paroles étaient une meilleure explication de la forme de gouvernement qui naît du défaut de coutumes politiques et d'institutions régulières, que l'étourdissant chapitre de Montesquieu où il donne pour raison ce qui n'est pas la raison, autre sophisme signalé par Nicole.

Il eut un succès plus grand encore par sa division de la monarchie en absolue et tempérée, et par sa division des pouvoirs.

Nous avons vu quel sens les hommes du siècle précédent attachaient à l'idée de pouvoir absolu, pouvoir souverain tempéré par les lois, « contre lesquelles, avait dit Bossuet, tout ce qu'on fait est nul en droit. » Montesquieu est loin de l'entendre de cette manière; il confond le gouvernement absolu avec le gouvernement despotique, et fait du gouvernement tempéré une chimère, s'imaginant que le pouvoir y peut être divisé.

On ne peut diviser aucun pouvoir sans l'anéantir, le pouvoir du souverain pas plus que celui du moindre de ses sujets. Un enfant décide d'aller vers sa mère, c'est son pouvoir législatif; il juge de l'endroit où elle se trouve, c'est son pouvoir judiciaire; enfin il va vers elle, c'est son pouvoir exécutif réalisant jugement et décision. Otez de ce pouvoir l'un ou l'autre élément et l'enfant ne jugera, ne décidera, n'exécutera rien. Tout pouvoir humain est indivisible, il n'est pouvoir qu'à cette condition.

Montesquieu confond la forme avec le fond, la fonction avec le pouvoir; les formes multiples sous lesquelles les pouvoirs s'exercent, avec le pouvoir, toujours le même, par lequel chacune subsiste : l'employé d'un bureau de poste remet une lettre à un facteur; celui-ci lit l'adresse et décide du nom et de la destination; il juge du chemin qu'il lui faut prendre pour la remettre, et enfin la remet au destinataire. Avant lui, l'employé avait décidé, jugé et exécuté de la même manière la remise de la lettre au facteur, et, de la sorte, d'employé en employé, jusqu'à la personne souveraine de l'État, les fonctions sont divisées, mais le pouvoir de les remplir reste indivisible.

L'erreur de Montesquieu n'en devint pas moins lettre d'Évangile, et pendant tout un siècle non seulement la France, mais l'Europe entière, marcheront de révolution en révolution pour réaliser son utopie.

Ce prodigieux effet de théories superficielles serait inexplicable si l'ouvrage de Montesquieu n'abondait, malgré tout, en observations justes et non moins hardies que neuves. Il est vrai qu'elles ne sont jamais que la constatation d'un fait, le résultat d'une observation immédiate.

Elles commencent dès la préface : « Dans les temps d'ignorance on n'a aucun doute même lorsqu'on fait les plus grands maux; dans les temps éclairés on tremble encore lorsqu'on fait le plus grand bien. » Et plus loin : « La loi Julia fut une prime contre l'adultère; mais bien loin que cette loi et celles que l'on a faites depuis là-dessus fussent une marque de la bonté des mœurs, elles furent au contraire une marque de leur disparition. » — « Autant le ciel est éloigné de la terre, autant le véritable esprit d'égalité l'est-il de l'esprit de l'égalité extrême. »

Citons encore cette dernière, qui nous permet de pénétrer le fond de son esprit : « Il y a des causes générales, soit morales, soit physiques, qui agissent dans chaque monarchie, l'élèvent, la maintiennent ou la précipitent; tous les accidents sont soumis à ces causes; et si le hasard d'une bataille, c'est-à-dire une cause particulière, a ruiné l'État, il y avait une cause générale qui faisait que cet État devait périr par une seule bataille; en un mot, l'allure générale entraîne avec elle tous les accidents particuliers. »

Cette observation si admirablement juste reste dans la pensée de Montesquieu une observation accidentelle, écrite sans doute en marge de l'un ou l'autre fait qui l'aura frappé. Elle n'est pas pour lui une loi, le guidant pour l'interprétation de la suite des événements, et lui faisant rechercher les causes générales, comme Bossuet nous en a donné l'exemple magistral.

Montesquieu est si loin de penser comme Bossuet, qu'il écrit d'autre part : « Le spectacle du corps sanglant de Lucrèce fit finir la royauté; le débiteur qui parut sur la place publique couvert de plaies fit changer la forme de la république; la vue de Virginie fit chasser les décemvirs; la robe sanglante de César remit Rome dans la servitude. » Affirmations diamétralement opposées à celle citée plus haut et sophismes par conclusion du particulier au général.

Nous n'en finirions pas si nous voulions rechercher toutes les formes de sophismes qui émaillent l'*Esprit des Lois* : « L'agriculture est honorée en Chine parce que chaque année l'empereur ouvre lui-même un champ. — Pour que l'on aime l'égalité et la frugalité dans une république il faut que les lois les y aient établies. » Ce sont là encore des confusions de l'effet avec la cause : ce n'est pas parce que l'empereur ouvre chaque année un champ, que l'agriculture est honorée en Chine; c'est parce qu'elle y est honorée, que le souverain fait solennellement acte d'agriculteur; et si un peuple aime l'égalité et la frugalité, il n'a pas besoin de lois pour les lui commander; s'il ne les aime pas, au contraire, aucune loi ne saurait lui imposer ces goûts.

« La liberté consiste dans la sûreté ou l'opinion qu'on a de sa sûreté. » A ce titre les prisonniers seraient les hommes les plus libres parce que, sous les verrous, ils jouissent de la plus grande sûreté. Sophisme par induction incomplète ou, encore, jeu avec l'ambiguïté des termes.

« Nous sommes pauvres avec les richesses et le commerce de tout l'univers; et bientôt, à force d'avoir des soldats, nous n'aurons plus que soldats et nous serons comme les tartares. » Ce ne sont pas la richesse et le commerce qui font la pauvreté, il y a contradiction dans les termes; c'est la forme de leur répartition, dont Montesquieu ne souffle mot. Et ce n'est pas parce que tous les hommes valides d'une nation seront soldats qu'ils seront une nation de tartares, pas plus que si personne ne portait les armes, ils ne seraient une nation de quakers.

Bien plus, certains de ses aphorismes produisent exactement le même effet, si on les prend dans le sens opposé :

« On peut élever des impôts plus forts à proportion de la liberté des sujets ; et l'on est forcé de les modérer à mesure que la servitude augmente. » On peut dire aussi bien : plus une administration est dominante, plus elle parvient à extraire jusqu'au dernier centime de ses contribuables; plus les sujets sont libres, moins ils consentent à payer d'impôts. L'abus du mot liberté ne rend pas l'un des aphorismes plus juste que l'autre, tout en leur donnant une apparence de vérité égale.

« Les princes qui ne vivent point entre eux sous des lois civiles ne sont point libres, ils sont gouvernés par la force; ils peuvent continuellement forcer et être forcés. De là vient que les traités qu'ils auront faits par force seront aussi obligatoires que ceux qu'ils auront faits de bon gré. » Si les traités qu'ils font de bon gré sont aussi obligatoires que ceux qu'ils font par force, il faut qu'il y ait une raison autre que la force qui rende les uns et les autres obligatoires. Bossuet nous l'indique dans la définition qu'il donne du pouvoir absolu, qui n'est autre que celle de toute souveraineté, au-dessus de laquelle il n'y a point d'autre volonté. Que les princes concluent donc des traités d'amitié ou de commerce, de guerre ou de paix, ceux-ci seront également inviolables, parce qu'il n'y a pas au-dessus d'eux de volonté qui puisse en décider autrement.

Enfin, il est telle opinion de Montesquieu qui, s'il l'avait assez pénétrée pour faire œuvre de génie, eût bouleversé de fond en comble tout son *Esprit des Lois*. Il écrit au sujet des climats : « L'air froid resserre les extrémités des fibres extérieures de notre corps; il augmente leur ressort et favorise le retour du sang des extrémités vers le cœur... L'air chaud, au contraire, relâche les extrémités des fibres et les allonge ; il diminue donc leur force et leur ressort. On a plus de vigueur dans les climats froids... Les peuples des pays chauds sont timides comme les vieillards le sont, ceux des pays froids sont courageux comme le sont les jeunes gens... Dans les pays froids on aura peu de sensibilité pour les plaisirs ; elle sera plus grande dans les pays tempérés ; dans les pays chauds elle sera extrême... Dans les Indes où la chaleur excessive énerve et accable, le repos est délicieux et le mouvement si pénible... que les Indiens croient que le repos est le fondement de toute chose. » Si Montesquieu avait pénétré quelque peu la question des climats, il se serait assuré que les mêmes Indiens adorateurs du repos et du nirvanah furent un peuple héroïque par son courage et son activité à l'époque des Védas ; que les Orientaux qui, aujourd'hui, se plaisent dans la paix et les joies du harem, formèrent les hordes indomptables des Turcomans ; tandis qu'au nord, les Gaulois de César et les Germains de Tacite étaient devenus, les uns ses contemporains, les autres ceux des évêques et princes électeurs de l'Empire ; ce qui l'eût conduit à bouleverser tout ensemble et ses idées sur les climats et sa définition des lois. Car les lois relatives au climat se confondent avec les lois physiques, et celles relatives à l'origine et à l'histoire des peuples ne sont autres que les lois naturelles telles que les entendait Domat. Il ne restait donc des lois imaginaires de Montesquieu que les lois réelles et vivantes, les coutumes, qui se forment avec les origines, la race et le caractère des peuples et se transforment avec eux, pour se développer et se corrompre, tandis que le climat reste immuable.

Les pensées de Pascal ont été ordonnées et classées après sa mort ; celles de Montesquieu l'ont été par lui-même. Et pourtant, chez le premier toutes se tiennent, s'enchaînent, coulées comme dans une même matière de bronze ; chez le second elles sont incohérentes, sans lien et sans unité, mais brillantes comme des flocons de neige, qui fondent au soleil de la vérité. Il faut lire les deux œuvres avec une égale attention pour se rendre compte de l'immense distance qui sépare le génie de l'esprit.

Quinze ans avant de publier son *Esprit des Lois,* Montesquieu avait écrit *le Temple de Gnide,* fadaise devenue illisible et qui devait figurer dans l'*Esprit des Lois* pour en adoucir l'aridité. C'eût été l'expression parfaite de la façon de penser de Montesquieu par saillies et boutades : « Je vois la raison de cela... Je découvre ce que j'ai longtemps cherché... Je vois beaucoup de choses à la fois, il faut me laisser le temps de les dire. » Il y consacra vingt ans ; il est vrai qu'il mettait plus de temps à perfectionner la forme de ses aphorismes qu'à en vérifier le fond.

De tous les ouvrages de Montesquieu, celui qui répond le mieux à la nature de son esprit chercheur, avide de science, est son histoire de la *Grandeur et de la Décadence des Romains.* Dans ce livre, il révèle une suite singulière dans les idées et dans la succession des faits, et qui lui fut imposée par les historiens romains qu'il consultait, mais sans leur donner plus de fond ni d'envergure.

Ce sera le fait de tous les penseurs du dix-huitième siècle. Ils toucheront à tous les sujets, leur donneront une forme exquise, mais sans jamais dépasser les auteurs qu'ils suivent ou qu'ils imitent.

On a dit de Montesquieu qu'il appartenait encore au dix-septième siècle ; Montesquieu lui appartient si peu qu'il est aussi impuissant à comprendre Pascal ou Domat, que Corneille ou Racine. La rupture entre les deux époques est complète. « Nous n'avons, écrit-il, pas d'autre tragique qui donne à l'âme de plus grand mouvement que Crébillon, qui nous arrache plus à nous-mêmes, qui nous remplisse plus de la vapeur du dieu qui l'agite : il nous fait entrer dans le transport des bacchantes. C'est le véritable tragique de nos jours, le seul qui sache bien exciter la véritable passion de la tragédie, la terreur. »

« Trop d'esprit, a dit Montesquieu, mène à dire des sottises, et à force de dire des sottises on devient comme les Béotiens qui n'ont aucun esprit. »

Cette pensée, appliquée à lui-même et à son siècle, est une des plus justes de son œuvre.

III

VOLTAIRE

François-Marie Arouet, né le 20 février 1694, mort le 30 mai 1778, emprunta le nom de Voltaire à une petite propriété que possédait sa mère. Si Montesquieu, seigneur de la Brède, ne fut par ses goûts ni un noble de robe ni un noble d'épée, M. de Voltaire conserva ses sentiments de petit bourgeois en y ajoutant toutes les prétentions du faux noble. Tous deux se déclassèrent, en ce sens qu'ils perdirent également l'instinct des conditions d'existence de l'état social et politique dans lequel ils vivaient.

Voltaire, nous disent ses historiens, était si débile en naissant qu'on ne put le baptiser que neuf mois après. Cet enfant délicat accomplira une œuvre de géant et atteindra l'âge de quatre-vingt-quatre ans. Sa débilité ne fut donc qu'apparente; mais une impressionnabilité extrême resta durant toute sa vie le trait caractéristique du grand homme d'esprit.

Il lui dut la facilité avec laquelle il s'identifia à son milieu. Au collège des jésuites, il fait des poésies religieuses qui font voir en lui un futur défenseur de l'Église. Entré dans le cercle des sceptiques de son temps, il deviendra le plus illustre mécréant de l'époque.

Ce trait résume toute l'histoire de Voltaire. Son impressionnabilité excessive nous donne l'explication, et de son esprit endiablé, et des oppositions que présentent sans cesse ses opinions et sa conduite.

Sans jalousie pour ses rivaux tant que leurs succès ne lui porteront pas ombrage, il n'aura point de mesure dans sa critique si tôt qu'il se sentira atteint; et s'ils s'en prennent directement à lui, il n'est pas d'infamie qu'il ne soit capable d'inventer pour les réduire à merci. Sa courtisanerie envers les princes sera extrême, et quand ils paraîtront douter de son infaillibilité, il les accablera de ses sarcasmes. Mis à la Bastille pour un pamphlet qui lui est faussement attribué, à sa sortie il en écrit un contre la fameuse prison, et y fait mettre sa propriétaire dont l'activité le réveillait de trop grand matin! Il fera reconstruire l'église de ses paysans de Ferney et sera charitable envers les pauvres qui l'approchent; mais il traitera le peuple de canaille et sera l'ennemi juré de la foi. Cette impressionnabilité, dont les effets varient avec les circonstances, il la conservera jusqu'à la fin. « A quatre-vingts ans, rapporte Moore, il assiste aux représentations de son petit théâtre de Ferney, avec tous les symptômes d'une émotion réelle, répandant des larmes avec l'effusion d'une jeune fille qui assiste pour la première fois à une tragédie. »

C'est à son impressionnabilité qu'il doit sa facilité extraordinaire, — la plus grande peut-être que jamais homme ait possédée, — l'étendue de sa mémoire et son intensité; il lui doit l'aisance avec laquelle il fait ses tragédies, écrit une épopée, narre un conte, recueille dans un dictionnaire ses idées philosophiques, entreprend un traité historique, ou se plaît à glorifier une découverte scientifique; comme il lui doit encore son imagination intarissable, le sel de ses railleries et l'éblouissement de ses saillies. Allant toujours d'une

impression à une autre, il voit, avec ses couleurs et so[n]
relief, le sujet qui le frappe, et, du même coup, les rapport[s]
sensibles qu'il peut avoir avec d'autres sujets. Il se fait lir[e]
les ouvrages qui l'intéressent, en suit la lecture la plume [à]
la main : la lecture finie, son propre livre est achevé.

Sa spontanéité est surprenante et, stupéfiante, la rapidit[é]
avec laquelle il passe d'un sujet à un autre. Racine lui fai[t]
faire ses tragédies, il en conserve jusqu'aux hémistiches[,]
Virgile lui fait écrire sa *Henriade,* Bolingbroke sa *Pucell[e],*
Leibniz son *Candide,* et si nous pouvons regretter le carac[-]
tère léger de ses ouvrages, n'oublions pas que nous l[ui]
devons des contes qui sont des chefs-d'œuvre.

Jamais Voltaire ne se perd dans le sophisme, ou, si l'o[n]
veut, ne s'élève à sa hauteur; parce que jamais il ne di[t]
autre chose que ce qu'il veut dire sur les petites choses qu'[il]
voit et saisit admirablement. De là la clarté incomparabl[e]
de son style, et la force avec laquelle il entraîne le lecteur[.]
Toujours l'impression du moment dirige sa pensée; jamai[s]
la pensée, ses impressions. Il soulève toutes les question[s]
du siècle, et ne les juge que par les rapports que ses impres[-]
sions du moment lui suggèrent. Son esprit devient ains[i]
aussi étincelant dans les bonnes que dans les mauvaise[s]
causes; sa faconde et sa malice les enveloppent, les draper[nt]
de son petit bon sens lumineux, et les présente, couvertes d[e]
paillettes d'or et de poussière de diamant, qui enlèven[t]
l'admiration en même temps qu'elles éblouissent et égarent[.]

Le caractère de Voltaire, comme son esprit, ne s'expliqu[e]
que par son impressionnabilité : elle nous fait comprendr[e]
toute sa vie intellectuelle, son excellence dans les petite[s]
choses et son incapacité dans les grandes. L'axiome d'Ar[-]
nauld qu'il faut prendre le sujet dans toute son extension e[t]

l'attribut dans sa compréhension, lui est impraticable. C'est si long, à moins de la saisir d'instinct, d'examiner toute l'extension d'un sujet; et c'est non moins long, à moins d'être encore servi par son instinct, de rechercher la compréhension entière d'un attribut! L'axiome d'Arnauld sera le boulet que Voltaire traînera toute sa vie à son pied.

Le chevalier de Rohan l'ayant fait battre honteusement par ses valets, Voltaire le provoque en duel, ce qui lui vaut d'être remis à la Bastille, puis banni de France. Il passe trois ans en Angleterre où Bolingbroke achève son instruction; Voltaire se pénètre non seulement de ses idées, mais encore de ses passions. Il fait la connaissance d'un des fondateurs de la sophistique anglaise et en trouve la philosophie admirable. Shakespeare lui paraît barbare parce qu'il n'observe pas les trois unités ; la force et la profondeur des passions et des caractères du grand poète lui demeurent lettre close ; pour lui, Bacon est supérieur à Descartes, par cela seul qu'il parle de la nature sans plus la comprendre qu'il ne le fait lui-même ; quant aux institutions publiques de l'Angleterre, comme on n'en peut guère juger sur des impressions, mais par une étude longue et des observations soutenues, il en parlera d'après les dires d'autrui.

De retour en France, Voltaire écrit ses *Lettres philosophiques*, qui sont une attaque en règle contre la religion. L'ouvrage, condamné par le Parlement, fut brûlé par les mains du bourreau. C'était lui attribuer une importance qu'il n'avait pas, et attirer l'attention sur le jeune écrivain. A partir de ce moment tout le monde se figurera qu'écrire contre la religion, c'est faire de la philosophie.

Voltaire n'a jamais eu la moindre idée de ce que c'est que la philosophie ; il en donna la meilleure preuve en publiant son *Dictionnaire philosophique*. Concevoir une doctrine quelconque en partant de l'une ou l'autre évidence première, pour aboutir d'idée en idée, de conséquence en conséquence, à une conclusion embrassant l'ensemble des certitudes humaines, voilà la philosophie. Il n'y a que les dilettantes qui se figurent que la philosophie consiste à enfiler des mots comme des grains de chapelet. Ce fut le cas de Voltaire; au lieu de produire une doctrine d'ensemble, liée dans toutes ses parties, il écrivit un Dictionnaire où les mots seuls se suivent.

Lisez, relisez ces pages de prétendue philosophie : de principe premier pas une notion ; de méthode pas un mot; des conditions de la certitude pas de trace.

« L'idée est une image qui se peint dans le cerveau. » En ce cas le rêve ne se distingue en rien de la réalité.

« Les idées abstraites ne sont que la suite de tous les objets que j'ai aperçus. » Jamais, cependant, Voltaire n'a aperçu de point sans dimensions, ni même un objet constituant le rouge ou le bleu; mais des points ayant des dimensions, et des objets colorés de nuances diverses. D'ailleurs peu importe pour Voltaire : « Ce n'est pas vous qui faites des idées, elles viennent comme poussent vos cheveux ! »

Tout cela est très drôle. Mais si on lui avait objecté que ses cheveux lui pousseraient encore après sa mort, pour lui demander laquelle de ses idées ferait de même, il eût sans doute traité le questionneur comme sa propriétaire.

Continuons à suivre cet étrange dictionnaire : « *Dieu* n'est pas une idée philosophique, puisque les hommes ont admis des dieux avant qu'il y eût des philosophes... mais on a vu des effets étonnants de la nature et on a senti un maître. » L'idée de Dieu est un cheveu qui a poussé plus gros que les autres, eût été, au point de vue de sa méthode, une définition plus logique.

« *Homme.* » Voltaire a recours au livre de Job pour en recommander la définition. Pour un Voltaire, ce recours à la Bible est au moins original.

« *Humanité.* » Ce mot ne se trouve pas.

« *Histoire.* C'est le récit de faits donnés pour vrais, au contraire de la fable qui est le récit de faits donnés pour faux. » Une fable donnée pour fausse n'est plus une fable mais un fait, et un fait qui n'est point prouvé est toujours une fable.

Ainsi poussent les idées philosophiques, nous voulons dire les cheveux de Voltaire.

Son impuissance à concevoir des idées générales justes, des vues d'ensemble exactes, est irrémédiable, et il semble qu'il s'en soit rendu compte, en constatant que « les idées abstraites ne sont que la suite de tous les objets qu'il a aperçus ». Les objets qu'il n'a pas aperçus, ou qu'il ne peut apercevoir, ne lui donnent point d'idées; son impression immédiate est si absorbante qu'elle est comme une infirmité mentale.

Rappelons-nous la façon magistrale dont Domat et Bossuet parlent des lois et de la justice de France, et écoutons Voltaire : « De quelque côté que l'on se retourne, législation ecclésiastique ou civile, fisc ou jurisprudence, on trouve la contrariété, la dureté, l'incertitude, l'arbitraire. Enfin la vénalité de la magistrature est un opprobre dont la France seule, dans l'univers entier, est couverte, et dont elle a toujours souhaité d'être levée. » Ou bien : « Je me suis quelquefois fait inscrire dans l'École de droit... On me parlait de l'idée de préteur et il n'y a plus de préteurs: des fonctions des édiles, et il n'y a plus d'édiles: du pouvoir du maître d'esclaves et il n'y a plus d'esclaves. Je ne sais presque rien des lois de Naples et me voilà juge. »

Ses attaques contre les arrêts des parlements et contre leurs cruautés sont constantes; et, à l'entendre, il n'y aurait en France ni justice équitable ni lois bienfaisantes. Il est vrai qu'il a été enfermé deux fois dans la Bastille et que ses *Lettres philosophiques* ont été brûlées par le bourreau. Mais, si vives qu'aient été ses impressions en ces moments, elles n'expliquent ni ses moqueries incessantes, ni ses véhémentes accusations.

Son attitude dans l'affaire Calas nous les explique davantage. Le récit qu'on lui en a fait l'a impressionné à tel point que si, d'une part, il obtient la revision du procès et l'acquittement des accusés, ce récit lui voile tous les caractères de la justice de son pays : opprobre, incertitude, dureté, c'est tout ce qu'il aperçoit; les grands jurisconsultes, les grands magistrats lui sont inconnus, ou, s'il en connaît les noms, leurs personnalités s'effacent comme des fantômes; les coutumes qui sont l'expression la plus profonde de l'histoire, comme de la civilisation d'un pays, lui paraissent bizarres, contradictoires, « reste de barbarie dont la rouille subsiste dans le royaume le plus florissant de la terre »; la magistrature dont l'autorité fut telle qu'elle a absorbé l'administration et l'organisation financière et dominé jusqu'aux institutions militaires et royales, lui apparaît comme la honte du pays. L'impressionnabilité du moment l'emporte tellement dans son cerveau qu'elle éclate comme une éruption volcanique déversant ses laves sur toutes les hauteurs.

En religion, c'est pire. Les éclats de cette impressionnabilité incendient tout ce qu'ils approchent. La religion, c'est l'infâme qu'il faut écraser; chaque verset des Écritures est mersonge et cruauté; chaque acte de l'Église, tyrannie ou hypocrisie; et quand il oppose toutes les religions imaginables à celle qu'il glorifia dans ses vers de jeunesse, il s'égare au point d'excuser les Romains d'avoir jeté les chrétiens aux bêtes, et se plaît à la supériorité de la foi des Cafres et des Chinois.

Dans sa verve intarissable, il ne songe pas à se demander ce que sont ces religions dont il ne cesse de parler.

Pas plus que les rivières ne sont l'Océan, le bon sens dans les petites choses n'est celui dans les grandes.

Ainsi que les hommes en échangeant leurs idées, se donnent une langue commune, qui deviendra si parfaite sous la plume de Voltaire, ils se donnent, par leurs affections mutuelles, ces coutumes qui deviennent leurs institutions judiciaires et politiques, qu'il comprendra si peu, et ils se donnent encore, par la mise en commun de leurs craintes et de leurs espérances, une foi qui devient culte et dogme, et auxquelles il ne comprendra plus rien du tout. Les peuples naissent et meurent avec leur langue et leur religion. Si Voltaire avait pu envisager la question par son grand côté, il eût compris combien ses indulgences et ses haines étaient plus ridicules que les choses dont il se moquait.

Si nous passons à l'analyse de ses œuvres sérieuses, nous sommes surpris de la légèreté élégante avec laquelle il parle des grandes choses et de la gravité qu'il met dans les plus légères.

Dans son *Essai sur les Mœurs et l'Esprit des nations*, il nous parlera de tout, excepté des mœurs : de leur influence sur les coutumes et lois, de leurs progrès, de leur corruption et du rôle immense qu'elles jouent dans la destinée des peuples. Il n'y sera pas plus question du caractère d'un peuple aux différentes époques de son histoire, que de celui de peuples divers, variant selon leurs origines et leurs traditions.

Voltaire commence par la Chine, qui depuis quatre mille ans n'a plus changé ! sa décadence était si profonde qu'elle devint la proie d'une horde de Mandchoux.

« Elle a des villes de trois millions d'habitants, possède le journal le plus authentique et le plus utile du monde, *c'est le peuple le meilleur dans le plus mauvais des mondes possibles.*

A Confucius et à sa doctrine succèdent Zoroastre et Mahomet, et la forme de son exposition devient d'une uniformité désolante ; Eusèbe, père selon lui de l'histoire ecclésiastique, l'intéresse davantage que l'empire byzantin.

« Charlemagne fit fleurir le commerce, *parce qu'il était maître des mers;* et en son temps un des grands biens de la campagne consistait en abeilles, ce qui prouve que beaucoup de terres étaient en friches. » Ainsi du reste.

L'œuvre maîtresse de Voltaire est *le Siècle de Louis XIV*, œuvre naïve écrite par Candide en chair et en os. Il y fait voir qu'un roi absolu vient à bout de tout sans peine : « Il n'avait qu'à commander et les soins dans l'administration étaient aussi rapides que l'avaient été ses conquêtes. » Selon Voltaire, le grand roi voit tout, dirige tout, prévoit tout, *et dans le récit des événements, son rôle se réduit à rien.*

Encore si Voltaire nous avait rendu compte de ce qui fit la supériorité réelle du grand roi, son instinct du rôle de roi dont il avait en quelque sorte le génie. Colbert est un « financier économe », Bossuet « un orateur dont le *Discours sur l'Histoire universelle* est de peu d'éloquence »; les *Lettres provinciales* sont « le premier chef-d'œuvre en prose française », mais les *Pensées* sont le produit « d'un génie prématuré et despotique »; le *Testament* de Richelieu est apocryphe, et Descartes, grand géomètre, n'est en philosophie qu'un poète. Voltaire constate que le livre des *Lois* de Domai a eu beaucoup d'approbation, mais il ne l'a pas lu ; Arnauld n'est que le plus ardent défenseur du jansénisme et sa *Logique* n'existe pas.

Voici le résumé de l'état de la France à la mort de Colbert : « Le ministre n'a pas fait tout ce qu'il pouvait et encore moins ce qu'il souhaitait... La taille arbitraire, la multiplicité des droits ; la douane de province à province, qui rend une partie de la France étrangère l'une à l'autre et même ennemie ; l'inégalité de mesures d'une ville à l'autre, vingt autres maladies du corps politique ne purent être guéries. » Était-ce une raison pour discréditer l'administration et la magistrature, traîner dans la boue la religion, se moquer des coutumes, et transformer les vingt maladies devenues chroniques en autant de maladies aiguës ? N'était sa candeur, son œuvre serait criminelle.

Voltaire écrit dans l'*Encyclopédie* au mot Franchise : « Toutes les villes murées avaient des franchises, des libertés, des privilèges jusque dans la plus grande anarchie du pouvoir féodal. Dans les pays d'état, le souverain jurait à son avènement de garder leurs franchises. Ce nom a été donné généralement aux droits du peuple, aux immunités, aux asiles. Il y a dans Paris plusieurs lieux de franchise, où les débiteurs ne peuvent être saisis pour leurs dettes par la justice ordinaire et où les ouvriers peuvent exercer leur métier sans être passés maîtres. Les ouvriers ont cette franchise dans le faubourg Saint-Antoine ; mais ce n'est pas un asile comme le Temple. »

Si un abîme s'est creusé entre la pensée des hommes du dix-septième siècle et de ceux du dix-huitième, nous en retrouvons un tout pareil dans la pensée même de chacun de ces derniers. Voici Voltaire qui traite le roi de souverain absolu, maître de décider ce qui lui plaît dans le royaume, et qui constate l'existence de franchises et de libertés provinciales et locales en face desquelles cette volonté n'existe même pas!

Ce que c'est que l'impressionnabilité! Voltaire a la France et sa royauté sous les yeux, et se trouve dans une incapacité absolue de les concevoir dans leurs rapports et leur solidarité.

Cette faiblesse a sa compensation : la facilité avec laquelle on peut aborder et résoudre toutes les questions imaginables.

Il écrit l'*Histoire de Charles XII*, et, fidèle à la définition de l'histoire qu'il donne dans son *Dictionnaire philosophique*, en fait, sinon une fable, du moins un roman.

On découvre des montagnes formées de sable et de coquillages; Voltaire accumule arguments sur arguments pour démontrer l'absurdité de la découverte : *les coquillages trouvés au haut du Rigi proviennent de déjeuners aux huîtres faits par des Parisiens.*

Il s'enthousiasme pour la loi de la gravitation de Newton, *et fait, du vide que la théorie suppose, une preuve de l'existence de Dieu!*

L'esprit dans les grandes choses, quand il n'est pas du bon sens, frise décidément la plus grande sottise. On ferait un livre étourdissant de toutes celles émises par Voltaire. Sans doute Montesquieu, en rédigeant son aphorisme sur les Béotiens, pensait à lui.

IV

J.-J. ROUSSEAU

De toutes les études que l'on puisse faire sur nos prétendus penseurs du dix-huitième siècle, la plus intéressante est certainement celle de Rousseau. Non pas à cause de ses idées qui ont fait tant de bruit — il les emprunte tout d'une pièce à la sophistique allemande et n'y ajoute rien — mais à cause de sa nature moins impressionnable que sensible, et que les sophismes mèneront droit à la folie.

Tandis qu'en France, nous continuons à discuter sur les défauts et les mérites de l'écrivain, et à ressentir pour lui les mêmes rancunes ou la même admiration, on a fini par y mettre, en Allemagne et en Suisse, plus de prudence et de sérieux. En 1889, le docteur Mœbius, à Leipzig, et le docteur Châtelain, à Neuchâtel, publièrent des analyses de l'histoire mentale de Rousseau. Mieux que personne le docteur suisse était à même de faire une étude de ce genre. Ancien médecin en chef de la maison de santé de Préfagier à Neuchâtel, originaire de la Suisse romande comme Rousseau, vivant au sein du même peuple, professant la même foi et se trouvant en face des mêmes paysages, qui exercèrent une si grande influence sur Jean-Jacques, il put étudier le passé de Rousseau, sa constitution physique, son caractère, et en rechercher l'influence dans ses actes et ses écrits.

En dernier lieu M. Arthur Chuquet a publié, dans la collection des Grands Écrivains français, un exposé du caractère et du rôle de Rousseau dans l'histoire des lettres et de la pensée française, mais qui par cela même aussi, reflète avec une fidélité surprenante toutes les oppositions dans lesquelles nous continuons à nous perdre.

Dans ces divers ouvrages, aussi précis que consciencieux, nous n'avons observé qu'une lacune : si les médecins aliénistes constatent la tare dont Rousseau porte l'empreinte dès son enfance et suivent pas à pas le développement de sa maladie à travers ses œuvres, ils ne nous enseignent point la cause qui a fait que la tare a précisément dégénéré en délire de la persécution ; et l'historien français, s'il nous dépeint avec éclat les incohérences du caractère et les contradictions de la pensée de Jean-Jacques, néglige de nous en donner les raisons. Tous oublient le mal général, la sophistique, qui si elle conduisit Rousseau à la folie, mènera le siècle entier à la Terreur.

Dans l'antiquité, les sophistes se sont distingués par leur art oratoire ; dans les temps modernes, par leur talent d'écrivain ; mais c'est pour la première fois que nous voyons surgir des circonstances telles que le sophisme, tombant dans un esprit d'une sentimentalité extrême, prend une force et une extension qui entraîne, d'une part, une maladie mentale, et d'une autre se communique à tout un peuple pour le conduire à la période la plus terrible de son histoire. Tel est l'intérêt immense et l'enseignement grave que renferme une étude complète du caractère et des œuvres de Rousseau. Jamais, chez aucun auteur, les erreurs, les actes et les troubles organiques n'ont été si intimement liés, et jamais l'engouement et l'admiration dont un homme fut l'objet n'entraînèrent des effets plus logiques et plus fatalement désastreux.

Rousseau, certainement, portait dès l'enfance une tare. Il ne faut pas cependant en exagérer l'importance ; elle consistait bien plus, peut-être, dans l'éducation insensée qu'il reçut, que dans son extrême sentimentalité. « Son père, horloger et maître de danse, est grièvement censuré par le consistoire, en 1677, pour scandale nocturne, et, en 1722, s'enfuit à Lyon pour avoir dégainé et blessé un citoyen de Genève qu'il avait auparavant menacé d'un coup de fusil. Sa mère était une coquette, belle, spirituelle, grande liseuse de romans, qui mourut en donnant le jour à Jean-Jacques, le 28 juin 1712. Son frère unique, de sept ans plus âgé que lui, s'enfuit en Allemagne et disparut, sans qu'on ait jamais su ce qu'il devint. Un cousin germain semble avoir eu un accès de folie à Fontainebleau. Enfin, une tante et un oncle sont censurés par le consistoire pour anticipation scandaleuse de leur mariage. »

Ces antécédents ne sont certes pas brillants et ont pu facilement induire les deux médecins aliénistes à croire à des prédispositions héréditaires, croyances fortifiées encore par les plaintes continuelles de Rousseau sur l'état de sa santé. « Je naquis, écrit-il, infirme et malade ; j'ai coûté la vie à ma mère et la naissance fut le premier de mes malheurs. » « J'avais la courte haleine, je me sentais oppressé, je soupirais involontairement, j'avais des palpitations, je crachais le sang », écrit-il encore. Ses plaintes sont continuelles ; mais il ne faut pas oublier que le même Rousseau écrit aussi : « J'étais bien pris dans ma petite taille ; j'avais un joli pied, une jambe fine, la physionomie animée, la bouche mignonne, les sourcils et les cheveux noirs, les yeux petits et même enfoncés, lançant avec force le feu dont mon sang était embrasé; » ou bien : « J'ai une assez bonne carrure, la poitrine large, mes poumons doivent y jouer à l'aise »; et ce prétendu cracheur de sang, ce poussif, ce malade du cœur est un marcheur intrépide, qui escalade les montagnes, court à pied de Genève à Paris et y retourne, sans la moindre hésitation. « Jamais je n'ai tant pensé, tant existé, tant vécu, tant été moi que dans les voyages que j'ai faits seul et à pied. » Il y a évidemment, dans les prétendues maladies de Jean-Jacques, une grande part d'imagination.

Rousseau descendait d'une famille huguenote française, de race franche, droite, honnête, vigoureuse; son grand-père mourut presque centenaire. Mais sa mère fut une évaltonnée et son père un dératé; l'enfant fut doté d'une nervosité extrême, et son imagination, ainsi que sa sensibilité, furent encore développées outre mesure par l'éducation que son père lui donna. A l'âge de sept ans, il avait lu tous les romans de la bibliothèque maternelle, et ce fut sous le prétexte de l'instruire que le père dévora avec l'enfant cette littérature malsaine. « Nous lisions tour à tour sans relâche, écrit Rousseau, et nous passions des nuits à cette occupation... Quelquefois mon père disait tout honteux : « Allons nous coucher, je suis plus enfant que toi. »

Ajoutez qu'il était myope et qu'il avait une pensée lente. Il avoue que les répliques ne lui venaient jamais qu'après coup; ses manuscrits sont couverts de rature; il refait quatre et cinq fois le même ouvrage. Ces traits expliquent aussi bien la puissance que les faiblesses de Rousseau. Les beautés des cimes neigeuses, l'immensité de l'Océan, la grande nature, lui restèrent incompréhensibles; il n'en ressentit qu'avec plus de force les charmes des petits paysages que sa faible vue peut embrasser, et ses émotions seront d'autant plus profondes qu'elles seront plus personnelles; enfin, son imagination prendra un caractère tellement vivant, que le rêve et la réalité se confondront parfois jusqu'à ne plus lui laisser distinguer l'une de l'autre. Pendant une excursion faite à Chasseron avec quelques amis, il avait couché sur le foin. Le lendemain, il prétendit n'avoir pas dormi. « Par Dieu, lui répliqua le colonel du Pary, monsieur Rousseau, vous m'étonnez, je vous ai entendu ronfler toute la nuit; c'est moi qui n'ai pas fermé l'œil. »

Voilà Rousseau : il dormait profondément ; mais ses nerfs, surexcités par la course, continuaient à vivre leur vie propre; les rêves succédaient aux rêves avec une telle netteté qu'il pouvait croire sincèrement n'avoir pas dormi. Par un retour fatal, le rêve lui fait oublier la réalité. Dans ses souffrances imaginaires, il ne veut pas de médecin; mais il consulte les ouvrages de médecine. Le résultat en est qu'il s'imagine avoir toutes les maladies. « Je ne lisais pas la description d'une maladie que je ne crusse être la mienne. Je suis sûr que si je n'avais pas été malade, je le serais devenu par cette étude, trouvant dans chaque cas les symptômes de la mienne; je croyais les avoir toutes. » Racontant à table l'acte héroïque de Mucius Scœvola, il s'avance et tient effectivement la main sur un réchaud, pour représenter l'action. Accusé d'une perfidie, il la nie et lit une lettre qui en est la preuve.

Enfant, adolescent, homme, Rousseau devient, de la sorte, aussi difficile à comprendre à ses contemporains qu'à la postérité. « Extrême en tout, écrit Chuquet. et se contredisant à chaque instant, timide et impertinent, honteux et cynique, difficile à ébranler comme à retenir et dépassant les autres une fois qu'il est en train ; capable d'entrain et retombant bientôt dans l'inertie ; combattant et flattant son siècle ; maudissant sa réputation littéraire et ne songeant qu'à la défendre et à l'accroître ; recherchant la solitude et voulant être connu du monde entier ; fuyant les attentions et dépité de n'en pas recevoir ; décriant les grands et les recherchant ; célébrant les délices de l'indépendance et ne cessant d'accepter l'hospitalité qu'il faut payer en frais d'esprit ; ne rêvant que chaumières et habitant des châteaux ; s'acoquinant à une servante d'auberge et n'aimant que des femmes de haute volée ; prônant les joies de la famille et manquant à ses devoirs de père ; couvrant de caresses les enfants des autres et mettant les siens à l'hospice ; louant avec effusion le céleste sentiment de l'amitié et ne l'éprouvant pour personne ; se donnant et aussitôt se retirant, d'abord expansif et cordial, puis soupçonneux et farouche, voilà Rousseau. »

Ce n'est qu'un Rousseau de surface. Son fond, son caractère, fut d'une grande simplicité : il eut une pensée lente et une vue courte, une sensibilité extrême et, par suite, une imagination excessive. Ajoutons qu'il conservait, de race, une grande bonté et une droiture naturelle. M. Chuquet cite des exemples touchants de bonté et de générosité ; le Dr Châtelain ne cesse de vanter sa droiture et sa franchise ; et il suffit de signaler les quelques sophismes sur lesquels les circonstances, bien plus que son caractère, le portèrent, pour avoir l'explication aussi bien des incohérences de sa conduite, que de ses contradictions et paradoxes, de l'immense impression qu'il fit et de la folie qui en fut le terme fatal.

Abandonné à lui-même pendant son enfance et élevé par une femme corrompue, il entre dans une étude de greffier; le métier lui paraît insupportable. Il passe apprenti graveur; puis, par crainte de son maître, s'enfuit de Genève et devient aventurier. Arrivé à seize ans chez Mme de Warens, il passe, pour trouver moyen de subsister, au catholicisme; revient chez sa protectrice qui en fait son amant, la quitte pour devenir laquais, valet de chambre, puis interprète ou complice d'un escroc, employé du cadastre, précepteur, maître de musique, enfin secrétaire particulier de l'ambassadeur de France à Venise. De toutes ces aventures, il n'y a de réellement intéressant que ces trois lignes de ses confessions : « J'avais trouvé quelques livres dans la chambre que j'occupais (chez Mme de Warens), le *Spectateur*, Puffendorff, Saint-Evremond, la *Henriade*. Quoique je n'eusse plus mon ancienne fureur de lecture, par désœuvrement je lus un peu de tout cela. » Ce furent ses études universitaires. Adison, dans le *Spectateur*, l'initia à la critique des hommes et des mœurs de son temps; de Saint-Evremond, il apprit à connaître le style limpide et élégant du dix-septième siècle, et s'il s'engouffra, sans trop les comprendre, dans les syllogismes de Puffendorff, il en retint la liberté, l'égalité et la fraternité des hommes à l'état de nature (1).

De la *Henriade*, il lui resta le moins. Ses aventures l'entraînèrent loin de là. De précepteur, il était devenu maître de musique, ce qui lui fit inventer un nouveau système de notation par les chiffres, avec lequel il partit pour Paris dans l'espoir d'atteindre gloire et fortune. Son système échoue. Il reprend son existence d'aventurier, qui le ramène à Paris

(1) V. Annexe II, Puffendorff.

où, passant de la théorie à la pratique, il écrit l'opéra des *Muses galantes* et renouvelle la musique de Rameau dans un opéra de Voltaire, *les Fées de Ramire*. Ses échecs se répètent; en même temps il s'endosse une servante de l'hôtel dans lequel il loge et fait des copies pour vivre. Dans ces conditions presque misérables, il tombe par hasard sur la fameuse question de l'académie de Dijon : « Si le rétablissement des Arts et des Sciences a contribué à épurer les mœurs? » La question, par sa forme, était déjà une erreur : on ne rétablit pas les arts et les sciences; le mot de Renaissance n'est pas synonyme de rétablissement; mais Rousseau le prit à la lettre, et ses échecs en musique, aussi bien que les lectures sérieuses qu'il avait faites, les critiques d'Adison des hommes et des mœurs, les vertus de l'homme à l'état de nature de Puffendorff, peut-être Thucydide, Tacite et Polybe; enfin, l'opinion de Diderot que tout le monde pouvait répondre par l'affirmative, le firent choisir la réponse contraire, et, emporté d'enthousiasme, il écrivit son fameux discours.

Les peuples se développent, grandissent, déchoient, et dans leurs progrès, donnent naissance aux arts et aux sciences, comme dans leur décadence, ils les avilissent et les perdent. Ce sont des effets de la vie des peuples. Mais, incapable de remonter aux causes profondes des civilisations, Rousseau tombe dans la même erreur que l'académie de Dijon, et dans le sophisme de tous les beaux esprits de son temps, en prenant l'effet pour la cause, le dehors pour le fond. « Puissances de la terre, s'écrie-t-il, aimez les talents et protégez ceux qui les cultivent! Peuples, nations, cultivez-les! Heureux esclaves, vous leur devez ce goût fin et délicat dont vous vous piquez; cette douceur de caractère et cette urbanité de mœurs qui rendent parmi vous le commerce si liant, si facile, en un mot les apparences de toutes les vertus sans en avoir aucune... L'homme de bien est un athlète qui se plaît à combattre un monstre; il méprise tous ces vains ornements qui gêneraient l'usage de ses forces et dont la plupart n'ont été inventés que pour cacher quelque difformité... L'astronomie est née de la superstition ; l'éloquence, de l'ambition, de la haine, de la flatterie, du mensonge ; la géométrie, de l'avarice; la physique, d'une vaine curiosité ; toutes, la morale même, de l'orgueil humain... Les sciences et les arts doivent leur naissance à nos vices ; nous serions moins en doute sur leurs avantages s'ils la devaient à nos vertus. Le défaut de leur origine ne nous est que trop retracé dans leur objet; que ferions-nous des arts sans le vice qui les nourrit ? Que deviendrait l'histoire s'il n'y avait ni tyrans, ni guerres, ni conspirateurs ? Qui voudrait, en un mot, passer sa vie à de stériles contemplations si chacun, ne consultant que les devoirs de l'homme et les besoins de la nature, n'avait de temps que pour la patrie, pour les malheureux et pour les amis ! »

Puffendorf, en créant son état de nature, avait supposé un homme tombé des nues. Cet être étrange était devenu, grâce à la sentimentalité et à l'imagination débordante de Rousseau, une réalité dans sa propre personne. Sans éducation, ni familiale ni sociale, élevé au hasard des circonstances, il était, en effet, comme tombé des nues dans un monde raffiné à l'excès, élégant et frivole, spirituel et instruit, aux mœurs faciles et légères, et dans lequel tous les grands liens sociaux, la famille, la religion, l'organisation politique, commençaient à se dissoudre en dépit des bonnes qualités de race, de loyauté, de droiture, qui subsistaient encore. Il faut donc revenir à l'homme à l'état de nature, à l'homme de bien pur. Rousseau le cherche et le trouve chez les sauvages ; il croit en découvrir un exemple chez Socrate, et voit la décadence de l'Égypte, de la Grèce, de Rome causée par les vices et les excès des arts et des sciences auxquels elles s'étaient livrées.

Il eut le prix de l'académie de Dijon, son succès fut énorme : il cesse d'être aventurier et musicien, et est promu au grade de philosophe, c'est-à-dire de bel esprit de l'époque.

Dans un deuxième discours, qui fut encore une réponse à une question de l'académie de Dijon : « Quelle est l'origine de l'inégalité entre les hommes et si elle est autorisée par la loi naturelle ? » il nous révèle le secret de sa pensée. « Je conçois dans l'espèce humaine, écrit-il, deux sortes d'inégalités, l'une que j'appelle naturelle et physique parce qu'elle est établie par la nature, et qui consiste dans la différence des âges, de la santé, des forces du corps et des qualités de l'esprit ou de l'âme ; l'autre qu'on peut appeler inégalité morale ou politique, parce qu'elle dépend d'une sorte de convention et qu'elle est établie ou au moins autorisée par les différents privilèges dont quelques-uns jouissent au préjudice des autres... On ne peut demander quelle est la source de l'inégalité naturelle, parce que la réponse se trouverait énoncée dans la simple définition du mot. On peut encore moins chercher s'il n'y aurait point quelque liaison essentielle entre les deux inégalités, car ce serait demander en d'autres termes si ceux qui commandent valent mieux que ceux qui obéissent. »

Rousseau avoue qu'il est impossible de chercher la liaison qui existe entre les inégalités naturelles et les inégalités sociales, l'autorité du père et la soumission de l'enfant, la nécessité de la défense commune et par suite celle d'un chef commun, qui toutes naissent, comme d'une source vive, par les coutumes et les traditions, des inégalités naturelles, des nécessités de l'existence ; en un mot, l'histoire de la civilisation n'existe pas pour Rousseau. C'est qu'il y a Puffendorf et la liberté, l'égalité et la fraternité de l'état de nature, qui sont devenus chose réelle pour lui, et, oubliant l'histoire entière, il va, en rêve, signaler les erreurs et les fautes qui ont amené la corruption de l'état de nature ainsi que les inégalités morales ou politiques des hommes. Rêve d'une intensité telle qu'il voit le premier propriétaire entourer son champ d'une haie et qu'il l'entend dire : « Ceci est à moi. » Il cite Puffendorf, lui donnant une vigueur et une précision qu'il est loin d'avoir. Puffendorf, prétend Rousseau, dit que tout de même qu'on transfère son bien à autrui par des conventions et des contrats, on peut aussi se dépouiller de sa liberté en faveur de quelqu'un. » Or, Puffendorf écrit dans son *Droit de la nature et des gens :* « Car comme on transfère son bien à autrui par des conventions et des contrats, on peut de même, par une soumission volontaire, se dépouiller en faveur de quelqu'un qui accepte la renonciation du droit que l'on avait de disposer pleinement de sa liberté et de ses forces naturelles ; » ce qui est loin d'être la même chose.

Et Rousseau dédie son discours « aux magnifiques, très honorés et souverains seigneurs de Genève », en déclarant à ces messieurs, qui formaient alors une république absolument aristocratique, que leur gouvernement était l'idéal d'une démocratie où, tout le monde étant soumis aux mêmes lois, chacun les aimait et leur obéissait également.

C'est le charme de Rousseau que cette naïve sérénité, mais aussi la cause de toutes ses faiblesses. Il supplée par l'imagination à la science qui lui fait défaut, et ses erreurs sont si droites, si bonnes, si franches d'intention, que, malgré toutes les incohérences et les contradictions qui se succèdent comme dans un rêve, le lecteur est fasciné et entraîné comme l'auteur.

Dans sa *Nouvelle Héloïse,* qui succéda à ses discours, Rousseau, dans la première partie, s'efforce à nous montrer que la jeune fille la plus sage, le jeune homme le plus vertueux peuvent succomber à la beauté et à la grandeur de leur amour en lutte avec les préjugés ; et dans la seconde partie, leur sagesse et leur vertu éclatent dans la soumission à ces mêmes préjugés. Et, de même que ses propres larmes, il fait couler les larmes de la société qui l'entoure, par les analyses qu'il fait de son âme sensible et les descriptions enchanteresses provenant de la même sensibilité.

Dans l'*Émile,* son œuvre maîtresse, il porte ces qualités et ces défauts à l'extrême. D'une part, il veut que les mères nourrissent leurs enfants et, par l'expression ardente de sa pensée, fait revenir les grandes dames à la nature; d'autre part, se chargeant de l'éducation d'Émile, il prétend enseigner à la mère la façon dont elle allaitera son enfant. Il se croit donc capable d'élever un enfant et il met les siens à l'hospice ; et, en cela, il a peut-être raison, car nerveux, bon et rêveur comme il l'était, leur éducation eût été encore pire que la sienne; mais il prendra la plume et dira aux autres son rêve de l'éducation d'un enfant :

« Il n'y a qu'une science à enseigner aux enfants ; c'est celle des devoirs de l'homme ! » Si encore il avait dit : c'est celle des devoirs de l'enfant. Il n'y songe pas. « Émile, continue-t-il, doit honorer ses parents, mais il ne doit obéir qu'à moi; c'est ma première condition. » On demeure stupéfait en lisant des obligations pareilles. La mère allaitera son enfant non d'après son instinct maternel, mais d'après une formule écrite; le père sera honoré comme un fétiche, mais le vrai, le seul maître sera Rousseau — toujours en rêve — et dans ce rêve c'est sans cesse l'homme à l'état de nature, doué de toutes les forces et de toutes les vertus, qui revient.

« L'homme n'a d'autres biens à mettre dans la société que lui-même; tous ses autres biens y sont malgré lui... Travailler lui est donc un devoir indispensable. » Ce qui n'empêche que son Émile a de la naissance, et il ne lui fait apprendre un métier qu'en vue d'un revers de fortune éventuel.

Quand Rousseau tombe sur des questions simples, élémentaires, il trouve des éclats de bon sens; à mesure qu'elles se compliquent, les contradictions et les paradoxes s'entassent à plaisir, mais toujours sincères.

Émile avait été admiré et suivi comme modèle, à cause des nombreux traits de bon sens qu'il renferme. Le *Contrat social* eut le sort contraire; ses paradoxes renversants frappèrent seuls le public :

« La volonté générale est toujours droite et tend toujours à l'utilité publique. »

« L'ordre social est un droit sacré qui sert de base à tous les autres. »

« Le plus grand bien de tous et la fin de tout système de législation se réduisent à ces deux objets principaux : la liberté et l'égalité. »

« Ceux qui veulent un maître n'ont pas le droit de voter

pour dix qui n'en veulent pas. S'obliger d'obéir à un maître, c'est se remettre en pleine liberté. »

« Le malfaiteur qui attaque le droit social devient par ses forfaits rebelle et traître à la patrie... Alors la conservation de l'État est incompatible avec la sienne ; il faut que l'un des deux périsse. »

« Le droit du peuple de faire des lois est incommunicable... parce qu'il n'y a que la volonté générale qui oblige les particuliers. Quand tout un peuple statue sur tout le peuple, c'est un acte qui s'appelle loi. »

Tous ces passages marqueront comme des lettres de feu dans l'histoire de France. Quant au malheureux Rousseau, il en fut la première victime. A mesure qu'il avançait en âge et voyait s'étendre sa célébrité, l'abîme qu'il avait creusé entre lui et le monde qui l'entourait s'approfondissait. « Il était timide et impertinent » : en présence des personnes, sa sensibilité le dominant, il hésite ; mais, que la droiture de sa pensée et la pureté de ses intentions se trouvent mises en jeu, sa hardiesse ne connaît plus de bornes. « Il était honteux et cynique » : les souvenirs de l'enfant abandonné et de ses compagnons d'aventure persistaient à côté de ses exquises tendressses et de ses impressions délicates. « Il combattait et flattait son siècle » : il fallait, d'une part, prouver et, d'une autre, faire accepter ses idées sur l'état de nature. « Il maudissait sa réputation littéraire et ne visait qu'à la défendre et à l'accroître » : sa réputation lui donnait tous les ennuis auxquels il n'avait d'autre moyen d'échapper que de chercher à convaincre tout le monde de l'excellence de ses intentions. « Il ne rêvait que chaumière et habitait les châteaux » : il n'eut jamais l'aisance nécessaire pour acquérir ne fût-ce qu'une chaumière, et dut se contenter de l'hospitalité des châteaux, comme aventurier d'abord, comme écrivain illustre plus tard. « Il s'acoquine à une servante d'auberge et n'aime que les femmes de haute volée » : la première lui donnait le repos et il lui resta attaché toute sa vie; mais les dames brillantes d'esprit et d'élégance répondaient seules à sa sensibilité, seules elles étaient capables de l'apprécier. Ainsi du reste. C'est par sa trop grande simplicité que Rousseau surprend, et par la complexité de la société qui l'entoure, qu'il déroute. Cette société, dans laquelle il n'a pas été élevé, ces institutions dont il n'a pas pénétré les origines, il s'efforce de les comprendre et s'égare dans les sophismes de Puffendorf, doublés des rêves nés de ses qualités propres, transformant le tout en doctrine. A mesure, les oppositions grandissent, les incohérences s'accumulent, et, lentement, insensiblement, à travers ses efforts et ses luttes, la lésion cérébrale se prépare.

Bien avant que *la Nouvelle Héloïse* et *Émile* eussent paru, Mme d'Épinay écrivait : « Je suis bien affectée de la mélancolie de Rousseau depuis quelque temps. Il est malheureux et lui-même paraît en ignorer la cause. Il se déplace, Paris l'ennuie, ses amis lui sont plus souvent à charge qu'agréables; tout ce qu'il voit, ce qu'il entend le révolte et lui fait prendre les gens en déplaisance. » Ailleurs, elle dit encore : « Mlle Levasseur est venue m'apporter trois copies; elle prétend que Rousseau a l'âme malade... Il passe les jours et les nuits à pleurer; il parle tout seul la nuit. » La rupture avec Mme d'Épinay, faite dans les termes les plus blessants, et qu'on reproche à Jean-Jacques comme la plus vilaine de ses ingratitudes, ne fut peut-être pas autre chose que l'effet du sentiment qu'il eut, grâce à sa sensibilité excessive, des craintes de Mme d'Épinay au sujet de sa raison. Et s'il se brouille avec Grimm et Diderot, c'est sans doute pour la même raison. Grimm écrit à Mme d'Épinay : « Je pense comme vous que Rousseau devient fou ; mais je ne sais pourquoi vous vous étonnez, ma tendre amie, je l'ai toujours prévu. »

Il se sentait, malgré ses tristesses et ses abattements causés par son fol amour pour Mme d'Houdetot, dans toute la force de son intelligence. Il écrivait et publiait coup sur coup, sa *Nouvelle Héloïse*, son *Émile* et le *Contrat social*, montrant : dans la première, toutes les vertus dont Saint-Preux était capable; dans le second, comment les hommes pourraient, par l'éducation, faire renaître la simplicité et la droiture dans leurs relations; dans le troisième, enfin, il leur expose les institutions telles que la saine raison et la nature les dictent. Ce fut trop. La fatigue intellectuelle vint s'ajouter aux excès de sa sensibilité, et dès lors Rousseau n'offrit plus aucune résistance au mal qui l'envahissait. Le 9 juin 1752, le Parlement condamnait *Émile* à être brûlé par les mains du bourreau et décrétait Rousseau de prise de corps. Jean-Jacques s'enfuit en Suisse. Le Petit Conseil de Genève fit brûler le *Contrat social* et *Émile*, et décréta encore l'auteur de prise de corps. Il se réfugia dans le comté de Neuchâtel, et se mettant sous la garde du roi de Prusse s'établit à Môtiers. Les gens de Môtiers finissent par l'insulter, lui jeter des pierres et le menacer de coups de fusil. A ces avanies, vient s'ajouter un libelle de Voltaire, *le Sentiment du Citoyen*, libelle qui dépasse ses autres pamphlets en malveillance et en perfidie. Rousseau se réfugie à l'île Saint-Pierre, où il retrouve, sur le territoire de MM. de Berne, un peu de calme. A leur tour, ils lui refusent la terre et l'eau. Strasbourg l'accueille à bras ouverts; mais il faut repartir. Il traverse la France et compte trouver du repos en Angleterre. C'est en vain : la maladie éclate. Hume, qui l'avait sollicité de s'y rendre et auquel il avait témoigné la confiance la plus entière, est subitement transformé en un fourbe, un traître qui l'a attiré en Angleterre pour le livrer à la risée des journaux;... il lui avait prêté son cachet pour sceller une lettre; suivi son domestique qui la portait; il l'avait regardé avec des yeux effrayants, et lorsqu'il s'était jeté dans ses bras en invoquant sa loyauté, il avait réparti froidement, en le frappant de petits coups dans le dos : « Quoi donc, mon cher monsieur ? » Ce fut le délire de la persécution.

Il nous valut les *Confessions*, livre unique dans l'histoire de la littérature : un fou écrivant un chef-d'œuvre. Il écrira d'autres belles pages encore, surtout lorsqu'il s'occupera de botanique et de musique. Mais les *Confessions* sont issues de son délire. Il voulut se confesser au monde comme on se confesse à un prêtre ou à un médecin, et prouver, en avouant toutes ses faiblesses et toutes ses fautes, qu'il ne méritait pas la haine dont il se croyait l'objet.

Les gens en place et en crédit, les philosophes, tous ceux qui gouvernaient l'État ou dirigeaient l'opinion, lui semblaient conspirer contre lui. Choiseul était la tête de cette conspiration : « Dès qu'il avait su que Jean-Jacques préparait un projet de constitution pour la Corse, il s'était emparé de l'île pour le dépouiller de sa gloire législative; s'il avait employé aux affaires publiques la moitié de l'argent et des talents qu'il dépensait à satisfaire sa haine contre lui, il eût été l'un des meilleurs ministres de la France. » Rousseau, d'ailleurs, se plaint fréquemment de sa tête, de la peine qu'il a à penser, à rassembler ses idées. A Môtiers déjà, il écrivait au prince de Wurtemberg : « Ma pauvre machine délabrée me laissera jusqu'au bout une âme saine quant aux sentiments et à la volonté: mais du côté de l'entendement et des idées, je suis aussi malade d'esprit que de corps. »

C'était le contraire qui était vrai. Si son corps souffrait d'une maladie qui alla jusqu'à nécessiter une opération, cette maladie était plutôt causée par un excès de force. Quant à son esprit, il était plus vigoureux que jamais. Après sa *Lettre sur les Théâtres*, paraissent celles à M. de Beaumont: celles *de la Montagne*, ses *Considérations sur la Pologne*, dans lesquelles il n'y a pas trace de folie et où l'on retrouve toute sa puissance. Mais, dès qu'il s'agit de ses sentiments ou de sa volonté, ou seulement de ses intentions, la lésion mentale se révèle avec une violence qui surprend d'autant plus qu'elle paraît plus inexplicable : lui, l'homme naturellement bon comme le pain, doux, gai, aimable, gracieux, et au besoin exubérant d'esprit et d'entrain, apparaît comme un homme vaniteux à l'excès, portant son incommensurable orgueil jusqu'à la folie. Les lettres à ses amis ou ennemis sont remplies de doléances et de reproches; celles d'affaires pures sont d'une étonnante lucidité.

On a trop jugé Rousseau d'après les *Confessions*, oubliant qu'elles furent déjà l'expression de sa maladie.

La lecture de Puffendorf, qui fut son vrai maître et qu'il cite dans toutes ses œuvres importantes, lui avait fait concevoir un état de nature contre nature, une liberté, une égalité, une fraternité imaginaires, ne répondant à aucune réalité, et que le pauvre Rousseau, dans son imagination si vivante, crut devoir enseigner aux hommes pour les ramener à la vertu et au bonheur. Il heurta de front la société frivole qui l'entourait, en même temps qu'il émut les bonnes affections et les quelques nobles instincts qui y subsistaient encore. Certaines lettres de Julie et de Saint-Preux produisirent plus d'effet que toutes les tragédies de Voltaire; et, de ses discours et du *Contrat*, la France entière tirera la Déclaration des droits de l'homme.

Le mal de Rousseau s'accrut de plus en plus. Toujours victime de l'obsession, il écrit, après les *Confessions*, les *Dialogues ;* un vers d'Ovide en forme la devise: « Ne me comprenant pas, ils me prennent pour un barbare. »

Pour faire parvenir sa défense au monde entier et le convaincre de la sublimité de ses pensées, Rousseau imagine d'en faire une copie et de la déposer sur le grand autel de Notre-Dame, avec la suscription : « Dépôt remis à la Providence. Protecteur des opprimés, Dieu de justice et de vérité, reçois ce dépôt que remet sur ton autel et confie à ta providence un étranger infortuné, seul, sans appui, sans défenseur sur la terre, outragé, moqué, diffamé, trahi. » Trouvant la grille de l'autel fermée, son projet ne réussit pas; le malheureux écrit alors des billets circulaires adressés à tout Français aimant encore la justice et l'équité, qu'il s'en va distribuer aux passants.

Les folies qu'on a débitées sur Jean-Jacques dépassent de beaucoup les siennes. Il reste touchant et bon jusque dans ses actes les plus insensés. Jamais il ne répond par la haine aux actes haineux dont il se voit l'objet; jamais il ne rend injure pour injure; jamais il ne devient violent pour les violences qu'on décrète ou qu'on exécute contre lui.

La meilleure preuve en est qu'à mesure qu'il s'éloigne des hommes et abandonne les illusions qui avaient provoqué sa lésion, il retrouve la sérénité et le calme.

On discute encore s'il est mort dans un accès de son

délire, par le suicide ou d'un coup d'apoplexie. La question est sans importance. Né dans un siècle de sophistique et de dissolution sociale, Jean-Jacques Rousseau en fut la première et une des plus grandes victimes.

V

DIDEROT

A l'encontre de Rousseau, qui devint, par ses livres, une des gloires du dix-huitième siècle, Diderot, par le caractère positif de sa pensée, resta ouvrier coutelier toute sa vie — le métier était dans sa famille depuis deux siècles — malgré l'*Encyclopédie* dont il fut le principal auteur. Son collaborateur de la première heure, d'Alembert, se réserva la partie sciences; Diderot se chargea des arts mécaniques. Le reste fut tantôt extrait d'ouvrages existants, tantôt rédigé par les spécialistes les plus éminents de l'époque. L'ensemble acquit une importance telle qu'on donna à ses auteurs le nom d'Encyclopédistes, comme pour marquer qu'ils se distinguaient des libres penseurs par l'étendue de leurs connaissances et la profondeur de leur savoir. D'Alembert est un mathématicien éminent; Diderot, un esprit universel; il semblerait que par la précision de leur pensée tous deux devaient se rapprocher de nos grands hommes du dix-septième siècle : nul ne s'en est davantage séparé.

Le premier pressent et formule la sophistique allemande sans la creuser, trouvant sans doute que le terrain n'en valait pas la peine. Le second prodigue ses connaissances et ses paradoxes à qui veut les prendre pour ce qu'ils sont : sans lien profond, ils ne tiennent qu'à ses sentiments, et s'il se fait critique musical, littéraire, artistique, c'est pour la même raison qu'il reste attaché de cœur au métier de ses pères et se passionne pour les autres.

Diderot est, avec Rousseau, un des auteurs les plus sympathiques du dix-huitième siècle. Il se distingue par sa bonté et par sa pétulance. Son père, le coutelier de Langres, le met chez les jésuites; le gamin n'en supporte pas la discipline; il le reprend pour en faire un coutelier; la soumission de l'apprentissage ne lui convient pas davantage; il revient à l'étude, entre au collège Harcourt et finit par faire son droit.

Le travail fastidieux d'une étude de procureur achève de le dégoûter de toute occupation régulière. Il donne des leçons pour vivre, fait des sermons religieux à cinquante livres chaque, se marie en secret avec une pauvresse comme lui, traduit de l'anglais, et, après ses premières publications fort médiocres, fait paraître les *Pensées philosophiques* qui sont condamnées par le Parlement à être brûlées; lui-même est enfermé à Vincennes. En prison, il conçoit le projet d'écrire l'Encyclopédie des sciences et des arts mécaniques, où la description de ces derniers auront la partie la plus importante. Le mot *acier* occupera à lui seul vingt-huit colonnes; le mot *couteau* et ses diverses formes, quatorze. Des sciences entières n'y prendront pas une place équivalente.

On a vu dans Diderot le premier révolutionnaire, parce qu'il releva d'une façon aussi hardie les métiers jusque-là, dit-on, d'ordre servile. L'ami de Catherine II n'y songe pas. Il donne tout simplement aux métiers la place qui leur revenait de tout temps dans notre histoire nationale. C'est à notre époque, non à la sienne où des princes et des grands seigneurs apprenaient des métiers, qu'on fera de l'ouvrier le salarié; le prolétaire, l'homme servile. Au dix-huitième siècle, les métiers comptaient dans le tiers état, par leurs droits, comme par leurs privilèges; ces privilèges seront même tellement embarrassants que Turgot les abolira avant la Révolution. Montchrestien, au commencement du dix-septième siècle, ne cesse de parler des gentils artisans de France; Colbert leur consacre sa vie, et encore en plein dix-huitième siècle, un ouvrier préfère se laisser mettre à la Bastille que d'aller travailler dans un atelier où le patron ne travaillait point. Sentiment de fierté incompréhensible de nos jours. C'est en ce sens qu'il faut entendre Diderot. Ses premières études l'avaient rendu réfractaire à l'apprentissage; les sciences, à leur tour, par leurs abstractions, l'impatientaient, et il revint à ses penchants héréditaires. L'intelligence des faits concrets, vivants, seule le touche, seule l'emporte. Sa faconde est inépuisable et, jeté dans les abstractions, loin de se perdre dans le sophisme, il se plaît dans le paradoxe. Ce n'est ni en amateur, ni en économiste, ni en historien, ni en philosophe qu'il étudie les métiers, mais en homme de métier. « On s'est adressé, écrit-il, aux plus habiles de Paris et du royaume; on s'est donné la peine d'aller dans leurs ateliers, de les interroger, d'écrire sous leur dictée, de développer leurs pensées, d'en tirer les termes propres à leur profession... Mais il est des métiers si singuliers et des manœuvres si déliées qu'à moins de travailler soi-même, de mouvoir les machines de sa propre main et de voir se former l'ouvrage de ses propres yeux, il est difficile d'en parler avec précision... Il a fallu se rendre pour ainsi dire apprentif et faire de mauvais ouvrages, pour apprendre aux autres à en faire de bons. » Tel est le vrai Diderot, qui nous explique mieux que toutes les hypothèses et les mots de philosophie et de Révolution, le caractère de son esprit et la grande action qu'il a exercée sur les hommes de son temps.

Prenons un mot au hasard dans son *Encyclopédie*. « *Couturière*. s. f., femme autorisée à travailler différents vêtements en qualité de membre d'une communauté — corporation — établie en 1775. Une maîtresse ne peut faire qu'une apprentie; l'apprentissage est de trois ans; cet apprentissage doit être suivi de deux ans de travail chez les autres maîtresses. Celles qui veulent se faire maîtresses sont obligées de faire chef-d'œuvre; il n'y a que les filles de maîtresses qui en soient exemptes. La communauté — corporation — est dirigée par six jurées, dont trois entrent et sortent tous les ans. Leur corps est distribué en quatre sortes d'ouvrières : il y a des couturières en habit; elles ne font que les habits et autres vêtements de femmes; des couturières en corps d'enfants, des couturières en linge et des couturières en garniture. » Dans tous les métiers dont Diderot nous donne la description, nous retrouvons la même netteté, la même concision, et il en est de même pour les matières premières, les outils, les machines dont les métiers se servent, et jusqu'à la façon de s'en servir : « *Abbattage*, sixième manœuvre du faiseur de bas au métier. Elle consiste à donner un mouvement assez léger : l'ouvrier tire à lui horizontalement la barre à peignée, et par ce moyen, etc. » et au même mot, « termes de charpentier : quand on a une pièce de bois à lever, on passe le bout d'un levier sous cette pièce, on place un coin à un pied... etc. » Il entre dans le moindre détail des opérations.

Aussi, à mesure que nous avancions dans la lecture des innombrables articles qu'il consacre aux métiers, nous étions frappé de l'idée qu'il pouvait se faire de leur utilité. Ces détails excessifs pouvaient intéresser un charpentier, un tisserand de bas au métier; mais de quelle utilité pouvaient-ils être dans une encyclopédie destinée au grand public ?

D'autre part nous espérions trouver, aux termes généraux représentant l'ensemble des métiers, l'exposé général des obligations et droits des maîtres, des apprentis, des ouvriers, en usage à cette époque, ou une vue d'ensemble du rôle des métiers dans la vie économique et sociale de la France : nous fûmes déçu. Le mot *maîtrise*, par exemple, Diderot l'abandonne à Tuguet de Villeneuve, un financier, économiste de l'école des physiocrates.

Pour Tuguet de Villeneuve, comme pour les physiocrates, l'agriculture seule est productive ; la production des autres métiers et commerces est stérile, et les droits et privilèges et métiers deviennent, de la sorte, des abus qui ne servent « qu'à fomenter l'ignorance, la mauvaise foi et la paresse dans les maîtrises », écrit Tuguet de Villeneuve ; « ils créent des monopoles aussi contraires à la liberté qu'à la prospérité publique ».

Or, il n'y a pas un mot de Diderot dans l'*Encyclopédie*, qui ne prouve le contraire. Pourquoi les maîtres et les maîtresses ne peuvent-ils avoir qu'un ou deux apprentis ? Pourquoi tel nombre déterminé d'ouvriers ? Pourquoi un maître ne pouvait-il pas vendre les produits d'un autre ? Pourquoi était-il sévèrement interdit d'accaparer les matières premières en dehors du marché public ? Uniquement pour empêcher l'un ou l'autre membre d'une corporation de s'accaparer du monopole de la production. Tout, dans l'organisation des métiers, depuis les Établissements d'Étienne Boileau sous saint Louis, démontre qu'à partir de leur origine les métiers avaient toujours eu en vue d'empêcher la création de monopoles. Et si, au dix-huitième siècle, la crise industrielle et commerciale rendit l'acquisition de la maîtrise de plus en plus difficile, ce n'est pas une raison pour conclure, à la façon des sophistes, d'un accident passager à une situation générale, et de faire d'un fait particulier une règle absolue.

Si Diderot avait eu seulement l'ombre du génie de Colbert, dont il partageait le merveilleux don d'observation des faits concrets et vivants, il se serait élevé, comme le grand ministre, à des vues générales, rendant non seulement à la France, mais à l'Europe entière, un service immense. Réunissant, comme Colbert dans son *Ordonnance maritime*, les bonnes coutumes de mer, celles qui de son temps réglaient les rapports des apprentis, ouvriers et patrons, il nous donnait le secret de cette paix des ateliers qui, depuis huit siècles, avait formé la base de nos progrès industriels et commerciaux.

Diderot était peut-être le seul homme au monde capable de le faire, à cause de l'expérience profonde qu'il avait de tous les métiers de son époque; le grand bon sens lui fit défaut: il n'en eut que dans les détails, et nul, jusqu'à ce jour, n'en aura le génie.

Il abandonna la question à Tuguet de Villeneuve, qui ne voit, comme les sophistes ses contemporains, de solution que dans la liberté du travail, conçu sous la forme d'un droit imprescriptible. Du même coup, comme nous le signalait Domat, le principe devint contradictoire à lui-même; la liberté du travail se transforma en anarchie du travail que Bossuet définissait : le triomphe du plus fort sur le plus faible, c'est-à-dire l'absence de liberté.

On recourra, pour échapper à ces conséquences, à des

théories, des utopies sans fin, et, après un siècle et demi, nous en serons au même point : la haine croissante des faibles contre les forts remplacera les affections mutuelles de Domat.

Quant à Diderot, malgré son étonnante facilité à s'assimiler toutes choses, mathématiques, mécanique, physique, philosophie, théologie, morale, peinture, musique, poésie, théâtre, son impuissance à s'élever à des vues d'ensemble est complète.

Prenons un nouvel exemple dans l'*Encyclopédie*, le mot *Coutume*, qui joue un si grand rôle sous l'ancien régime.

Diderot écrit : « *Coutume*, habitude ; termes relatifs à des états auxquels notre âme ne parvient qu'avec le temps. La coutume concerne l'objet, elle le rend familier ; l'habitude a rapport à l'action, elle la rend facile... La coutume ou plutôt l'accoutumance naît de l'uniformité, et l'habitude, de la répétition. » D'Alembert ajoute de son côté : « *Coutume*, usage ; ces mots désignent en général l'habitude de faire une chose ; on dit les usages d'un corps et la coutume d'un pays. On dit encore avoir coutume de faire une chose et être dans l'usage de la faire. »

Ces deux analyses si précises du mot sont suivies d'un article sur la coutume qui n'est ni de Diderot ni de d'Alembert ; mais sans doute d'un légiste, lequel nous révèle la situation étrange dans laquelle se trouvait la France au point de vue des coutumes et en même temps nous montre qu'il n'y comprend pas un mot : « L'origine des coutumes en général est fort ancienne ; tous les peuples, avant d'avoir des lois écrites, ont eu des usages et coutumes qui leur tenaient lieu de lois... Les coutumes de France qui sont opposées aux lois proprement dites, c'est-à-dire au droit romain et aux ordonnances de nos rois, étaient dans leurs origines des usages non écrits qui avec la succession des temps ont été rédigés par écrit... On compte environ soixante coutumes générales, c'est-à-dire qui sont observées dans une province entière, et environ trois cents coutumes locales qui sont observées dans une seule ville, bourg ou village... Louis XI avait, dit-on, dessein de réduire toutes les coutumes du royaume en une seule et que l'on usât partout du même poids et de la même mesure... Cela ne serait pas difficile à exécuter pour les poids et mesures ; mais pour faire une loi générale pour tous les pays de coutume et de droit écrit, c'est à quoi l'on ne peut parvenir... Plusieurs provinces se sont données à la France, à la charge de les maintenir dans l'usage de leurs lois et coutumes, et que les habitants de chaque pays croient que leurs lois sont les meilleures... N'est-il cependant pas étrange de voir dans un même royaume tant de coutumes différentes, et que dans une même province où il se trouve plusieurs coutumes locales dont le ressort n'est séparé que par une rivière ou par un chemin, ce qui est réputé juste d'un côté est réputé injuste de l'autre. » C'était le mot de Pascal, mais sans sa conclusion, qu'il faut se soumettre à l'autorité mystique de la coutume, et surtout sans l'explication de Domat que les coutumes, comme les lois arbitraires, sont le frein porté à l'extension indéfinie des principes de droit naturel.

Nous verrons comment la façon si incomplète de concevoir les coutumes au dix-huitième siècle, mettra les états généraux de 1789 dans une situation qui n'était soluble que par l'anarchie et la violence.

Pour le moment, constatons que le collaborateur de d'Alembert et de Diderot ne découvre pas plus qu'eux une solution à cette question, si grave qu'elle soulèvera celle de l'existence même du pays et de sa constitution séculaire.

Chez Diderot, cette impuissance nous explique sa vie, ses opinions et ses œuvres. Si attaché à l'observation immédiate des faits que toute abstraction lui apparaît comme de la fantaisie, il en joue comme un diseur de bonne aventure joue de ses cartes. Rousseau le consulta au sujet de la question posée par l'académie de Dijon : « La partie affirmative, c'est le pont aux ânes ; tous les talents médiocres prendront celui-là et vous n'y trouverez que des idées communes, au lieu que le parti contraire présente à la philosophie et à l'éloquence un champ nouveau, réel et fécond », fut, assure-t-on, la réponse de Diderot.

« Son éloquence, dit Marmontel, est toute de sentiment ; » les abstractions, quand il s'en sert, ne disent rien à son cœur. Il échappe de la sorte aux illusions du sophisme, mais non aux paradoxes ; ce malin plaisir de mettre le sens commun sens dessus dessous.

Malgré cela, il fera des observations d'une justesse remarquable pour son époque, témoin celle-ci empruntée à ses *Pensées philosophiques* : « Convenir avec un souverain qu'il est maître absolu pour le bien, c'est convenir qu'il est maître absolu pour le mal, tandis qu'il ne l'est ni pour l'un ni pour l'autre. Il me semble que l'on a confondu les idées de père avec celles de souverain. »

Athéiste et matérialiste, s'il est l'auteur de son temps qui a le moins lu les grands croyants du dix-septième siècle, il est aussi celui qui se rattache le moins aux doctrines de l'étranger ; il reste si Français que, de tous ses contemporains, il est le plus moderne.

« C'était, disait Grimm, la tête la plus naturellement

encyclopédique qui ait existé ». « Tout est dans la sphère de son activité », ajoutait Voltaire, et ni l'un ni l'autre ne comprendront la vraie force de sa pensée. Précisément parce qu'il s'assimilait si aisément toutes les connaissances, il les concevait telles qu'elles lui étaient données, ne songeant ni à les modifier, ni à les classer, sinon par ordre alphabétique, ni à les réunir en doctrine ou système, parce qu'elles restent dans son esprit également concrètes et vivantes.

Il fera une visite à Catherine II; amusera, sans l'instruire, la grande Tsarine, et écrira des romans licencieux qui ne sont malheureusement que trop de son époque; mais il restera, après comme avant, le brave ouvrier coutelier, forgeant, martelant la pensée des autres, avec la même aisance que ses ancêtres avaient manié le fer.

Sa bonté est inépuisable : « On ne me vole pas ma vie, je la donne », disait-il; au collège, il faisait les devoirs de ses camarades plus faibles; plus tard, il aide un marquis à faire l'éloge de Fénelon, un abbé à écrire une histoire philosophique; il fait pour Grimm le salon; aide Grétry à refaire un morceau de musique; rédige des pétitions pour les pauvres; écrit pour l'ancienne maîtresse d'un duc, tombée dans la misère, des lettres demandant de l'argent pour la pauvresse, et n'a pas le cœur de refuser une réclame à un charlatan.

Il conseille aux artistes d'être toujours honnêtes dans leurs œuvres; *les Deux Amis de Bourgogne* et *l'Histoire de Mlle de Chaux et du Docteur Cardille*, sont des contes moraux qui refléteront le fond réel de son caractère et de sa pensée. Enfin, pour la même raison qu'il s'attache à l'étude des arts et métiers, il déteste la tragédie avec ses noms et ses héros grecs et latins, et crée le drame bourgeois; la vie réelle, avec ses douleurs et ses joies, lui paraissait seule répondre à la vérité et digne d'intérêt. Fidèle à lui-même jusqu'au bout, le dernier mot de sa vie sera : « Le premier pas vers la philosophie est l'incrédulité. » Né à Langres en 1713, il est mort à Paris en 1784.

VI

D'ALEMBERT

Si Diderot est de tous les encyclopédistes le plus sympathique, d'Alembert en est de beaucoup le plus intéressant. Loin de se perdre, sans principes ni règles, dans de vaines spéculations sur les lois et la nature des peuples, de se complaire dans les saillies suggérées par une impressionnabilité maladive, de se perdre dans des riens ou de s'amuser à des paradoxes, il est de tous ses contemporains celui qui se rapproche le plus de nos grands penseurs du dix-septième siècle.

Comme Descartes et Pascal, il est un mathématicien et un physicien éminent. Les études qu'il publie successivement sur le calcul intégral et sur la réfraction des corps solides, son *Traité de dynamique,* qui commence une révolution dans la science du mouvement, sont suivis de travaux d'une portée scientifique non moins considérable. A son mémoire *Sur la cause des vents,* couronné par l'académie de Berlin, succèdent des *Recherches sur la prévision des équinoxes,* un essai sur la résistance des fluides et une application du calcul intégral à la théorie des cordes vibrantes.

D'autre part son style est net, clair, précis, comme celui des meilleurs écrivains de son temps, et son introduction à l'*Encyclopédie* de Diderot, qui est un exposé de l'ensemble des connaissances humaines, est encore considéré de nos jours comme un chef-d'œuvre.

Et cependant, le même d'Alembert, aussi remarquable comme savant que comme écrivain, nous révèle avec le plus d'éclat l'immense écart intellectuel qui sépare le dix-huitième siècle du dix-septième, et, par ses qualités mêmes, nous fait mesurer les deux bords de l'abîme.

Dans notre introduction aux sophistes grecs et aux sophistes anglais, nous écrivions : « Dans l'origine, le mot sophiste signifiait maître de sagesse ; les anciens en firent une injure, les modernes confondirent le sophiste avec l'esprit faux et le rêveur systématique.

« Arrêté par quelques notions particulières qu'il généralise sans en voir les rapports, croyant tous les Français légers parce que quelques-uns qu'il connaît le sont, ou les races blondes supérieures parce qu'il a les cheveux de cette couleur, l'esprit faux est incapable de s'élever à l'intelligence des grandes doctrines. Fat et impuissant, tranchant dans ses affirmations, brillant parfois par le caractère original que son infirmité donne à la tournure de sa pensée, il peut avoir l'étoffe d'un homme d'esprit ; il n'a point celle d'un sophiste. Le rêveur systématique a moins de consistance encore. S'il ne se perd pas à rechercher la quadrature du cercle ou le mouvement perpétuel, il tombe sur quelques analogies lointaines qui lui apparaissent comme des découvertes immenses, voit dans la communauté des femmes ou dans le partage des biens la panacée de tous les maux, veut concilier toutes les ambitions, satisfaire tous les intérêts et trouver dans une formule le secret du bonheur universel. Tous les deux sont des infirmes de la pensée. De quelle autre trempe est le sophiste ! Esprit souple et délié, capable de suivre les abstractions les plus hautes en même temps que les observations les plus minutieuses, les généralités les plus vastes et les pensées les plus fines ; ouvert à toutes les sciences, travailleur infatigable, mesuré toujours, sage souvent, il dispose en maître de ses facultés et de sa parole ; aucun détour ne le trompe, aucune subtilité ne l'arrête, aucune illusion ne l'égare, si ce n'est la sienne, et pour découvrir la cause de celle-ci, ce n'est pas en lui qu'il faut la chercher ; mais il faut remonter quelques siècles plus haut, chez l'un ou l'autre grand penseur qui fit un jour une découverte immortelle. Le sophiste porte la doctrine à l'extrême, mais il la développe aussi dans toutes les directions, et partout où il rencontre des données suffisantes, il l'éclaire d'une lumière nouvelle. »

Nous pensions alors aux grands sophistes de la Grèce, et, parmi nos sophistes de France, surtout à d'Alembert. Celui-ci connaît fort bien nos penseurs du dix-septième siècle, il en signale les mérites et la puissance, et, au moment où il semble qu'il va poursuivre la voie qu'ils ont ouverte, la porte s'ouvrant à double battant devant lui, il la referme à triple tour et se tourne vers les Anglais ; et, suivant leur doctrine avec une rigueur inflexible, il pressent la sophistique allemande, depuis Kant jusqu'à Schopenhauer. Doué de trop d'esprit pour aller plus loin, il se raccroche aux branches de l'*Arbre des sciences* de Bacon et se perd dans les enfantillages de Condillac.

Voici son opinion sur Descartes : « On peut le considérer comme géomètre ou comme philosophe. Les mathématiques, dont il semble avoir fait assez peu de cas, sont néanmoins la partie la plus solide et la moins contestée de sa gloire. L'algèbre, créée en quelque manière par les Italiens, et prodigieusement augmentée par notre illustre Viète, a reçu entre les mains de Descartes de nouveaux accroissements. Un des plus considérables est la méthode des indéterminées, artifice très ingénieux et très subtil, qu'on a su appliquer depuis à un très grand nombre de recherches; mais ce qui a surtout immortalisé le nom de ce grand homme, c'est l'application qu'il a su faire de l'algèbre à la géométrie, idée des plus vastes et des plus heureuses que l'esprit humain ait jamais eues. »

Quant à la vraie, l'immense découverte de Descartes : les idées simples, fondement de la certitude humaine, elle est pour d'Alembert tout simplement une erreur, et cela parce que Descartes les considère comme des idées innées. Ce mot était de trop, et toute l'intelligence de d'Alembert tendue pour le comprendre, éclate en morceaux. A ses yeux Descartes n'a qu'un mérite en philosophie, « celui d'avoir secoué le joug de la scholastique, de l'opinion, de l'autorité, en un mot des préjugés et de la barbarie ».

Quant à Pascal « auteur d'un *Traité sur les cycloïdes* qu'on doit regarder comme un prodige de sagacité et de pénétration, et d'un *Traité de l'équilibre des liqueurs* et de la pesanteur de l'air qui nous a ouvert une science nouvelle, il serait le génie universel et sublime dont les talents ne pourraient être trop regrettés pour la philosophie, si la religion n'en avait profité », c'est-à-dire, s'il n'avait écrit les *Lettres provinciales*. Et c'est tout. La puissance écrasante de la pensée philosophique de Pascal lui échappe, ainsi que la hardiesse et la grandeur de la méthode de Descartes.

Comme Voltaire, au collège, commence par faire des poésies religieuses, d'Alembert écrit un commentaire sur l'Épître de saint Paul aux Romains, et le milieu sceptique où il entre à la fin de ses études, détruit avec ses opinions de jeunesse, l'intelligence de toute philosophie paraissant dépendre des croyances.

Il se tourne, comme ses contemporains, vers la spéculation étrangère, et se figure découvrir dans Bacon et Locke les vrais principes de la certitude et de la science.

De tous ses contemporains, il est le seul, pourtant, qui apprécie Bacon à sa juste valeur. Il écrit à son sujet ces lignes remarquables : « Bacon avoue que les scolastiques ont énervé les sciences par leurs questions minutieuses et que l'esprit doit sacrifier l'étude des êtres généraux à celle des êtres particuliers ; il semble pourtant que l'emploi fréquent qu'il fait des termes de l'école, quelquefois même des principes scolastiques, et par les divisions et subdivisions, dont l'usage était alors fort à la mode, avait marqué un peu trop de ménagement ou de déférence pour le goût dominant du siècle. » En d'autres termes, d'Alembert voit dans sa timide critique, et il était trop homme de science pour ne pas le voir, qu'à part les grands mots de nature et d'expérience, Bacon est et reste un scolastique.

Il n'en va plus de même de Locke : « Ce que Newton n'avait osé, s'écrie-t-il, ou n'aurait peut-être pas pu faire, Locke l'a fait et exécuté avec succès. On peut dire qu'il crée la métaphysique à peu près comme Newton avait créé la physique... En un mot il réduisit la métaphysique à ce qu'elle doit être en effet, la physique expérimentale de l'âme ; espèce de physique très différente de celle des corps non seulement par son objet, mais par sa manière de l'envisager. »

Or, de tous les disciples de Descartes, le plus grand, et celui qui le suivit dans le sens du progrès philosophique de plus près, fut Locke. Leibniz, Malebranche, Spinoza s'attachèrent à l'une ou l'autre conséquence de sa doctine ; Locke la soulève d'une main et s'efforce de découvrir l'origine véritable des idées simples auxquelles le grand maître s'était arrêté. « Elles ne sont pas, dit-il, innées ; les enfants, les sauvages, les idiots ne les connaissent point ; et là où il n'y a point d'idées, il ne peut y avoir aucune connaissance, aucun assentiment, aucune proposition mentale ou verbale concernant les idées. » « Mais elles ont deux sources, continue-t-il, l'impression que les objets extérieurs font sur nous et les propres opérations de l'âme concernant ces impressions, sur lesquelles elle réfléchit comme sur les véritables objets de ses contemplations. » Et, pour éviter toute erreur, ainsi que pour montrer qu'il prend les idées simples dans le même sens que Descartes, il ajoute : « Il faut distinguer exactement de peur que vous ne [vous figuriez que nos idées sont de véritables images ou ressemblances de quelque chose d'inhérent dans les sujets qui les produisent ; car la plupart des idées de sensations qui sont dans notre esprit ne ressemblent pas plus à quelque chose qui existe hors de nous que les sons qu'on emploie pour les exprimer ». La pensée de Locke est nette et précise, quant à la propre opération par laquelle nous dégageons de nos sensations les idées ; Locke l'appelle la réflexion.

Que restait-il à faire à d'Alembert pour compléter la pensée de Locke, comme celui-ci avait complété celle de Descartes ? Il lui restait à faire, nous ne disons pas un pas, mais un demi-pas de plus : ajouter que la réflexion qui dégage les idées simples de nos sensations par la propre opération de notre esprit est uniquement la conscience à laquelle l'homme arrive, à force d'agir et de penser, des actes intellectuels qu'il accomplit en agissant et en pensant.

Nous l'avons montré plus haut à propos des idées de ligne et de nombre, d'étendue et de durée. Achevons de compléter la pensée de Locke. Nous émettons un jugement : Pierre est grand.

L'acte que nous accomplissons n'est certes pas dans Pierre et dans sa grandeur; mais il est bien en nous, puisque c'est nous qui jugeons que Pierre est grand. Nous émettons d'autres jugements de même sorte et d'autres encore, et toujours avec une uniformité, une régularité irrésistibles, le substantif et l'adjectif, le sujet et l'attribut reviennent jusqu'à ce que finalement nous parvenions à nous rendre compte de la propre opération de notre esprit, et que nous la formulions sous la forme d'un axiome, point de substance sans attribut, nous donnant en même temps les idées simples de substance et d'attribut, qui ne sont en réalité autre chose que l'expression de notre faculté, non de percevoir, mais de juger l'existence des choses. De la même façon naissent en nous, la formule de l'axiome : point d'effet sans cause, et les idées simples de cause et d'effet, par l'application de notre faculté de juger, non plus à un sujet unique, mais à tout un jugement (1).

Ce pas, ce demi-pas que d'Alembert pouvait faire en découvrant dans la réflexion, dans l'opération propre de Locke, l'expression des actes intellectuels les plus élémentaires et les plus constants que nous accomplissions, il ne le fait point; mais le mot de *réflexion* devient pour lui un acte de foi, de foi aveugle, c'est-à-dire qu'il ne réfléchit pas sur le mot, et, l'adoptant comme principe de toute évidence, il pressent la sophistique allemande. Après avoir fermé la

---

(1) Voir *les Principes de la découverte*.

porte à triple tour sur Descartes et sur Pascal, il y met encore un verrou.

« Nos connaissances se distinguent, écrit-il, en directes et réfléchies », et à la suite de cette distinction, sans autre motif que sa foi en Locke, il adoptera comme maxime favorite : « Presque sur tout on peut dire tout ce que l'on veut. » Ayant fait de nos connaissances deux parts, sans autre lien qu'un mot, il perd tout moyen de les juger et de les vérifier les unes par les autres. De la même manière, Kant distinguera nos connaissance *a priori* et nos connaissances *a posteriori,* et conclura à l'antinomistique, d'après laquelle on peut soutenir indistinctement le pour et le contre.

Et lorsque d'Alembert voudra donner un peu plus de précision à sa malencontreuse division, il ajoutera que la première connaissance que nous possédions est celle de notre propre existence ; la seconde, celle de l'existence du monde extérieur, précédant Fichte, qui élèvera à la hauteur d'une doctrine que le moi pose le non-moi.

Enfin, estimant l'existence humaine dans son ensemble, il conclut : « Tel est le malheur de la condition humaine que la douleur est en nous le sentiment le plus vif ; le plaisir nous touche moins et ne suffit presque jamais à nous consoler » ; ce que Schopenhauer transformera en pessimisme universel.

Ainsi les doctrines chimériques s'entasseront les unes sur les autres, chez nous, en Angleterre, en Allemagne et dans tous les pays de la civilisation moderne, jusqu'à ce qu'elles entraînent une révolution complète de l'état économique, social et politique de l'Europe.

D'Alembert fut cependant un homme d'une intelligence remarquable. Nous pouvons admirer l'étendue des vues qu'il développe autant dans son Introduction à l'*Encyclopédie,* résumé, en quelques pages de cette œuvre gigantesque, que dans ses travaux scientifiques, où il se distingue par son exactitude et sa vigueur.

Dans son système du monde, il expose comment il a complété le système de Newton par le calcul analytique et fait une observation si juste sur les procédés des philosophes, que nous ne pouvons nous empêcher de la rapporter ici : « Le génie des philosophes, en cela peu différent de celui des autres hommes, les porte à ne rechercher d'abord ni uniformité ni loi dans les phénomènes qu'ils observent; commencent-ils à y soupçonner quelque marche régulière, ils imaginent aussitôt la plus parfaite et la plus simple; bientôt une observation plus suivie les détrompe et les ramène à leur premier avis. »

Ce qui n'empêche qu'en constatant que « les observations astronomiques démontrent que les planètes se meuvent ou dans le vide, ou au moins dans un milieu fort rare, ou enfin, comme l'ont prétendu quelques philosophes, dans un milieu fort dense qui ne résiste pas, ce qui serait néanmoins plus difficile à concevoir que l'attraction même », il se garde fort d'y chercher une solution; comme pour la *réflexion* de Locke, il s'arrête au vide de Newton que celui-ci pourtant déclarait incompréhensible.

Aussi ne faut-il pas nous étonner que, malgré ses travaux et ses découvertes scientifiques et la critique si vivante des philosophes, il revienne, non plus à Locke, nous avons vu où il fut conduit en le suivant, mais à Bacon, malgré sa scolastique. « Le premier pas que nous ayons à faire dans cette recherche, dit-il, est d'examiner, qu'on nous permette ce terme, la génération et la filiation de nos connaissances, les causes qui ont dû les faire naître et les caractères qui les distinguent; en un mot, de remonter jusqu'à l'origine et à la génération de nos idées » et, la *réflexion* de Locke ne l'ayant guère servi, il retourne à l'*Arbre de science* de Bacon et, sans plus y réfléchir qu'à l'insanité de l'idée du vide ou à l'insuffisance du mot de réflexion, il l'adopte dans ses grandes lignes, se contentant d'en renverser l'ordre et d'en préciser les détails.

Bacon divise les sciences selon la mémoire, l'imagination et la raison; d'Alembert change cet ordre et les distingue selon la mémoire, la raison et l'imagination. Il met les poésies et l'art à l'imagination comme Bacon, et les métiers à la mémoire, alors que Diderot, dans le courant de l'*Encyclopédie*, les traite d'arts à chaque article qu'il leur consacre.

Il place l'histoire sacrée à la mémoire et la religion à la raison, de laquelle dépendent également l'anatomie, la physiologie, la physique, la chimie. Celles-ci cependant reviennent au moins autant à la mémoire que l'histoire des animaux, des végétaux et des minéraux. Et, si l'on considère les unes et les autres non plus au point de vue de l'apprentissage des formules et des dates, des noms et des faits, mais au point de vue de la raison de laquelle proviennent les progrès qui ont été réalisés dans toutes les directions de l'activité humaine, il n'est pas un métier, si humble soit-il, qui ne compte autant de découvertes et d'inventions dans les outils et dans les formes, que la plus vaste des sciences.

Dans toutes nos connaissances indistinctement, la mémoire, la raison, l'imagination ont leur rôle. Faut-il couper l'intelligence d'un Tycho-Brahé, d'un Copernic, d'un Képler, en deux, parce qu'ils ont été, d'une part des astrologues et, d'autre part, des astronomes? Et s'ils ont fait des découvertes grâce à la mémoire des mouvements que les astres accomplissent, ont-ils eu moins de mémoire quand ils appliquaient à la conjonction des astres les formules assyriennes, égyptiennes et arabes que la tradition leur avait transmises? Ce système de classification, aussi bien celui de d'Alembert que celui de Bacon, ressemble par trop à la classification que l'on ferait de la lumière du soleil selon les verres de couleur à travers lesquels on la regarderait.

Encore si d'Alembert restait fidèle aux classes qu'il a prises à Bacon. Mais quand il arrive aux arts, il les attribue, non plus à l'imagination, mais à l'imitation : « A la tête des connaissances qui consistent dans l'imitation, doivent être placées la peinture et la sculpture »; ensuite vient l'architecture qui, née de la nécessité et perfectionnée par le luxe, s'est élevée par degrés des chaumières au palais, masque embelli d'un de nos plus grands besoins; mais l'imitation de la belle nature y est moins frappante que dans les deux autres dont nous venons de parler. La poésie vient après la peinture et la sculpture, qui n'emploie pour l'imitation que les mots disposés suivant une harmonie agréable à l'oreille. Enfin la musique qui porte à la fois à l'imagination et aux sens, tient le dernier rang dans l'ordre de l'imitation. »

Et d'Alembert, mêlant l'imitation à l'imagination, arrive, comme tout à l'heure par les connaissances directes et les connaissances réfléchies qu'il distingue tout en les confondant, à nous donner la définition, la meilleure que nous connaissions, de la musique de Wagner, par la même raison qui lui fit pressentir le pessimisme de Schopenhauer.

« La musique qui, dans son origine, n'était peut-être destinée qu'à représenter du bruit, est devenue peu à peu une espèce de discours ou même de langue par laquelle on exprime les différents sentiments de l'âme, ou plutôt ses différentes passions. Mais pourquoi réduire cette expression aux passions seules et ne pas l'étendre jusqu'aux sensations mêmes ?... Un objet effrayant, un bruit terrible, produisent chacun en nous une émotion par laquelle nous pouvons jusqu'à un certain point les rapprocher et que nous désignons souvent dans l'un et l'autre cas et par le même nom et par des noms synonymes. Je ne vois donc pas pourquoi un musicien qui aurait à peindre un objet effrayant ne pourrait y réussir en cherchant dans la nature l'espèce de bruit qui peut produire sur nous l'émotion la plus semblable à celle que cet objet excite. J'en dis autant des sensations agréables. Penser autrement, ce serait resserrer les bornes de l'art et de nos plaisirs. J'avoue que la peinture dont il s'agit exige une étude fine et approfondie des nuances qui distinguent nos sensations; mais aussi ne faut-il pas espérer que ces nuances soient démêlées par un talent ordinaire. » Wagner représentera par la musique le cours majestueux du Rhin, l'effroyable incendie d'une forêt avec ses grondements et ses crépitements, une marche de chevalier avec le heurt des armes et les coups de sabots des chevaux.

Quand nous disions que les hommes portaient, jusque dans leurs sophismes, une logique implacable, nous ne pensions pas si bien dire. L'art n'étant plus qu'une imitation conduira à la musique de Wagner avec la même rigueur que les sensations, devenues sources de nos connaissances, agréables ou pénibles, conduiront au pessimisme de Schopenhauer. La division des pouvoirs de Montesquieu, l'irréligion de Voltaire, l'homme-nature de Rousseau, entraîneront des applications et des conséquences également inéluctables.

Mais, avant de voir se dérouler le tableau dans son

ensemble, il nous reste à étudier Condillac qui, après que d'Alembert y a porté le plus de profondeur, y mettra, de tous nos hommes d'esprit du dix-huitième siècle, le plus de logique.

VII

CONDILLAC

Condillac, disons-nous, est de tous les hommes du dix-huitième siècle, celui qui a le plus de logique dans l'esprit; mais, comme pour toutes les qualités de ce temps, elle ne se révèle à nous dans sa force et ses suites, qu'à la condition que nous nous contentions en tout et partout des apparences, et que nous nous gardions d'aller au delà. Il en est de son système philosophique comme des maximes, mots d'esprit, rêves et paradoxes de l'époque : c'est un ballon qui plane tant qu'il est gonflé de gaz, mais que le moindre coup d'épingle crève.

L'Art de penser de Condillac est non seulement la formule, mais encore la règle de l'art de penser de son siècle.

« Le germe de l'art de penser est dans nos sensations » commence le livre. En allant un peu plus au fond, le germe de l'art de penser commence avec la première bouffée d'air que l'enfant aspire en venant au monde, car, à partir de ce moment, il sent et pense d'instinct, sans y mettre le moindre art, comme les cheveux lui poussent, selon le mot de Voltaire. Mais Condillac s'explique : « C'est quelque chose d'analogue au grain de blé auquel il suffit de donner des accroissements de force pour que la plante grandisse »; et il continue : « Ainsi la pensée croît et se fortifie parce qu'elle est, en quelque sorte, organisée pour croître et se fortifier, et qu'elle a dans les organes mêmes des sensations tout ce qui la rend propre à prendre de l'accroissement et des forces. »

Nous préférons à ces explications sur les organes qui croissent et se fortifient l'aphorisme : « Dis-moi comment tu digères et je te dirai comment tu penses. » C'est plus clair et plus précis.

Malheureusement, toute cette clarté et cette précision n'empêchent que ce sont justement nos sensations, principes de toutes nos connaissances et de l'art de penser, dont, malgré les découvertes, inventions et progrès en physiologie, physique, chimie, nous avons la connaissance la plus obscure, si même nous en avons une.

Comment se fait-il que les papilles nerveuses du toucher donnent aussi bien les sensations du chaud et du froid que du lourd et du léger, du rude et du poli? Nous n'avons pas l'ombre d'une notion sur la nature des sensations de ces papilles. Il en est de même de l'ouïe et de la vue. Le rôle du point jaune dans la rétine nous est absolument inconnu; il nous est non moins inexplicable comment la rétine, qui est ronde, peut nous donner la sensation de surfaces planes, contrairement aux lois de réfraction des lentilles. Et, ce qui est encore plus étrange, nous avons un point aveugle dans l'œil, — l'endroit où l'artère traverse la rétine, — et ce point, que nous ne voyons pas et par lequel nous ne voyons rien, paraît et disparaît à notre gré. Nous ne citons que les phénomènes les plus grossiers, laissant de côté les illusions des sens et le monde de jugements erronés qui en résulte.

Aussi Condillac se contente-t-il des apparences ; il se meut à leur surface comme les libellules sur l'eau. Elles sont si gracieuses, si légères que nous pouvons bien suivre leur exemple.

« Il n'y a ni erreur ni confusion, continue-t-il, dans ce qui se passe en nous... Si nous réfléchissons, par exemple, que nous avons les idées d'une certaine grandeur, d'une certaine figure, et que nous les rapportons à tel corps, il n'y a rien là qui ne soit vrai, clair et distinct. Voilà où toutes les vérités ont leur source. Si l'erreur survient, ce n'est qu'autant que nous jugeons que telle grandeur et telle figure appartiennent en effet à tel corps. Si, par exemple, je vois de loin un bâtiment carré, il me paraîtra rond. Y a-t-il donc de l'absurdité et de la confusion dans l'idée de rondeur, ou dans le rapport que j'en fais ? non : je juge ce bâtiment rond, voilà l'erreur. »

Donc, je vois de loin un bâtiment qui me paraît rond; j'approche, je trouve qu'il est carré; vient l'architecte qui m'assure que je suis trompé par la perspective, que le bâtiment qu'il a construit est plus haut que large et qu'il forme un parallélogramme ; survient un géomètre qui déclare que nous sommes tous deux dans l'erreur, et que le bâtiment, avec son toit coupé des deux côtés, est un hexagone irrégulier. A qui entendre ? Nous retournons tous trois à l'endroit d'où le bâtiment paraît rond, et nous tombons d'accord pour lui reconnaître cette apparence ! Ainsi l'erreur devient vérité, la vérité erreur.

Qu'est-ce donc que la vérité ? Condillac répond à la page suivante : « Ce n'est qu'un rapport aperçu entre deux idées. » Si la vérité consiste dans le rapport de deux idées, il n'est pas de jugement, si faux, illusoire, chimérique soit-il, qui ne soit vérité, tout jugement étant l'expression d'un rapport entre deux idées.

Tous les matins le soleil se lève à l'orient et le soir se couche à l'occident; voilà un rapport entre deux idées éclatant d'évidence, et cependant il est faux, à moins que toute la science de l'astronomie et de la gravitation ne soit erreur.

Le bon Socrate disait que la vérité consistait dans l'accord de l'idée avec son objet.

Mais, de même que le soleil, nous voyons la lune apparaître à l'horizon de l'est et disparaître à l'horizon de l'ouest, et le rapport entre ces deux idées est, en ce cas, parfaitement juste; la lune tourne autour de la terre.

La vérité consiste dans l'accord, non dans le rapport, de nos idées entre elles.

Ainsi, pour suivre Condillac, il ne faut jamais voir dans ses paroles que les apparences, et ne s'arrêter en toute chose qu'à la surface.

Poursuivons : « Il n'est point de folie que l'on ne puisse prétendre en admettant que le rapport de deux idées constitue la vérité. » Cette difficulté dont Condillac, il faut le reconnaître, se rend parfaitement compte, le conduit, mais cette fois fort lourdement, à une solution, en le ramenant à la scolastique, à la distinction des vérités contingentes et des vérités nécessaires.

« Les objets agiraient inutilement sur les sens, et l'âme n'en prendrait jamais la connaissance, si elle n'en avait pas la perception. Ainsi le premier et le moindre degré de connaissance c'est d'apercevoir. » Tout à l'heure, le germe de nos connaissances était les sensations ; maintenant ce sont les perceptions, par lesquelles nous nous rendons compte que les sens ne nous donnent que des connaissances contingentes, qui ne sont pas de véritables connaissances, et que ces dernières ne se forment que par les connaissances perçues comme nécessaires. C'est un jeu avec le sens des mots sentir et percevoir. Si toutes nos connaissances proviennent des sensations, comment pouvons-nous percevoir ce que nous n'avons pas senti, et comment pouvons-nous sentir ce que nous n'avons pas perçu?

Passons, pour nous arrêter aux analyses parfois si fines et si justes, de Condillac, et qui forment son véritable et son sérieux mérite. « Que quelqu'un soit dans un spectacle où une multitude d'objets paraissent se disputer ses regards, son âme sera assaillie de quantités de perceptions... et il semble que l'illusion devra être d'autant plus vive qu'il y aurait moins d'objets capables de le distraire. Cependant, chacun a pu remarquer qu'on n'est jamais plus porté à se croire le seul témoin d'une scène intéressante que quand le spectacle est bien rempli. C'est peut-être que le nombre, la variété, la magnificence des objets remuent les sens, élèvent l'imagination et par là nous rendent plus propres aux impressions que le poète veut faire naître. » Rien de plus juste, de plus vrai; mais comment se fait-il qu'en sortant du spectacle l'émotion ressentie s'efface, et le souvenir du « nombre, de la variété et de la magnificence des objets », se mêlant aux émotions ressenties, nous transporte, non pour le spectacle, non pour l'émotion, mais pour le poète que nous n'avons jamais vu et que nous ne connaissons peut-être pas même de nom?

Locke s'en serait tiré en expliquant que l'idée simple de cause, contenue dans ce monde d'impressions multiples, nous conduit à cet enthousiasme pour un inconnu. « Il en est, comme au sortir d'une lecture, continue Condillac, on n'en a conscience que par les idées qu'elle fait naître. Mais on ne se laisse pas tromper par cette apparence, si on fait réflexion que, sans la conscience de la perception des lettres, on n'aurait point eu celle des mots, ni par conséquent celle des idées. » Ce qui est une seconde observation non moins juste. Mais pourquoi le mot de conscience vient-il se mêler à tout cela ? Une sensation dont nous n'avons pas conscience n'est pas une sensation, et une perception dont nous n'avons pas conscience n'est pas une perception ; elles sont comme si elles n'existaient pas. Serait-ce la conscience, et non la sensation, ni les perceptions qui seraient le principe de nos connaissances ?

Nous avons la sensation d'une cloche qui sonne ; nous en avons la conscience nette, précise, claire, comme nous avons une idée nette, claire et précise de ce que c'est qu'une cloche ; mais nous n'avons aucune conscience ni connaissance comment des impressions aussi distinctes que celles du son, de la forme, de la dureté et de la couleur, peuvent produire en nous la sensation d'une cloche qui sonne ou seulement l'idée de cloche.

En fait, Condillac ne sait pas plus que nous en quoi consistent nos sensations, nos perceptions, notre conscience.

Voyons s'il sait ce que c'est qu'une idée ? Nous sommes loin de la logique d'Arnauld. « Il y en a de confuses, nous dit-il, il y en a de distinctes... Précisément les idées confuses sont les plus sensibles ; et cela n'est pas étonnant puisqu'elles sont telles que les sens nous les donnent, lorsque nous ne faisons pas d'abstraction... ; les idées distinctes sont moins sensibles parce que nous ne les acquérons qu'en formant des abstractions, c'est-à-dire en ne donnant notre attention qu'à une partie des idées que les sens transmettent. En second lieu, les idées distinctes nous sont bien moins familières que les idées confuses : la raison en est sensible. Celles-ci sont continuellement renouvelées par les sens ; elles nous frappent par plus d'endroits, tandis que les idées distinctes ne sont entretenues que par les efforts qu'on fait pour se soustraire à une partie des impressions des sens; elles nous touchent par moins d'endroits... En troisième lieu, les idées confuses, quoique suffisantes pour nous éclairer sur ce que nous devons faire ou rechercher, ne répandent qu'une lumière faible. Elles n'offrent que des rapports vagues, elles n'apprécient rien. Les idées distinctes nous présentent au contraire des connaissances exactes et des rapports appréciés. Elles dévoilent l'essence des choses qu'elle considèrent, elles en développent les propriétés. C'est ce qu'on voit en mathématique, en morale et en métaphysique. Mais l'objet de ces sciences est abstrait. »

En fin de compte, Condillac a une idée fort précise des idées confuses et une idée fort confuse des idées distinctes. Aucune idée en mathématique, morale ou métaphysique ne nous dévoile l'essence des choses; aucune n'en développe les propriétés; le principe « ne fais pas à autrui ce que tu ne voudrais pas qu'on te fît » ne nous enseigne pas plus l'essence du cœur humain que l'idée de cause ne nous enseigne ce que c'est que la pesanteur, ou l'idée de tétraèdre, ce que c'est qu'un cristal.

En revanche, Condillac a une idée fort distincte de ce que c'est que les idées confuses. Puisqu'il a fait, des sensations, le germe de toutes nos connaissances, il est naturel qu'il ait l'idée la plus distincte possible des idées confuses qui en dérivent. Ce serait trop exiger de lui que de lui demander d'avoir une idée confuse de celles qui le sont.

Enfin, pour nous tirer de ces difficultés qu'il entasse à plaisir, il trouve un remède : les signes! « L'arithmétique, dit-il, nous fournit un exemple sensible de la nécessité des signes. Si, après avoir donné un nom à l'unité, nous n'en imaginons pas successivement pour toutes les idées que nous formons par la multiplication de cette première, il nous serait impossible de faire aucun progrès dans la connaissance d'aucune autre science. Et pourquoi ce qui est vrai en arithmétique ne le serait-il pas dans les autres sciences? Pourrions-nous jamais réfléchir sur la métaphysique et la morale, si nous n'avions inventé des signes pour fixer nos idées à mesure que nous avons formé de nouvelles collections? »

L'homme a pensé l'unité et lui a donné un signe; et c'est pour lui avoir donné ce signe qu'à l'occasion d'une nouvelle unité il a pensé deux, lui donnant un autre signe; et il aurait pu continuer de la sorte jusqu'à l'infini en donnant à chaque unité un nom. Il a pensé également que deux et deux font quatre, et il a créé l'addition, la soustraction, la multiplication, la division, et pour ne pas se perdre dans la multiplicité des signes, après avoir classé les nombres en dizaines et centaines, il a fini par recourir aux lettres de l'alphabet, créant l'algèbre. Ainsi l'homme a pensé et créé non seulement l'arithmétique, mais toutes les sciences.

Cela est juste, mais à la condition que nous ne nous abandonnions pas aux apparences, pour aller au fond de la question.

Faites, imaginez tous les signes possibles, si celui à qui vous les montrez ne leur attache pas, de sa propre initiative, le même sens que vous, il se trouvera devant vous comme en face des hiéroglyphes d'une pyramide. Que si donc les hommes ont créé un signe pour avoir pensé, ils ont créé les autres signes en continuant de penser, et ils se sont compris mutuellement à l'aide de ces signes parce qu'ils pensaient de la même manière. Mais, jamais ils n'ont pensé parce qu'ils avaient créé des signes. L'opinion de Condillac est un sophisme grossier de confusion de l'effet, le signe, avec la cause, la pensée.

Pendant des siècles, les sourds et muets sont restés idiots, non parce qu'ils manquaient de signes, mais parce qu'ils n'en avaient pas en commun avec les autres hommes. Le jour où l'abbé de l'Épée inventa pour eux des signes communs, leur intelligence en profita absolument de la même manière que celle du moindre enfant apprenant le langage des sons.

Se figurer que les signes développent l'intelligence, c'est croire que l'intelligence consiste pour les sourds dans la vue, pour les aveugles dans l'ouïe. En somme, il en est de la théorie de Condillac comme de l'homme-nature tombé des nues de Puffendorf et de Rousseau.

Condillac paraît plus heureux quand il énonce que les idées abstraites proprement dites ne nous enseignent absolument rien de l'existence, de la durée, de l'étendue, de la substance et de la cause des choses. Mais il en est de même de toutes nos idées générales, que Condillac appelle distinctes, tout en en ayant une idée confuse. L'idée de bleu ne nous enseigne pas plus ce que c'est que le bleu d'outremer, le bleu de Prusse, le bleu clair ou sombre d'un objet, que l'idée de l'être ne nous explique l'existence de quoi que ce soit.

Les idées générales, comme les idées abstraites, sont toutes au même titre l'expression de la science que nous avons atteinte, et non celle de la science que nous ne possédons pas. Condillac vient de confondre l'effet avec la cause;

cette fois il confond la cause, la science que nous avons atteinte, avec les idées que nous nous en faisons, l'effet. Parce qu'Edison a inventé le téléphone, est-ce une raison pour qu'il sache en quoi consistent les vibrations électriques devenant sonores ?

Du temps de Condillac, Voltaire faisait assez de bruit des lois de la gravitation de Newton pour que Condillac pût se demander si l'idée de la gravitation avait donné à Newton la science de ce qui constituait le vide qu'il supposait ? — L'interprétation qu'il fait des idées abstraites est une confusion du connu avec l'inconnu. Ni l'enfant, ni le sauvage ne les possèdent, comme dit Locke, et bien des hommes adultes et civilisés ne les ont jamais conçues ; et cependant, de tous, enfants et adultes, sauvages et civilisés, pas un n'a jamais pensé qu'une chose pût être et n'être pas à la fois, qu'un attribut pût exister sans substance, un effet sans cause, une étendue en dehors de l'espace, une durée en dehors du temps. Ce sont là des lois intellectuelles auxquelles nul cerveau humain n'échappe, et les idées abstraites n'en sont que l'expression.

Les lois qui régissent notre intelligence sont, non le germe, ce sont nos sensations ! mais la condition de toutes nos connaissances, fût-ce celle du germe lui-même. Condillac continue à prendre les apparences pour le fond.

Il ira plus loin et nous montrera comment on peut arriver à prendre systématiquement la partie pour le tout : « Les scolastiques et les cartésiens, assure-t-il, n'ont connu ni l'origine ni la génération de nos connaissances ; c'est que le principe des idées innées et la notion vague de l'entendement d'où ils sont partis n'ont aucune liaison avec cette découverte. Locke a mieux réussi, parce qu'il a commencé aux sens : il n'a laissé des choses imparfaites dans son ouvrage, que parce qu'il n'a pas développé les premiers progrès des opérations de l'âme. J'ai essayé de faire ce que ce philosophe avait oublié, et aussitôt j'ai découvert des vérités qui lui avaient échappé, et j'ai donné une analyse où je développe l'origine et la génération de toutes nos idées et de toutes nos facultés ». — Or, analyser mieux que Locke « c'est, d'après Condillac, décomposer, comparer et saisir les rapports...; c'est le vrai secret des découvertes parce que l'analyse tend, par sa nature, à vous faire remonter à l'origine des choses...; et quand nos analyses sont en elles-mêmes complètes, nous avons des connaissances absolues; c'est-à-dire que nous savons ce que les choses sont en elles-mêmes...; nous savons, par exemple, qu'un triangle est composé de trois côtés. En pareil cas, nous connaissons la nature des choses. »

A ce titre, il n'est pas de pétition de principe, pas de cercle vicieux, pas de définition, si élémentaire soit-elle, qui ne nous donnerait la connaissance de la nature des choses. Pas plus que la définition : l'homme est un animal de l'espèce bimane, ne nous donne la connaissance de la nature de l'homme, celle que le triangle est une figure à trois côtés ne nous donne celle de la nature du triangle. Lorsque Pascal enfant appelait les cercles des ronds, il ne connaissait certainement pas la définition du cercle : une ligne courbe qui partout se trouve à égale distance d'un point appelé centre; mais, comme tout le monde, il concevait ses ronds par un mouvement uniformément varié de la pensée; rien, dans la nature, pas même la lune, ne lui donnant l'idée d'un point appelé centre; conception nécessaire, cependant, à toute analyse, comme dirait Condillac.

Mais passons encore sur cette étrange connaissance, toute de surface, et dont lui-même nous démontre la vanité, pour nous assurer si vraiment ce qu'il appelle l'analyse, l'opération de décomposer et de saisir le rapport des choses, est le secret des découvertes.

Qu'on nous pardonne notre insistance à analyser, à notre tour, l'analyse de Condillac. Si nous ne parvenons à établir combien ses conceptions, à l'instar de celles de tous les grands hommes d'esprit de son époque, sont légères, superficielles, sans consistance, nous n'arriverons jamais à concevoir comment la génération suivante, les prenant pour lettres d'évangile, aboutira fatalement à toutes les extravagances.

Analysons, décomposons, comparons et saisissons les rapports de n'importe quel triangle à d'autres triangles, jamais nous ne parviendrons, sinon par la synthèse, à les diviser en rectangles, isocèles et scalènes. Si l'analyse nous apprend à connaître les éléments dont les objets se composent, c'est par la synthèse que nous parvenons à les classer et à les ordonner entre eux.

Mais, à son tour, aucune synthèse ne nous apprendra jamais comment les angles des triangles, quels qu'en soient le classement ou les divisions, valent deux droits. Pour le découvrir, il a fallu percevoir un rapport, non plus entre des choses de même ordre, mais entre des choses absolument différentes, auquel personne auparavant n'ait songé : prolonger un des côtés, tracer une ligne parallèle du côté opposé et saisir, non plus le rapport, mais l'identité que renferment l'espace situé d'un côté d'une ligne droite et celui mesuré par les trois angles du triangle. Et ce fut là le produit, non d'une analyse ni d'une synthèse, mais d'une induction semblable à toutes les découvertes que l'homme a faites et fera.

Mais, Condillac prenant la partie pour le tout, l'analyse sera pour lui à la fois l'expérience et l'abstraction, la synthèse et l'induction, la déduction et la preuve. L'analyse des diverses fonctions de l'esprit ne peut exister pour celui pour qui l'analyse est tout.

Du reste Condillac l'avoue lui-même dans les derniers chapitres de l'*Art de penser* : « L'analyse ne suffit pas, il faut en outre apprendre à y mettre de l'ordre ». Ce serait presque de la synthèse, s'il n'ajoutait que la meilleure méthode pour mettre de l'ordre dans nos connaissances est « de réfléchir sur les découvertes qui ont été faites, pour apprendre à en faire de nouvelles ».

Affirmation stupéfiante et qui n'est explicable que par le parti pris de Condillac de prendre la partie pour le tout et les apparences pour le fond. Parce que toutes les découvertes se ressemblent, en ce sens qu'elles sont sujettes aux mêmes règles de l'induction, ce n'est pas une raison pour qu'en réfléchissant sur les découvertes qui ont été faites on soit conduit à en faire de nouvelles. On se casserait la tête à réfléchir sur la gravitation ou la pesanteur, qu'on n'en deviendrait pas plus un Newton qu'un Galilée.

Condillac n'en conclut pas moins en toute sincérité : « Dans la première partie de cet ouvrage nous avons expliqué la génération des idées, et dans la seconde nous faisons voir comment on doit conduire son esprit : c'est tout ce que renferme l'art de penser. » Et il a raison ; ce fut là non seulement son art de penser propre, mais encore celui de tous ses contemporains.

Les hommes de génie avaient voulu se rendre compte des

apparences en étudiant le fond des choses; les hommes d'esprit prétendaient expliquer le fond en s'arrêtant aux apparences; c'était plus facile et plus amusant. La génération qui les suivra nous montrera que, loin d'être amusant, ce pouvait être fort lugubre.

LIVRE III

LES SECTAIRES

I

LA SOTTISE ET LE TALENT

Autre chose est l'intelligence, autre chose le talent. Un peintre, un sculpteur d'une intelligence médiocre, au-dessous même de la moyenne, peuvent avoir un talent remarquable en tout ce qui concerne leur art. Leur intelligence ne s'y reflète guère que par le choix des sujets, souvent de tradition pure, voire archaïque. Les artistes de la Grèce produiront tous la même Vénus, ceux de la Renaissance la même Madeleine ; ceux de l'Égypte ne sortiront jamais des types légués par la tradition. En revanche, tous mettent leur intelligence entière dans l'exécution de leur œuvre; obtuse en tout ce qui ne concerne pas leur art, sous l'impulsion de leur talent, elle s'aiguise et déploie une envergure, une sûreté, une précision de vue, qui leur font entièrement défaut dans leurs autres occupations. Les artistes paraissent fantasques, capricieux, insouciants et légers à l'extrême, et tous ces défauts prennent leur source dans les qualités mêmes de leurs facultés; ils concentrent leurs aspirations, la supériorité ou l'éclat qu'ils ambitionnent dans leur art, de même qu'ils y concentrent leurs soucis et leurs inquiétudes.

La séparation est nette, tranchée, entre l'artiste, tel qu'il se révèle dans ses œuvres, et la façon dont il pense, agit et se conduit dans la vie journalière; il n'a du talent et n'est un artiste qu'à cette condition. S'il en était autrement, le premier bourgeois venu pourrait se faire sculpteur, peintre, musicien, poète à son gré.

Il en est exactement de même des talents d'orateur et d'écrivain. Un tel, à propos de rien, fait un discours surprenant; tel autre, à propos du même rien, écrit une lettre parfaite de tournure et de style; le premier est né orateur, le second écrivain, et tous deux peuvent n'être que des sots, non au point de vue de l'intelligence commune qui court les rues, mais au point de vue de celle qui cherche la vérité et le fond des choses, ne fût-ce qu'en s'arrêtant aux apparences.

L'orateur et l'écrivain de talent dont nous parlons ne s'inquiètent pas de ces questions. Ils ont reçu, par leur éducation, comme par leurs études et lectures, et par la société dans laquelle ils ont vécu, un certain nombre d'idées, et se sont familiarisés avec leurs formules. Elles ont pénétré leur esprit et leur conscience, et cela suffit pour que, doués du talent qui les distinguent, ils deviennent, l'un un écrivain célèbre et l'autre, un orateur de renom; tous deux interprétant et rehaussant ces idées, ces formules, de leurs ambitions, intérêts et passions propres, pour les ordonner et les combiner, en même temps, selon les ambitions, intérêts et passions du public auquel ils s'adressent, public qui s'est trouvé élevé et instruit dans ces mêmes idées et formules. Ainsi, le premier soulève les masses, avec la même facilité que le second les entraîne, grâce à l'ascendant de leur talent.

Enfin tous, les masses comme leurs orateurs et leurs écrivains, ne seront, au point de vue de la recherche de la vérité et du fond des choses, que des sots : les uns seront sceptiques, d'autres des croyants sincères, d'autres encore des convaincus passionnés de la justesse des idées et des formules dont ils sont tous également incapables de comprendre le sens et la portée.

Dans ces conditions, le rôle des orateurs et des écrivains éminents devient d'autant plus grand que le public trouve en eux la satisfaction de ses espérances, de ses haines, de ses ambitions, et leur obéit, en quelque sorte comme, lors de la fondation d'une religion, il suit les prophètes et les apôtres.

Néanmoins, jamais sceptique ne fondera une religion ; mais, dans les questions économiques, sociales et politiques, il suffit que, tout en n'ajoutant lui-même aucune créance aux formules dont il se sert, il sente l'ascendant qu'elles peuvent lui donner et fasse appel aux plus nobles, aux plus généreux sentiments ; lui-même n'eût-il que des passions basses, il soulèvera les masses grâce à son talent. Toutefois son action sera passagère ; sans pensée ni conviction profonde, ses passions satisfaites, il se perdra dans les excès mêmes qu'il aura provoqués.

Il n'en va pas de même du croyant dans les doctrines des grands sophistes. Incapable de se rendre compte des illusions, contradictions et impossibilités que renferment leurs formules ou prétendus principes, auxquels il s'est sincèrement attaché, il se soumet aux circonstances et se laisse conduire par les événements, tout en conservant intacte sa pauvre petite croyance comme une relique dont lui seul entend la vraie valeur. Il n'est point cause des erreurs qui ont été commises, il est innocent des excès survenus; ses intentions ont été les meilleures ; si les formules se sont montrées insuffisantes, il ne doutera pas pour cela de leur excellence; il en cherchera d'autres pour les compléter, puis d'autres et d'autres encore; c'est le sectaire.

Les seuls, les vrais disciples de nos grands sophistes, furent les sectaires. Littré définit le sectaire : « Celui qui es d'une secte religieuse condamnée par la communion principale dont elle s'est détachée. C'est une définition parfaite de la secte ; elle est loin d'être celle du sectaire. »

Sous la Ligue, les catholiques gallicans, espagnols, ultramontains, se considéraient les uns les autres comme des sectaires, sans former une secte condamnée par la communion principale. Partageant la foi dans les mêmes dogmes et ne se séparant que par des nuances propres aux traditions nationales, leur foi avait pris, selon ces traditions, un caractère politique entraînant les ambitions, les haines, les rancunes qui distinguent tout parti politique dans ses oppositions et ses luttes.

Sectaire est quiconque mêle aux dogmes, quels qu'ils soient, des ambitions, des rancunes, des haines nationales, sociales ou politiques.

C'est ce qui explique l'étrange autorité qu'atteignent, aux temps de trouble, les sectaires; pour eux, il n'est ni défaillance personnelle ni transaction : telle est leur foi, telle elle doit triompher. Et si la foi ne transporte pas, comme on dit, des montagnes, du moins elle soulève les peuples, et avec une force d'autant plus grande que ses adeptes sont plus convaincus, brisent comme verre, sans pitié ni remords, mais d'enthousiasme, aussi bien les sceptiques, faiseurs et intrigants qui ne comprennent point leur indomptable logique, que les croyants, moins passionnés, mais plus intelligents, qui ne partagent pas leur fanatisme.

Tels sont les sectaires, tels ils ont été de tous temps, aux époques les plus troubles comme aux époques en apparence les plus paisibles. Un rien suffit pour soulever leurs passions de haine, de rancune ou d'ambition; ils n'écoutent point les conseils les plus sages, ne comprennent point les paroles mesurées. Ces conseils, ces paroles paraissent une trahison à la noble cause qu'ils défendent, et, poussés en masse dans la même direction, sans soupçonner les égarements et les erreurs qui les entraînent, les actes les plus coupables, les plus criminels seront à leurs yeux des actes de vertus, méritant toutes les gloires et tous les honneurs. Se soutenant, s'exaltant les uns les autres, c'est un tourbillon, un rêve, un cauchemar qui passe, jusqu'à ce que haletants, épuisés, ils retombent chacun dans son impuissance et son incapacité personnelle, desquelles ils ne sont sortis qu'emportés par les circonstances et les nécessités qui échappaient à leurs facultés intellectuelles, tout en exaltant leur fanatisme.

Il n'en paraît pas moins étrange comment, d'une série de drôleries, de saillies et de boutades, telles que nous venons de les exposer dans notre livre précédent, aussi évidemment contradictoires, incohérentes et absurdes, si brillantes et étourdissantes qu'elles aient été, il ait pu surgir, sinon une doctrine d'ensemble, du moins un dogme capable de soulever l'enthousiasme de toute une génération.

De la façon la plus simple : ce fut affaire de sectaires.

Nos grands penseurs, entièrement méconnus par nos hommes d'esprit, sont complètement oubliés, et sur l'œuvre de ces derniers plane le grand mot de Raison humaine, interprété, il est vrai, selon la petite raison propre à chacun. Cela ne suffisait évidemment pas pour remplir le grand mot à peu près vide de sens; mais le mot lui-même devient déjà un premier acte de foi. Vint ensuite et forcément : celui de principes naturels à cette prétendue raison ; peu importe qu'ils aient conduit l'un de nos grands sophistes à la folie, et qu'un autre n'y ait jamais cru; ce sont là considérations secondaires. Il fallait remplir le mot de Raison humaine, vide de sens, au moyen de la petite raison propre à chacun, par les principes que chacun, selon sa petite raison, pouvait concevoir comme lui étant naturels. Ce fut le second acte de foi. Le troisième fut : il y a une raison humaine qui est la même chez tout le monde, et cette raison renferme des principes naturels qui me sont propres à moi comme à tous; donc leur réalisation est un droit, puisqu'elle est propre non seulement à la raison, mais aussi à la nature humaine. Ce fut le dogme.

Il se forma, se développa, à travers la lecture de nos grands sophistes, fortifié par chaque saillie, grandi par chaque illusion, comme la quintessence extraite de tout amas en désordre, comme l'essence d'ananas du goudron de houille.

Nul ne songera que le principe naturel de la raison humaine, dominant tous les autres, est une pauvre petite règle du jugement qui veut que tout sujet ait son attribut, et cette autre petite règle qui dit que, pour être juste, le sujet de tout jugement doit être pris dans son extension entière et l'attribut dans sa compréhension complète. Aucun de nos grands sophistes ne s'y est arrêté; on ne prit d'eux que ce qu'on pouvait leur prendre.

Ainsi naquit, non de l'intelligence ni de la raison, mais de la sottise humaine, le dogme qui précipita les événements de la Révolution, grâce au talent des orateurs et des écrivains, qui s'en inspirèrent comme tous les sectaires de l'époque.

Nous ne nous arrêterons qu'à Condorcet, qui fera du dogme une doctrine; à Mirabeau, qui conduira d'abord, puis s'efforcera d'enrayer le mouvement; à Danton, qui en sera le véritable meneur; et à Robespierre, qui en consacrera toutes les conséquences.

Cependant, avant d'aborder cette étude, il nous reste une observation à faire. Nous avons remarqué plus haut que les artistes, peintres, sculpteurs, musiciens, poètes, en concentrant leur intelligence sur l'exécution de leurs œuvres, présentaient dans leur vie journalière des anomalies, des lacunes singulières. Il en sera de même de nos grands sectaires. Le dogme existe; il est là, aveugle, brutal; rien à y changer : même en cherchant à le développer, on lui conservera son implacable pureté; mais les sectaires appliqueront toutes les ressources de leur intelligence à transformer le dogme en doctrine, à prendre des résolutions, à arrêter des mesures et à faire exécuter leurs volontés; et ils y montreront une supériorité qui en fera par moments de véritables hommes d'État. Condorcet, condamné à mort, enseignera encore la doctrine; Mirabeau maintiendra les états-généraux; Danton sortira la France de l'anarchie, et Robespierre la sauvera de l'invasion étrangère, avec une énergie, une netteté de vue qui doivent être reconnues dans toute leur valeur; de même que cette logique irréductible des masses populaires de France qui, malgré les bons sentiments et les enthousiasmes dont elles sont capables ou plutôt à cause d'eux, soutiendra le faux dogme et ses principes contradictoires jusqu'à leurs dernières et extrêmes conséquences.

C'est une manière enfantine d'écrire l'histoire que d'attribuer les événements qui nous déplaisent aux mauvaises passions, et les actes qui nous révoltent, à des intentions criminelles ; comme si ce n'étaient pas les intentions les meilleures qui nous égarent, sous la direction d'idées fausses, et les sentiments les plus nobles qui nous entraînent, au nom de doctrines étroites. Pascal n'a-t-il pas dit : « Qui veut faire l'ange fait la bête ! »

Mais, excuser des actes criminels parce qu'ils ont été dictés par des idées qu'on croit justes, ou trouver héroïques des événements regrettables parce que les doctrines dont ils sont issus semblent vraies est de la sophistique contraire à toute science, d'une valeur moindre encore que celle de Condillac confondant la surface avec le fond.

L'histoire est, d'une part, la connaissance des événements qui la composent et, d'une autre, l'art de les expliquer.

Il n'y a pas d'histoire pour les peuples qui ne sont point parvenus à se donner des mœurs, des coutumes et des institutions assez fermes pour laisser des documents et des preuves de leur existence. Les peuples qui n'ont pas d'histoire, loin d'être heureux, n'ont jamais formé que de malheureuses tribus, vivant de misères et de privations, sans parvenir à constituer des nations.

Quant à l'art de l'historien d'interpréter les documents et de raconter les événements, il est en tout semblable à celui des écrivains et des orateurs politiques dominés par leur incapacité pratique autant que par leur talent.

L'historien, en ce cas, interprète les documents du passé et les faits auxquels ils se rapportent, à la façon de tous les sophistes, confondant ses propres idées et sentiments avec ceux des auteurs des événements, les apparences avec la réalité, les effets avec les causes, les parties avec le tout, et déploie un art incomparable à raconter des balivernes.

Il est, à l'historien véritable, ce que le cuistre est au savant, et ne se distingue du sectaire, que parce qu'il met moins de fanatisme dans les quelques formules qui ont absorbé son cerveau. Il tient avec une ténacité froide à ses idées; remplace la haine de quelqu'un ou de quelque chose, qui est toujours au fond de l'âme du sectaire, par des prétentions personnelles qui n'en admettent point d'autres, et au lieu de l'enthousiasme et de l'abnégation qui font la force du dernier, il se contente d'une vanité égoïste qui fait la sienne. Enfin, comme un sot trouve toujours un plus sot qui l'admire, il se trouve des cuistres et sous-cuistres et jusqu'à des arrière-sous-cuistres, qui font la gloire du premier. Ses formules se répandent dans les collèges, retentissent dans les chaires d'universités, débordent dans les Chambres et les académies; son règne succède à celui des hommes d'esprit et des sectaires.

En face de telles aberrations, combien la doctrine de Domat se dresse lumineuse de vérité : « La société humaine n'est fondée que sur les affections mutuelles, et non sur des principes de quelque nature qu'ils soient. »

La doctrine du Christ fut certes admirable et, parce qu'elle formulait la loi de la vie des peuples, ses premiers adeptes furent des saints et des martyrs ; mais, lorsqu'on a voulu en faire un moyen de domination, il en est résulté les inquisitions, les autodafés et les Saint-Barthélemy. Et il en sera toujours ainsi, quand on voudra remplacer les affections réellement existantes par des principes ou des dogmes quelconques.

Aussi, de la même façon que la doctrine du Christ conduisit aux inquisitions et aux autodafés, les principes du dogme nouveau entraîneront, dans leur application, les comités de Salut public, les massacres, les noyades, la Terreur et la guillotine.

Ces tristes excès seront amenés insensiblement, par gradations inéluctables.

Le dogme est devenu comme un fard dont se couvrent les passions. De leur côté, les affections ont perdu toute direction avec la disparition des usages, des coutumes, des institutions qui en étaient issues, et, affolés, sans soutien, les hommes deviennent le jouet de toutes leurs impressions : le moindre rien donnera lieu ou à des rumeurs sinistres, ou à des délires de joie; les suppositions les plus extravagantes, les affirmations les plus chimériques prendront créance et, comme on croit à ses propres illusions, on croit à celles des autres; l'hypothèse devient certitude, le mensonge réalité, et finalement les deux seuls moyens de gouvernement, en l'absence de toutes institutions régulières, seront la calomnie et le complot.

Le complot vainqueur se rendra maître du pays, le complot vaincu se verra condamné comme traître à la patrie, et de complot en complot les partisans des uns émigreront pour appeler l'Europe au secours contre ceux qu'ils considéreront comme criminels, lesquels, de leur côté, exerceront la Terreur pour sauver la France de l'Europe; à travers tout cela subsisteront, inaltérables, à quelques exceptions près, comme en toute chose humaine, l'amour de la famille, les affections mutuelles, l'amour de la patrie, qui rendront la paix et la sécurité au pays quand on aura épuisé toutes les illusions des principes abstraits.

II

CONDORCET

Marie-Jean-Antoine-Nicolas Caritat, marquis de Condorcet, né en 1743, était d'une ancienne et grande famille mais, comme tant d'autres, appauvrie. Sa mère, une excellente dévote, le voua au blanc pendant les neuf premières années de sa vie, et son oncle, évêque de Lisieux, le mit chez les jésuites où éclatent ses grandes dispositions, non pour la dévotion et l'ordre de Loyola, mais pour les mathématiques.

Au sortir du collège, à dix-sept ans, il dédie à Turgot un livre intitulé : *Une profession de foi*, et obtient une pension du roi. Dès ce moment, il se consacre sérieusement aux mathématiques, fait la connaissance de d'Alembert qui le présente à Voltaire, écrit un Essai sur le calcul intégral, un autre sur le problème des trois corps. A vingt-six ans, il est reçu membre de l'Académie des sciences et publie l'éloge des académiciens morts avant 1699, ce qui lui vaut la nomination de secrétaire perpétuel de cette académie et de membre de l'Académie française. Il reçoit bien encore un prix de l'Académie de Berlin pour une théorie sur les comètes; mais, avec ces succès croissants, les beaux esprits de l'époque s'emparent de plus en plus de lui, et, sans la moindre méfiance, il se livre entièrement.

Ce qui nous dépeint le mieux Condorcet, c'est sa confiante

bonté, qui à elle seule en fera un sectaire. Il traînera en longueur son éloge du duc de la Vrillière : « il avait été sous Louis XV le ministre dispensateur des lettres de cachet! » Son grand ami et protecteur Turgot en délivrera bien davantage, mais il ne le croit pas; voilà Condorcet.

Le rôle de Voltaire lui apparaît comme un apostolat, et l'ermite de Ferney lui écrit au sujet de sa nomination à l'Académie française : « Votre nom et votre éloquence impressionneront du moins la secte des sicaires de la Saint-Barthélemy et de la mort de Henri IV. » L'ermite de Ferney ne soupçonnera pas que le jeune Condorcet et ses amis allaient fonder une secte dont les sicaires dépasseront la cruauté des auteurs de la Saint-Barthélemy et de l'assassinat de Henri IV. Voltaire les y poussera de main de maître. « Je voudrais, écrit-il à son jeune disciple, que vous puissiez, en enterrant tous les prêtres, faire leur oraison funèbre et enseigner aux hommes la raison qu'on est fort loin de leur enseigner. Vous rendez bien des services importants à cette malheureuse raison. Je vous en remercie de tout mon cœur comme attaché à vous et à elle. » Que c'est bien dit et que c'est bien la raison de Voltaire!

Condorcet s'attache avec non moins d'ardeur à la raison de Turgot. Il répète après lui : « Dans toutes les classes de la société l'intérêt particulier de chacun tend à se confondre avec l'intérêt commun », et il continue, toujours avec Turgot : « L'agriculture doit être libre, l'industrie doit être libre, le commerce doit être libre, l'intérêt de l'argent doit être libre. Quel droit peut donc avoir la société sur ces objets? Instituée pour conserver à l'homme ses droits naturels, obligée de veiller au bien comme à la justice, l'intérêt public lui prescrit également de veiller à l'exercice libre de la propriété de chacun, à n'établir aucune gêne, à détruire toutes celles qui subsistent, à empêcher que la fraude et la violence n'en imposent de contraire aux lois. »

C'est le dogme complet; rien n'y manque, la raison, les principes naturels, la liberté de tous et le droit de tous d'avoir des lois conformes à la volonté de tous. Et pas un mot qui ne soit une erreur, pas une phrase qui ne soit un sophisme : « L'intérêt particulier tend toujours à la satisfaction de l'intérêt commun », et tous les intérêts particuliers sont contraires les uns aux autres : celui de l'acheteur à celui du vendeur, celui du patron à celui de l'ouvrier, celui du pauvre à celui du riche, et, loin que l'intérêt commun soit conforme à tous les intérêts particuliers, c'est à l'intérêt public que tous s'en prennent; c'est la lutte de tous les intérêts les uns contre les autres, de tous contre tous et de chacun contre chacun, qui en est la conséquence. Le sophisme consiste ici à jouer avec les deux sens du mot intérêt selon qu'il est pris dans le sens particulier ou dans le sens général, pour les mettre dans un sac et en retirer la célèbre formule. C'est de l'escamotage. Si l'intérêt particulier tend à la satisfaction de l'intérêt public, de l'opposition de tous les intérêts particuliers résulte que l'intérêt public ne peut consister que dans les justes mesures et sages proportions dans lesquelles chacun est tenu de tendre vers la satisfaction de ses intérêts particuliers. Et voilà comment les principes naturels deviennent contradictoires à eux-mêmes, et comment la superbe raison, au lieu de se contenter de rechercher la vérité, proclame qu'elle est elle-même cette vérité, pour finalement ne dire et ne faire que des sottises.

Condorcet n'en continuera pas moins d'appliquer le dogme à toutes les grandes questions, le transformant de la sorte en doctrine, la plus complète que nous possédions des idées et des aspirations du dix-huitième siècle.

Il veut l'abolition de l'esclavage : « Réduire un homme en esclavage, l'acheter, le vendre, le retenir en servitude, ce sont de véritables crimes ; ... ou il n'y a pas de morale, ou il faut convenir de ce principe ». En dehors du mot vague d'esclavage, Condorcet ne se doute pas de ce que c'est. Pas plus que de ce que c'est que la guerre, de laquelle il pourrait dire exactement la même chose : tuer, retenir des prisonniers, les enfermer dans les forteresses, prendre des otages sont de véritables crimes; ou il n'y a pas de morale ou il faut convenir de ce principe. Mais il ne fait pas ce raisonnement; il sera même l'un des partisans les plus passionnés de la guerre contre la coalition. Son opinion sur l'esclavage n'en sera pas plus juste. L'esclavage, comme la guerre, est un phénomène de l'histoire. A l'origine de leur république, les Romains chassent l'esclave dont ils sont mécontents pour le punir ; au temps de leur décadence, ils l'affranchissent pour le récompenser. C'est qu'à l'origine l'esclave entrait dans la famille du maître, en recevait l'instruction, en partageait la sépulture ; il était jusqu'à un certain point plus considéré que le domestique moderne dont il tenait le rôle dans la famille : chassé de l'une, il n'était reçu dans aucune autre. Plus tard, quand l'esclavage industriel prit la prépondérance sur l'esclavage domestique, il devint une sujétion cruelle, et son affranchissement une récompense ; récompense qui devint, avec le maintien de l'esclavage industriel, une des grandes causes de la dégradation croissante de Rome.

Un des premiers et des plus grands progrès de l'humanité fut la réduction en esclavage des prisonniers de guerre remplaçant leur massacre.

Comment faire de l'homme sauvage qui ignore tout travail et se trouve dans une crainte continuelle de ses voisins un homme civilisé, aimant le travail et s'attachant à ces voisins? Telle est la question. Elle est le contraire du principe de Condorcet, qui fait de l'esclavage un crime, sans se préoccuper le moins du monde de ce qu'exige réellement la morale.

Condorcet n'est pas plus heureux quand il aborde les questions d'ordre public. Il répète bien, et de bonne foi, la vieille formule qu'il faut imposer les riches et non les pauvres, et recommande d'établir un impôt progressif sur les riches, sans aller plus loin; la formule lui suffit sans plus rechercher ce qu'est un impôt que ce qu'est la morale.

La valeur de tout impôt, pour être payée, doit être produite. Le pauvre qui ne produit rien ne peut pas le payer; le riche qui ne produit rien ne le paye pas davantage; s'il le paye, c'est qu'il le prélève sur les rentes, les bénéfices, les intérêts qui font sa richesse. Mais ces rentes, ces intérêts, ces bénéfices, qui les produit? ce n'est pas lui, puisqu'il ne produit rien; ce sont les producteurs de ces rentes, intérêts et bénéfices. Aucune formule, aucune chinoiserie fiscale ne feront qu'un impôt puisse être payé par d'autres que par ceux qui en produisent la valeur.

En 1788, Condorcet publie un *Essai sur la constitution et les fonctions des assemblées provinciales*. « Ces fonctions sont : 1° la répartition des impôts sur les biens ou sur les personnes, la direction des travaux publics, la levée ou la distribution des fonds qui y seront employés, la formation des milices, la régie des biens qui appartiennent au public; 2° la discussion de tous les plans qui tendent à rendre meilleur le sort des citoyens, à détruire les abus, le soin de reconnaître ces abus, d'en examiner les causes et de les dénoncer au souverain. »

A quoi servent, dans ces conditions, le pouvoir du souverain et les fonctions du gouvernement central? A veiller, sans impôts, sans ressources ni moyens d'aucune sorte, à ce qu'il soit mis fin aux abus dont se plaignent les assemblées provinciales. En réalité, c'était l'organisation des provinces en autant d'États dans l'État, et la désorganisation à courte échéance du pays. Ce n'était plus une application rigoureuse des principes naturels à l'agriculture, à l'industrie, au commerce, à l'esclavage et à tous les contribuables, mais aux provinces en tant que parties de l'État.

Pour soutenir quelque peu le pouvoir central, Condorcet demande cependant « la convocation d'assemblées générales qui seraient : 1° assez fréquentes pour que dans l'espace d'une génération elles se présentent plusieurs fois; 2° que les réclamations publiques aient été libres et ne soient pas trop nombreuses ». Et il termine son ouvrage par cette conclusion : « J'ai tâché de raisonner avec la même impartialité et le même sang-froid que s'il s'agissait d'un peuple placé à deux mille lieues de moi ». C'est le pendant de l'homme-nature, de Rousseau, et de l'homme tombé des nues, de Puffendorf.

En 1789, l'année suivante, se réunirent les états généraux. Ils firent, sous l'impulsion de Mirabeau, absolument le contraire du rêve de Condorcet. Ils détruisirent, au nom des mêmes principes immuables de la raison, toutes les libertés et franchises, toutes les institutions provinciales et jusqu'aux provinces elles-mêmes; sans plus connaître les conditions réelles de l'existence économique et sociale de la France, que s'ils se trouvaient, ainsi que l'imagine Condorcet, à deux mille lieues de distance.

La sophistique, en pénétrant les événements, a d'étranges retours.

Quant à Condorcet, il se range sans hésiter à l'avis des états généraux, puisqu'ils suivent les mêmes principes ; le reste n'est que questions de forme.

Les états généraux, devenus Assemblée nationale, se transforment en Constituante, et Condorcet accepte la Constitution nouvelle avec la même confiance qu'il avait accueilli la raison de Voltaire et les principes naturels. La célèbre Déclaration des droits imprescriptibles est pour lui, comme pour tous, article de foi.

A la convocation de l'Assemblée législative, Condorcet se présente aux électeurs de Paris. Élu, il entre dans la vie politique et fait la cruelle expérience de ses illusions, sans que sa foi en soit un instant altérée. Ses défaillances, ses transactions avec la rigidité des principes ne sont dues qu'à la grande bonté de son cœur.

C'est elle qui le fait se placer entre les Girondins et la Montagne ; les premiers cherchant une application à la fois plus douce et plus pratique du dogme et s'efforçant de retenir de l'ancienne organisation provinciale ce qui en subsistait encore, tandis que la nouvelle Constitution les abolissait toutes ; la Montagne, par contre, n'admettait aucune transaction et demandait l'exécution intégrale du dogme. L'attitude de Condorcet entre les deux partis lui valut d'être nommé secrétaire de l'Assemblée.

Dès son premier discours s'accentue la fausseté de sa situation. Il demande qu'on partage les émigrés en deux classes, et qu'on ne prononce la peine de mort que contre ceux qui seraient pris les armes à la main. Son discours fut couvert d'applaudissements et l'Assemblée en vota l'impression, sans pouvoir plus suivre le conseil de Condorcet que son propre vote. Qui était le plus coupable, de l'officier pris les armes à la main, ou de celui qui, réfugié à l'étranger, complotait jusque dans l'entourage du roi, avec la noblesse du dedans, pour renverser l'état de choses établi par la nouvelle Constitution ?

La situation devenant de jour en jour plus grave, la Prusse, l'Autriche, l'Empire, lésés dans leur possession en Alsace, préparaient l'invasion de la France. Condorcet leur répondit en proposant à l'Assemblée un projet de déclaration, et rédigea une adresse au peuple, afin de l'éclairer sur ses véritables intérêts et rendre inefficaces les complots intérieurs. Les deux lui valurent d'être nommé président de l'Assemblée.

Mais ils eurent aussi pour conséquence le refus du roi de sanctionner les décrets d'accusation contre les premiers émigrés ; ce qui entraîne Condorcet à proposer sa déchéance. Après la fuite de Louis XVI et son arrestation, c'est encore Condorcet qui, suivant et ne dirigeant pas les événements, fait adopter la convocation de la Convention et prononcer la suspension du pouvoir exécutif du roi.

Sept ou huit départements le nomment à la Convention, et il se retrouve identiquement dans la même situation qu'au commencement de la Législative. « Mes amis — les Girondins — me savent mauvais gré de me ranger avec le comité de Salut public, et le comité, de son côté, désirerait que je n'eusse aucune relation avec eux. » C'est-à-dire que pour les principes ouatés de bonté il est avec les Girondins, et pour les mêmes principes doublés d'acier il est avec le comité.

Il a beau ajouter : « Je tâche que chaque parti s'occupe de lui un peu moins et de la chose publique un peu plus » ;

qu'était la chose publique à ce moment? Sauver la France de l'invasion du dehors et la garantir contre les dangers du dedans, soit en suivant le comité de Salut public, soit en se mettant du côté des Girondins; il n'existait pas d'autre chose publique, sinon dans l'imagination de Condorcet, entraîné par sa bonté naturelle à vouloir la conciliation des deux partis.

Il vote, toujours fidèle à lui-même, pour la mort du roi, mais avec une application de cette peine qui ne serait pas la peine de mort. C'eût été les galères! Sa bonté, comme on le voit, l'entraînait à d'étranges conséquences. Ou le roi était coupable d'avoir comploté avec les États étrangers contre la France, et il fallait demander l'abolition de la peine de mort pour pouvoir le condamner à une autre peine; ou le roi était innocent, et il fallait lui rendre l'autorité et le pouvoir. Tout moyen terme était tout ensemble faiblesse et illusion.

Après la mort du roi, Condorcet est nommé membre du comité chargé de rédiger une Constitution nouvelle. Il présente à la Convention un rapport sur les travaux du comité et dit : « Français, nous vous devons la vérité entière. Vainement une Constitution simple et bien combinée, acceptée par vous, assurerait vos droits; vous ne connaîtrez ni la paix ni le bonheur, ni même la liberté, si la soumission à ces lois que le peuple se sera données n'est pour chaque citoyen le premier de ses devoirs. » C'était une infidélité au dogme : si les droits du citoyen sont imprescriptibles, il n'est point de devoir qui leur soit supérieur, quelles que soient les lois que le peuple se donne.

Deux ans après, les auteurs de la Constitution de l'an III seront plus précis encore que Condorcet, et opposeront hardiment à la déclaration des droits une déclaration des devoirs, sans obtenir d'autre résultat que de faire renaître l'anarchie.

Quant à Condorcet, il était, dès ce moment, perdu. Son premier des devoirs était une trahison à la sainteté du dogme, auquel ce n'était pas un devoir mais une stricte obligation de se soumettre.

La Convention décrète l'arrestation des membres les plus influents de la Gironde. Condorcet croit devoir protester en déclarant à l'Assemblée que cette arrestation est un attentat contre elle-même, sa dignité et sa sécurité; il est à son tour décrété d'accusation.

Au lieu de monter courageusement à l'échafaud, à l'exemple de ses amis, il s'enfuit. Une femme, bravant la peine de mort qui menaçait quiconque ne livrerait pas au tribunal les décrétés d'accusation, le cache pendant huit mois. Mais la pensée du danger qu'elle court lui devient insupportable; il s'échappe pour errer dans les environs de Paris; découvert, il se suicide avec du poison qu'il avait sur lui.

Condorcet fut conséquent avec lui-même. Écrivain remarquable, savant distingué, entraîné par la bonté de son cœur, il s'était enthousiasmé pour des principes dont il ne comprenait pas la portée, et si ses transactions avec la rigidité du principe en furent la suite, son suicide le fut également : ayant horreur de toute violence faite à l'excellence de ses intentions.

La meilleure preuve en est l'*Esquisse des tableaux historiques des progrès de l'esprit humain*, qu'il écrivit pendant ses huit mois de réclusion. Pas un instant il ne songe à se défendre contre le décret d'accusation et encore moins à attaquer ses accusateurs; mais, d'une envergure intellectuelle plus grande qu'eux tous, il achève, dans ses *Tableaux,* de transformer le dogme en une doctrine si complète qu'elle doit expliquer jusqu'au progrès historique de l'esprit humain.

L'ouvrage fit une impression telle que le comité d'instruction proposa à la Convention « de l'autoriser à acquérir sur les fonds mis à sa disposition trois mille exemplaires de l'ouvrage de Condorcet parce que c'était une œuvre classique offerte aux écoles républicaines par ce philosophe infortuné ».

Quant au moyen de faire d'un dogme se résumant en quelques lignes toute une doctrine historique, il est bien simple : la première époque de l'histoire de l'humanité commence naturellement avec les sensations de Condillac, dont Condorcet avait épousé la nièce : « L'homme naît avec la faculté de recevoir des sensations. » L'homme-nature de Rousseau y trouve ensuite et forcément, avec quelques restrictions toutefois, sa place : « La vengeance et la cruauté envers les ennemis, érigées en vertu, l'opinion qui condamne les femmes à une sorte d'esclavage, le droit de commander à la guerre, regardé comme la prérogative d'une famille... telles sont les erreurs qui distinguent la première époque. » Elles sont fort loin de l'homme-nature du dix-huitième siècle. L'apostolat de Voltaire comblera la lacune : « A la même époque, il s'est formé deux classes d'hommes : de l'une (à la fin du dix-huitième siècle), les prêtres nous offrent encore les restes ; elle se trouve déjà chez les sauvages les moins civilisés, qui ont leurs charlatans et leurs sorciers. » L'autre classe d'hommes, qui travaille et invente, finira par créer les sciences à travers les époques successives jusqu'à d'Alembert. Ajoutez à ces considérations les idées de Diderot sur les arts mécaniques et libéraux, et celles de Turgot et de Villeneuve sur la liberté du travail ; et l'on arrive à la conclusion fort naturelle, en mettant toutes ces données dans la première époque, de les retrouver, dégagées des événements et des incidents, absolument les mêmes à la fin du dix-huitième siècle. Et c'est ce qui constitue les progrès de l'esprit humain. Cercle enfantin, qui n'a d'excuse que la bonne foi avec laquelle Condorcet le parcourt.

Enfin il conclut : « Il faut que le plan d'une instruction générale renferme l'analyse des diverses opérations de l'intelligence humaine, celle des sentiments moraux ; celle des idées de devoirs, de justice, de droit ; celles enfin des rapports généraux qui existent entre nous et les autres hommes, entre l'homme et les autres objets de la nature... De la sorte les hommes en s'éclairant toujours davantage pourraient aisément acquérir *une raison plus sûre et moins sujette à l'erreur.* » Que devient, dans ces conditions, la raison infaillible de Voltaire et des Encyclopédistes ?

Mais Condorcet devait aller plus loin encore, en ajoutant : « Heureux les peuples où les bonnes actions sont si communes qu'il ne s'y offre point d'occasion pour en faire de grandes, et dont l'histoire ne présente plus d'actes d'héroïsme, parce que tout ce qui est honnête est facile, et que la perversité, qui rend les grands sacrifices nécessaires, y est inconnue. » Ce qui n'est plus du dogme, ni de la doctrine, mais du rêve et de l'utopie.

Rêves et utopies qui n'en sont pas moins, au moment où il écrit ces lignes et quand les événements sortis du dogme l'accablent, une preuve éclatante, tout à la fois de l'intensité de ses illusions et de la bonté de son cœur : mais qui prouvent aussi qu'en dépit de sa bonté ses idées sur la morale et celles sur la raison ont passé sur le même lit de

Procuste. Trop petites pour pouvoir être raccourcies, il les a tendues et étendues indéfiniment.

Un ouvrage dont il nous reste à faire mention est l'édition qu'il fit des *Pensées* de Pascal, en 1776; la même année, il fit son éloge. Condorcet trouve, comme Voltaire, les *Lettres provinciales* du janséniste Pascal admirables, et Voltaire trouve, par contre, l'édition de Condorcet des *Pensées* parfaite. Condorcet mathématicien rend, en outre, comme d'Alembert, un hommage éclatant à Pascal mathématicien; mais Pascal philosophe et Condorcet philosophe sont de beaucoup les plus intéressants.

C'est le propre des *Pensées* d'être comme une pierre de touche pour quiconque s'y frotte. Il suffit de passer quelque acide critique sur les appréciations émises à leur sujet pour voir le faux or disparaître et ne laisser qu'une dissolution de cuivre.

Condorcet oppose les idées de Platon à celles de Pascal, et trouve qu'il y a « loin du philosophe d'Athènes au philosophe du faubourg Saint-Jacques »; les idées de Platon telles qu'il les entend n'étant que ses propres idées, Pascal lui devient naturellement incompréhensible. Aussi le compare-t-il de préférence à Hobbes, et il découvre non moins naturellement « que sur la nature du juste et de l'injuste le plus dévot philosophe de son siècle est du même avis que le plus irréligieux ».

Des successeurs de Condorcet trouveront que Pascal ne mérite pas même le nom de philosophe; la dissolution de leur faux or ne contiendra même pas du cuivre, mais un alliage d'étain et de zinc, de phraséologie française et de verbiage allemand.

III

MIRABEAU

La réunion des états généraux fut précédée par la rédaction des cahiers de doléances. Or, la plupart de ces cahiers renfermaient une question insoluble pour quiconque n'avait pas le génie d'un grand homme d'État, d'un Richelieu ou d'un Colbert. D'une part, les cahiers demandaient une Constitution générale pour le royaume, et d'une autre le maintien des franchises provinciales et locales. Il y eut même des bailliages qui n'envoyèrent point de députés, croyant échapper par ce moyen aux décisions que les états généraux pourraient prendre. On ignorait aussi bien ce que c'était qu'une constitution et les libertés générales qui devaient en être la conséquence, qu'on avait peu conscience du sacrifice qu'il fallait faire d'une partie des franchises et libertés provinciales pour obtenir les libertés générales qu'on ambitionnait.

Supposons qu'il y ait eu à ce moment un homme capable d'exposer d'une façon nette, précise l'état du pays à ses députés; de leur montrer combien et de quelle façon il fallait restreindre les libertés et franchises provinciales, celles des pays d'état et des pays d'élection, comme celles des pays de coutumes générales et des localités de coutumes particulières, pour parvenir à donner au royaume des libertés générales sous la forme d'une constitution; de leur montrer, en outre, comment chaque province conserverait de la sorte, en tout ce qui n'était point contraire à la constitution générales, ses coutumes et ses franchises propres, issues de son développement historique.

Il est certain que cet homme, en répondant à la situation réelle, vivante, du pays, ainsi qu'à ses aspirations vers une organisation portant moins d'entraves à son développement continu, aurait joui d'un ascendant énorme sur les états généraux.

Cet homme n'existait point. Mirabeau, le plus capable, avoue, comme Montesquieu, ne rien comprendre à l'état de la France.

Et il en fut de même de la grande majorité. Une partie du clergé, de la noblesse et tout le tiers état étaient imbus des droits de la raison, des principes naturels et de la panacée des droits imprescriptibles. C'était à la fois beaucoup trop et infiniment trop peu.

Les états généraux se réunirent le 5 mai 1789, et l'on commença, comme en 1614, par se disputer. Mirabeau y mit bon ordre par sa réponse à M. de Brézé qui, au nom du roi, venait intimer au tiers l'ordre de siéger à part comme les deux autres états : « Allez dire à votre maître que nous sommes ici par la volonté du peuple et que nous n'en sortirons que par la force des baïonnettes. » Ces paroles ne furent point celles de Mirabeau, qui furent plus polies. Mais ce sont celles que lui prêta l'esprit populaire et nous les rapportons parce que c'est l'esprit populaire, et non Mirabeau, ni les états généraux, qui, à défaut d'un homme d'État, va mener les événements.

Déjà les paroles de Mirabeau n'étaient qu'une illusion. Le tiers n'était point le représentant de la nation, mais le représentant d'un nombre tellement infime d'électeurs que les représentants de Paris continueront à siéger en assemblée, au sein de Paris et à côté des états généraux devenus, après la victoire de Mirabeau, l'Assemblée nationale.

On a expliqué l'influence que Mirabeau a exercée sur les états généraux autant par sa fougue et ses passions indomptables, sa vie dissolue, la laideur extraordinaire de sa figure marquée de la petite vérole, sa tête aux longs cheveux tombant sur des épaules énormes, que par son grand talent oratoire, l'éclat de ses périodes, sa voix tonnante et la vigueur de sa pensée. Il aurait eu une vie régulière, des passions modérées, une figure, des cheveux et des épaules comme tout le monde, une éloquence, une voix et des périodes ne sortant pas de l'ordinaire, qu'il eût produit le même effet sur une Assemblée dénuée de toute science d'État et sans l'ombre d'un instinct politique. Ses idées étaient celles de son siècle; il les partageait avec ses collègues, avec les ministres et même avec le roi, y apportant une foi et une confiance égales; ses mœurs étaient encore celles d'un certain nombre de membres de l'Assemblée, ceux-ci n'eurent ni plus de génie ni moins d'esprit; mais ce par quoi il les dépassa tous fut son imagination.

Tout talent, qui n'est pas alimenté par le génie ou par l'esprit n'a d'autre soutien que l'imagination. Elle déborde chez Mirabeau. C'est grâce à elle que, dès les premières difficultés, il est amené à se croire le représentant de la nation, comme c'est par elle qu'il s'élèvera au rôle dominant qu'il a pris au sein de l'Assemblée nationale.

Il est une façon d'écrire l'histoire qui rappelle quelque peu celle de notre premier grand chroniqueur, saint Grégoire de Tours, qui racontait que sainte Clotilde bâtissait des cathédrales. Ce sont les ouvriers et les architectes de l'époque qui les élevèrent; sans eux, sainte Clotilde ne bâtissait absolument rien. Cette façon d'écrire l'histoire fait de chaque événement un prodige; les masses n'y ont jamais de part; l'état économique social et politique du moment n'y joue aucun rôle; un homme paraît et, *deus ex machina*, dirige, produit tout. Mirabeau, du reste, nous en donnera lui-même un exemple frappant quand il s'écriera au moment de ses grandes déceptions : « L'immoralité de ma jeunesse n'a point fait de tort à la chose publique. » Ses idées étaient celles des grands sophistes de la période précédente, et ses déceptions n'ont eu d'autres causes que son inintelligence de l'état véritable de la France, qu'il se figura sincèrement avoir dirigée.

La seconde difficulté qui surgit au sein de l'Assemblée nationale fut celle des mandats impératifs. Tant de députés avaient reçu l'ordre de leurs mandataires de ne point permettre aux états généraux de toucher à leurs libertés et franchises, que l'Assemblée nationale se trouvait dans l'impuissance de prendre n'importe quelle résolution générale. Quand Mirabeau prend la parole, la surexcitation des passions, le tumulte sont tels qu'il ne parvient pas à se faire entendre. Il se retourne et dit : « Je voulais demander de délibérer pour savoir si l'on doit délibérer. » Ce fut encore une fois un trait de lumière. Ses paroles furent transformées en proposition, et l'Assemblée décida de délibérer sur la question, la seule importante, la seule grave, qui devait être décidée avant toute autre, qui était sa raison d'être et « qui pouvait conduire à une transformation régulière de l'état politique du pays ». Personne n'y comprit rien et Mirabeau, d'un trait de son imagination, tira l'Assemblée des difficultés, mais pour les voir s'accroître tous les jours davantage.

Suivons les événements jusqu'à la célèbre séance du 4 août, événements qui se passent à la fois en France et au sein de l'Assemblée.

Au commencement de juillet, une adresse de la municipalité de Versailles à l'Assemblée nationale dit : « Tout ce qui se passe est vraiment alarmant. Pour dissiper une émeute de cinq à six cents hommes qui, luttant contre les horreurs du besoin, ne sont plus que des fantômes animés, ne met-on pas en marche une armée de cinquante mille hommes! » Le 13 juillet, le commandant de Paris annonce à l'Assemblée : « La foule est immense au Palais-Royal : plus de deux mille hommes sont armés ; ils annoncent qu'ils vont attaquer les troupes des Champs-Élysées, puis celles de Saint-Denis, se joindre aux régiments et se rendre à Versailles. Toutes les barrières du côté du nord ont été saccagées, celle du Trône est en feu. » Le 14 juillet, la Bastille est prise par une de ces bandes armées. Le gouverneur et la garnison sont massacrés, et leurs têtes promenées au bout des piques. Le même jour, le prévôt des marchands de Paris est assassiné parce qu'il refuse de livrer des armes; un ancien intendant et son gendre sont pendus, et leurs têtes promenées par la ville, comme celles du gouverneur et des hommes de la garnison de la Bastille.

De la prise de la Bastille, il n'est pas dit un mot à l'Assemblée ; mais les assassinats et les meurtres soulèvent toutes les indignations, et Mirabeau, dans son discours sur les moyens de ramener le calme dans la capitale, s'écrie : « Ces cruautés sont loin d'atteindre aux solennelles férocités que des corps de justice exercent sur des malheureux que les vices des gouvernements conduisent au crime. Félicitons-nous que le peuple n'ait pas appris tous les raffinements de la barbarie et qu'il ait laissé à des compagnies savantes l'honneur de ces abominables inventions! » C'était, pour un homme d'État, une singulière façon d'envisager ces événements; mais, pour un romancier, une admirable thèse à soutenir, que la supériorité de l'assassinat pur et simple sur les tortures de l'ancienne justice.

Une députation de Rouen se présente à l'Assemblée et dit : « qu'elle a arraché des mains du peuple, qui se portait à des déprédations horribles, pillant et saccageant tout, deux cargaisons de farine destinée pour l'approvisionnement de la capitale et de Versailles ; nous les avons fait voiturer par terre, sous bonne escorte » ; la voie par eau était sans doute trop dangereuse. Le 24 juillet, la Franche-Comté demande à l'Assemblée « une garde bourgeoise parce qu'on brûle les châteaux, contraint les seigneurs à renoncer à leurs droits, et qu'on incendie les abbayes ». Le lendemain, on écrit de Soissons à l'Assemblée : « Une troupe de brigands a coupé les blés dans les plaines de Bétigny; elle fauche le grain en plein midi; ils sont au nombre de quatre mille; nous n'avons que vingt-cinq hussards qui sont partis à leur poursuite. » D'Alençon, on mande toujours à l'Assemblée, « le peuple s'est porté dans le canton de Normandie, les registres des octrois et des aides ont été brûlés, le grenier à sel forcé ». Les habitants du Perche, de leur côté, donnent avis à leur représentant, des « brigandages, des excès qui s'y commettent; deux mille brigands dévastent ces contrées ». A Valenciennes, se commettent des dégâts, des incendies, des violences; on y force les prisons pour affranchir les détenus. Enfin le 3 août, la « commission du rapport », ainsi nommée sans doute parce qu'elle était chargée de rapporter la correspondance des provinces, expose la situation en ces termes : « Dans toutes les provinces il paraît que les propriétés, de quelque nature qu'elles soient, sont la proie des plus coupables brigandages ; de tous les côtés, les châteaux sont brûlés, les fermes abandonnées au pillage ; les impôts, les redevances seigneuriales, tout est détruit; les lois sont sans force, les magistrats sans autorité, la justice n'est plus qu'un fantôme qu'on cherche inutilement dans les tribunaux. »

Déjà, le 17 juillet, Mirabeau avait présenté le rapport du comité institué pour examiner les divers projets de déclaration des droits. Le rapport disait : « Les représentants du peuple français, constitués en Assemblée nationale, considérant que l'ignorance, l'oubli ou le mépris des droits de l'homme sont l'unique cause des malheurs publics et de la corruption des gouvernements, ont résolu de rétablir, dans une déclaration solennelle, les droits naturels, inaliénables, imprescriptibles et sacrés de l'homme, etc. ».

Les brigandages, qui continuèrent après comme avant, n'étaient que la sanction naturelle et fatale de la doctrine de Domat, enseignée un siècle auparavant : que tout droit naturel étendu indéfiniment entraînait sa propre négation.

La génération qui succéda à nos grands sophistes fut si convaincue de la sublime excellence des droits imprescriptibles que l'Assemblée nationale, à la suite de l'exposé de son comité du rapport, sur la proposition du comité dont Mirabeau faisait partie, résolut de prendre l'arrêté suivant : *L'Assemblée, occupée sans relâche de tout ce qui concerne la constitution et la régénération de l'État, ne peut détourner son regard de celui auquel elle s'est fixée, et l'Assemblée décide de faire sa déclaration.*

C'est à n'en pas croire ses yeux : on dirait une bande de grands enfants poursuivant avec passion un cerf-volant dnas les airs, sans voir ni entendre ce qui se passe autour d'eux.

La voix même du bon sens le plus élémentaire est rejetée avec dédain. Ue député d'un quartier de Paris est admis à l'Assemblée : « Il n'est venu que pour assurer la haute Assemblée que les moyens proposés par elle, soit proclamation, déclaration ou invitation, étaient des moyens impuissants pour rétablir l'ordre. Cette manière de s'exprimer ayant déplu, le président pria le député de se retirer ! »

Dans la nuit du 4 août, au lendemain de l'exposé de la commission du rapport, eut lieu la fameuse renonciation de la noblesse et du clergé à leurs privilèges. L'enthousiasme fut indescriptible. Il ne servit pas plus que proclamation, déclaration ou invitation, à relever la situation du pays : le cerf-volant continuait à planer dans le ciel et les événements à se dérouler sur la terre.

Les électeurs de la ville de Paris avaient promulgué, le jour de la prise de la Bastille, un arrêté « suppliant l'Assemblée nationale de prendre la capitale sous sa protection ». Un membre de l'Assemblée fait l'observation « qu'il existe en réalité trois gouvernements dans Paris dont aucun ne s'entendait avec l'autre : l'assemblée des électeurs, le comité permanent et les élus des communes ». Mirabeau, dans son discours que nous avons cité plus haut, déclare « que les municipalités sont d'autant plus importantes qu'elles sont la base du bonheur public, le plus utile élément d'une bonne constitution, le salut de tous les jours, la sécurité de tous les foyers, en un mot le seul moyen possible d'intéresser le peuple entier au gouvernement »; et il répond à Monnier qui lui demandait comment il fallait organiser la municipalité : « *Le préopinant se trompe sur mes intentions. Ma pensée est précisément que l'Assemblée nationale ne doit pas organiser les municipalités!* »

Dans la séance du premier septembre, l'Assemblée discute la question qui prendra une tournure si grave, celle du *veto*. Mirabeau commence : « Dans la monarchie la mieux organisée, l'autorité royale est toujours l'objet des craintes des meilleurs citoyens, et celui que la loi met au-dessus de tout devient aisément le rival de la loi... Mais si l'on considère de sang-froid les principes et la nature d'un gouvernement monarchique, institué sur la base de la souveraineté du peuple... l'on doit dire que la sanction royale n'est point la prérogative du monarque, mais la propriété, le domaine de la nation. »

Si le grand orateur avait eu la moindre prétention à la philosophie, on pourrait le traiter de sophiste fort adroit, tournant les questions de manière à ce qu'elles signifient exactement le contraire de ce qu'elles veulent dire. Chez lui, l'imagination seule est coupable ; elle l'entraîne et le déborde : « La sanction royale, termine-t-il, parfaitement limitée, sera le palladium de la liberté nationale, et le plus précieux exercice de la liberté du peuple. » Malheureusement, le peuple n'ayant pas l'imagination de son grand orateur continuera à se révolter à chaque occasion, au nom de la liberté même, contre la sanction royale et son palladium.

La situation devenait de plus en plus mauvaise. Le ministre des finances avait demandé un emprunt de quatre-vingts millions. Le roi avait offert sa vaisselle, le clergé son argenterie et son orfèvrerie ; tout fut vain. Dans la séance du 26 octobre, Mirabeau propose un projet d'adresse aux communes, qui est adopté au milieu des applaudissements unanimes et dans lequel il fait le tableau suivant du pays :
« Qui oserait assigner à la France le terme de sa grandeur ? Qui n'élèverait ses espérances ? Qui ne se réjouirait d'être

citoyen de son empire ? Cependant, telle est la crise de nos finances que l'État est menacé de tomber en dissolution, avant que ce bel ordre ait pu s'affermir. La cessation des revenus fait disparaître le numéraire ; mille circonstances le précipitent au dehors du royaume ; toutes les sources du crédit sont taries ; la circulation universelle menace de s'arrêter, et si le patriotisme ne s'avance au secours du gouvernement et de l'administration des finances qui embrasse tout, notre armée, notre flotte, nos subsistances, nos arts, notre commerce, notre dette nationale, la France se voit rapidement entraînée vers la catastrophe d'où elle ne recevra plus de lois que des désordres de l'anarchie. »

Cette fois, son imagination servit l'émouvant orateur à souhait, et Danton nous montrera comment « les désordres de l'anarchie imposeront leurs lois à la France ». Mais, chez Mirabeau ce fut encore un trait de son imagination et non une vue d'homme d'État, car à partir de ce moment elle l'entraîne dans un sens complètement opposé.

Le roi ratifie la déclaration des droits ; le clergé abandonne et la nation prend les biens de l'Église, qui représentaient la valeur de deux milliards. Toutes les difficultés paraissaient résolues. L'enthousiasme, comme de juste, redevient indescriptible. Mirabeau, lui-même, abandonne J.-J. Rousseau et revient à Montesquieu, à propos de l'inéligibilité des faillis et autres ; l'Assemblée renie les droits imprescriptibles en décrétant que pour être éligible aux Assemblées nationales il faudra payer une contribution directe équivalant à un marc d'argent et posséder une propriété territoriale ; quant aux biens du clergé, ils s'évanouiront dans la fumée des assignats.

Mais avant il fallait détruire les anciennes provinces, dans l'impuissance où l'on était de pouvoir coordonner leur organisation judiciaire et administrative avec une réforme du pouvoir central, et Mirabeau appuie le projet de diviser le royaume en quatre-vingts départements. « Certainement, dit-il, il faut changer la division actuelle par provinces, parce qu'après avoir aboli les prétentions et les privilèges il serait imprudent de laisser subsister une administration qui pourrait offrir les moyens de les réclamer et de les reprendre. »

On détruisit donc les provinces, on abolit les justices seigneuriales et les parlements. Avec l'administration, l'organisation judiciaire disparut, tandis que les désordres et l'anarchie ne firent que s'étendre.

Le député Cazalès fait un tableau des malheurs privés et publics, et conclut par la proposition d'investir le roi, pour trois mois, de la puissance exécutive illimitée, de la dictature !

Mirabeau répond : « On nous fait un tableau effrayant des malheurs de la France ; on a prétendu que l'État était bouleversé, que la monarchie était tellement en péril qu'il fallait recourir à de grandes ressources... Si vous me dites que le pouvoir militaire manque au pouvoir exécutif, je vous répondrai, laissez-nous donc achever l'organisation du pouvoir militaire. Le pouvoir judiciaire ? laissez-nous donc achever l'organisation du pouvoir judiciaire. Ainsi, ne nous demandez pas ce que nous devons faire, si nous avons fait ce que nous avons pu. »

Hélas ! avec la meilleure bonne foi du monde on n'avait fait qu'une immense sottise : la désorganisation complète du pays. Mirabeau finit par le comprendre et crut qu'il était encore temps de soutenir la royauté contre les illusions de l'Assemblée, et de faire de la France une monarchie réellement tempérée dans le sens de Montesquieu, quand déjà il était trop tard. Ce fut la grande trahison ! « Il avait, lui reprocha-t-on, deux cents mille francs de dettes, et un besoin insatiable d'argent pour satisfaire ses débauches et alimenter son luxe. » Pour acquérir des ressources infiniment supérieures, il n'aurait eu qu'à imiter Danton et à se mettre à la tête de ces masses qui surgirent le lendemain de la convocation des états généraux dans toutes les provinces, poussées par la disette, la crise industrielle et la détresse financière, et dont la misère s'accrut encore par la perte des aumônes des couvents et des églises après l'abandon de la dîme et des biens du clergé, ainsi que des secours des châteaux après l'abolition des redevances et des privilèges. C'était le quatrième état, produit constant de toute aristocratie, accru de tous les sans-travail et de tous les miséreux nés du nouvel état de choses : le monde des citoyens privés de leurs droits publics, et formant un tiers, sinon la moitié de la France. A leur tête, Mirabeau eût dicté ses événements à la Révolution, comme il avait dicté leurs décrets aux états généraux ; il chassait l'Assemblée nationale, assez aristocratique pour distinguer les citoyens actifs des citoyens passifs, et organisait, au moyen des éléments restés fidèles à la royauté des nouvelles forces populaires, une administration homogène dans tout le royaume, devenant le ministre tout-puissant d'un roi inviolable. S'il n'en fit rien, c'est que ses passions et son besoin d'argent ne furent pas les mobiles de sa conduite.

Il soutint la royauté dans la question du droit de paix et de guerre, et aboutit à ce décret insensé qui accordait au roi le droit exclusif d'entretenir des relations politiques au dehors, de conduire les négociations, d'en choisir les agents, de faire les préparatifs de guerre et de distribuer les forces de terre et de mer, tout en déclarant que le droit de paix et de guerre appartient à la nation !

A propos d'une insurrection dans le régiment en garnison à Metz, il propose le licenciement de l'armée et sa réorganisation immédiate, « parce que, si la Déclaration des droits de l'homme contenait des principes hors de la portée commune, l'armée ne saurait être organisée pour asseoir la liberté publique que par la déclaration des devoirs de chaque citoyen ». Sa proposition n'eut pas plus de succès que celle que fera Condorcet, ni que la déclaration des devoirs de la Constitution de l'an III.

Il ne réussit pas mieux dans la question des assignats ; mais, cette fois, en faisant adopter ses propositions : « Étonné d'abord, dit-il, effrayé même de la mesure des assignats-monnaies... je suivis avec l'inquiétude du doute et l'intérêt du patriotisme la nouvelle création. » Et, sans hésitation, il ajoute : « Que l'Assemblée nationale ne peut pas changer de marche et de système » ; il propose d'ajouter une nouvelle émission aux quatre cents millions d'assignats qui avaient été créés. Dans un second discours, il demande que cette émission soit élevée « jusqu'à la concurrence d'un milliard, que l'on s'occupe incessamment de la fabrication de petits assignats et qu'au 15 décembre l'intérêt attaché aux quatre cents millions d'assignats émis cesse d'avoir lieu ». L'Assemblée décida une émission de douze cent millions. Ce fut le commencement de la banqueroute ; mais, un salut pour le quatrième état, qui deviendra de jour en jour plus facile à discipliner au moyen de ces assignats. Et toujours, dans tous ses projets et résolutions, c'est la bonne volonté et l'imagination qui entraînent le grand orateur.

Il en sera de même jusqu'à son dernier discours. Un projet de loi avait été présenté contre l'émigration. Mirabeau avait écrit au roi de Prusse, à son avènement au trône : « Vous avez donné l'exemple par un édit formel consacrant la liberté de s'expatrier ; c'est une de ces lois d'éternelle équité, que la force des choses appelle », et il déclare à l'Assemblée nationale, après avoir entendu la déclaration du comité de constitution, qu'aucune loi sur les émigrants ne peut se concilier avec les principes de la Constitution, et propose de passer à l'ordre du jour. L'Assemblée adopte sa proposition. Ce fut dans ce discours qu'il lança son fameux « Silence aux trente voix ! », à la Montagne qui se tut, mais n'en était pas moins dans le vrai.

A la crise économique et financière, au désordre et à l'anarchie administrative et financière, à l'application d'une Constitution impossible, viendront s'ajouter les complots à l'intérieur et à l'extérieur, qui s'étendaient jusqu'à la coalition des puissances, surexcitant les esprits à un degré tel qu'il n'y aura point de rumeur, point de faux bruit, point de fable ni de calomnie auxquels ils n'accorderont créance.

Né le 9 mars 1749 à Bignon (Loiret), Mirabeau mourut le 2 avril 1791, à Paris. Il était issu d'une ancienne famille originaire de Florence, et qui comptait, depuis le douzième siècle, dans la noblesse de la Provence. Son père, l'Ami des hommes, appartenait à cette partie de la noblesse du dix-huitième siècle, qui s'était déclassée, non par ses prétentions et ses droits, mais par ses idées. Le fils suivit son exemple. Sa jeunesse fut plus que tourmentée, et quand même on ne lui pardonnerait pas ses légèretés, pour ne pas nous servir d'un mot plus sévère, on ne peut qu'admirer son talent d'orateur, sa bonne volonté et la sincérité de sa foi dans les dogmes nouveaux. S'il ne fut doué ni du génie, ni de la science du grand homme d'État, il y suppléa par l'imagination. Les erreurs qu'elle lui a fait commettre tiennent autant de son époque que de lui-même. Elles y tenaient à tel point que sa mort devint un deuil national. L'Assemblée lui décréta les honneurs du Panthéon ; ses cendres y furent portées par une foule désolée, la même qui les déterra peu de temps après pour les enfouir au cimetière des criminels. Il eût vécu plus longtemps qu'il eût partagé le sort de Condorcet.

VI

DANTON

Né à Arcis-sur-Aube, le 26 octobre 1759, Danton appartenait, par son père, procureur au bailliage d'Arcis, à la petite noblesse de robe. Lui-même, président de l'assemblée du district des Cordeliers, signait encore les registres : d'Anton. Il fut de cœur généreux et d'esprit magnanime, doué d'une énergie indomptable, en même temps que d'un sens pratique merveilleux, à une époque qui en manquait si absolument; son éloquence était impétueuse : avec les événements elle devint violente; sa taille et sa force étaient herculéennes. Dans son enfance, un taureau le blessa en lui fendant la lèvre supérieure; plus tard, il entreprit lui-même une lutte avec un taureau qui lui écrasa le nez; il était en outre marqué de la petite vérole. Ces traits physiques et moraux expliquent le rôle dominant qu'il exerça pendant la Révolution.

Ce rôle, selon nous, n'a jamais été bien apprécié; les uns, pour quelques actes en apparence condamnables, ou des paroles lancées en des moments d'exaltation, en firent un criminel vulgaire; les autres, voyant les fortes lignes de son action révolutionnaire, n'admirèrent que le grand politique. Il ne fut ni l'un ni l'autre; mais, sans ambition pour lui-même et sans haine pour personne, par le seul effet de sa générosité naturelle, il devint le grand tribun du peuple ou plutôt du quatrième état de France, et, soutenu par celui-ci, fit la Révolution en sauvant deux fois le pays aussi bien de l'anarchie intérieure que de l'invasion extérieure.

Danton avait fait chez les oratoriens des études sinon brillantes, du moins satisfaisantes, étant donnés son caractère pétulant, son besoin d'action et de mouvement. Entré comme clerc chez un procureur, son père étant mort à l'âge de quarante ans, il semble avoir eu une existence assez pénible. « Son revenu de la succession, comme il disait plus tard, était fondé sur une bouteille d'encre. » Il fut reçu licencié en droit en 1785 à Reims; y plaida comme avocat au parlement et acquit, deux ans après, la main de Mlle Charpentier et une charge d'avocat aux conseils du roi que son beau-père et sa belle-mère, avec le concours de ses oncles et tantes, payèrent 90,000 livres.

« Les avocats aux conseils réunissaient les doubles fonctions d'avocats et de procureurs; ayant peu de procédure à faire, ils avaient l'avantage de rester maîtres de leurs affaires et de ne pas subir, comme les avocats des autres cours, la loi d'un procureur préoccupé d'attirer à lui tous les bénéfices. Les fonctions des avocats aux conseils avaient aussi quelque chose d'éminemment propre à élever l'âme des jeunes gens; leur mission consistait souvent à redresser les torts du Parlement et des cours supérieures. Il communiquait journellement avec les maîtres des requêtes, avec les conseillers d'État, avec les hommes du plus haut rang, qui étaient obligés de recourir à leur ministère pour lutter contre les usurpations dont ils avaient à se plaindre. Les avocats au conseil avaient ainsi l'occasion, en discutant avec les ministres eux-mêmes, soit pour les attaquer, soit pour les défendre, d'apprendre à connaître les rapports des autorités entre elles, la vraie distinction des pouvoirs, l'organisation civile dans toute son étendue, l'ordre social dans son ensemble : c'était une excellente école pour créer des économistes, des politiques, des législateurs. » Ces lignes de Saint-Albin, qui connut personnellement Danton, ont servi à ses admirateurs pour y voir la formation du futur grand homme d'État. L'école dont parle Saint-Albin n'a pas duré assez longtemps pour que le jeune avocat eût pu en conserver autre chose que des traces fort vagues.

Il est une autre école par laquelle Danton avait passé et qui laissa au futur tribun une empreinte autrement profonde; ce fut l'école classique, ce troisième facteur qui vint s'ajouter aux influences anglaises et allemandes, pour déterminer l'orientation des esprits et la marche des événements.

Danton lui-même, dans un de ses discours à la Convention, nous en signale les origines et les caractères : « C'est au siècle de Louis XIV, où les hommes étaient grands par leurs connaissances, que nous devons le siècle de la vraie philosophie, c'est-à-dire de la raison mise à la portée du peuple; » — ce qui fut une étrange illusion — mais il ajoute : « C'est aux jésuites, qui se sont perdus par leur ambition politique, que nous devons ces élans sublimes qui font l'admiration. La République était dans les esprits vingt ans au moins avant sa proclamation. Corneille faisait des épîtres dédicatoires à Montauron ; mais Corneille avait fait le *Cid, Cinna*; Corneille avait parlé en Romain et celui qui avait dit : « Pour être plus qu'un roi, tu te crois quelque chose », était un vrai républicain. »

Ainsi la nouvelle génération, en acceptant le dogme de la

raison de Bolingbroke par l'intermédiaire de Voltaire, et des droits imprescriptibles de Puffendorf par celui de Rousseau, l'attribuant, au besoin, comme le fait Danton, « aux hommes grands par leurs connaissances » du dix-septième siècle, couvre le tout, non plus de saillies, de boutades et de paradoxes, mais de l'enthousiasme que les études classiques avaient soulevé dans les esprits; Léonidas, Aristide, Thémistocle, Démosthène, les Tarquins, les Gracques, Brutus, Caton, Marius, les gloires du peuple d'Athènes, la majesté du peuple de Rome, sont confondus avec le dogme, lui donnant une vie et une force faite d'admiration et de conviction sincère. Danton, Camille Desmoulins et tant d'autres remplaceront au Palais-Royal, au Luxembourg, aux Cordeliers, les nouvellistes, qui avaient déjà provoqué tant de désordres et surexcité si vivement les esprits, pour se faire franchement, par leurs paroles ou leurs écrits, tribuns des masses populaires.

Au fond, ils ne comprenaient absolument rien au grand mouvement économique, social et politique qui avait emporté les deux grandes républiques d'Athènes et de Rome (1), pas plus qu'ils ne comprenaient les sophistes athéniens ni les rhéteurs romains, dont inconsciemment ils prendront le rôle.

Cependant, à l'époque des états généraux, Danton était loin d'être républicain. Il ne l'est même pas encore en 1790, comme le démontre le jeton d'entrée à l'assemblée des Cordeliers, qui porte, à l'endroit, un écusson avec l'inscription : « La Loi et Le Roi » barrée au-dessous « Union, Fraternité »; en exergue, « Assemblée du district des Cordeliers »,

---

(1) V. Annexe; III, *la Révolution romaine*.

et, à l'envers, un drapeau surmonté d'un bonnet phrygien avec l'inscription « Libertas »; en exergue, « Sous la présidence de Georges-Jacques Danton ». Ce jeton était déjà plein de promesses. Les événements, sous la direction du grand tribun, les réaliseront.

Il ne faut pas que dans l'histoire de ces événements les grands mots de colère, d'indignation du peuple, nous trompent. Cette colère, cette indignation, il faut les chercher dans les inspirations des hommes qui les suscitent dans la masse, et, surtout, dans l'organisation de cette masse, qui lui donne de l'unité, de la cohésion et de la force d'action. Les grands mouvements populaires ont des causes autrement profondes que les mots que chacun entend à sa manière, et les passions que chacun éprouve à sa façon.

De plus, il est une illusion que partagent les sectaires de tous les temps, qui entendent par le mot peuple les gens qui appartiennent à leur secte et soutiennent leurs opinions.

Le peuple de France, c'est-à-dire la masse de la nation, avec son organisation sociale et politique, sa division en classes, sa constitution en états, n'existait virtuellement plus depuis la réunion des trois ordres en assemblée nationale, et, à partir de la Déclaration des droits de l'homme, il n'existait plus légalement. Mais ces deux faits ne modifièrent ni la situation ni le caractère de la nation, pas plus du reste que les proclamations, manifestes et déclarations des états-généraux, ainsi que nous venons de le voir. Par la renonciation volontaire à ses privilèges, et surtout par son émigration, la noblesse perdait de plus en plus et son autorité et sa force; le clergé, par l'abandon de la dîme d'abord et le sacrifice de ses biens ensuite, vit disparaître ses richesses, du même coup que, par l'adoption de sa constitution civile, il vit s'évanouir sa hiérarchie et son action sur les masses. Quant au tiers état, si, d'un côté l'abolition des parlements et des cours souveraines, des justices seigneuriales et locales, anéantissait le rôle immense qu'il avait joué jusque-là, d'un autre l'organisation et la jurisprudence propre aux corporations, jurandes et maîtrises, brisée depuis Turgot, avait détruit tout lien, toute cohésion, tout moyen d'entente dans le monde des métiers et du travail. Restait le quatrième état qui, n'ayant rien à perdre et tout à gagner à ces bouleversements, s'était donné seul une organisation de plus en plus puissante : affamé par la perte des aumônes des couvents, des abbayes et des secours des châteaux d'une part et, de l'autre, par les disettes et les crises, produit des années de mauvaise récolte, il avait formé, dans les campagnes, ces bandes de pillards et de brigands qui dévastaient le pays, obéissant à des chefs et se soumettant à une discipline rigoureuse. Dans les grandes villes, les misères du quatrième état furent moindres, profitant des mille ressources accidentelles, travail de journaliers, de commissionnaires, d'ouvriers, de valets de hasard, de vendeurs de pamphlets et libelles; mais il se donna une organisation d'autant plus vivace et turbulente que chaque jour il grandissait en nombre par les ouvriers sans travail, les maîtres ruinés et les déclassés des autres états.

Au moyen âge déjà, surtout pendant les troubles de la guerre de Cent ans et à l'époque des Jacqueries, le quatrième état s'était organisé. Les mendiants de Paris avaient eu leur roi, chaque quartier son chef. La participation aux aumônes; les attroupements devant les portes des couvents, des abbayes, des églises, étaient réglés. Aucun mendiant d'un quartier ne pouvait empiéter sur les privilèges et les droits des mendiants d'un autre. Eux aussi, dans un état à droits et à privilèges infinis, avaient acquis les leurs. Il en fut alors, comme de nos jours encore des mendiants privilégiés qui tendent la main sous les porches des églises, ainsi que des attroupements de miséreux qui se forment à jour et à heure fixes aux portes des couvents, des casernes, de quelques grands restaurants, bouchers ou boulangers, pour y recevoir leur repas. Même la misère a ses traditions.

La force d'organisation du quatrième état se manifesta pendant les guerres de la Réforme et de la Ligue ; la Saint-Barthélemy en fut un résultat. Au dix-septième siècle, saint Vincent de Paul, saint François La Salle et Colbert s'efforcèrent en vain à mettre un terme à l'existence du quatrième état. Il reparaît avec toutes ses misères quinze ans après la mort du grand ministre.

A l'époque de la Révolution, Paris se trouvait divisé en quatre-vingts districts dont chacun avait des réunions de miséreux sous des chefs distincts. Au Palais-Royal, ils étaient attirés par les largesses du duc d'Orléans et se mêlaient aux groupes de bourgeois qui entouraient les nouvellistes. Dans le district des Cordeliers, couvent d'un ordre mendiant le plus démocratique de France, aucun bourgeois ne parut dans leurs réunions. « Les citoyens actifs, écrit Camille Desmoulins, n'y sont jamais venus. » Leurs réunions se transformèrent en assemblées qui, avec la misère croissante, devinrent de plus en plus tumultueuses. Le même phénomène se poursuit dans tous les autres districts de Paris. Le sac des barrières du Nord, l'incendie de la barrière du Trône le 13 juillet, la prise de la Bastille et les massacres du 14, en furent les premiers effets. Au pillage et au brigandage des campagnes succédaient le sac et l'incendie des villes, et, sans Danton, la France, devenue ingouvernable, finissait, comme il le disait, par être partagée à l'exemple de la Pologne entre les puissances étrangères.

Danton ne fut pas, nous le répétons, un grand homme d'Etat; mais il fut un admirable tribun, bien supérieur aux Gracques. Son grand cœur et son esprit magnanime, son enthousiasme pour les héros de l'antiquité classique, sa foi ardente dans les droits imprescriptibles du citoyen l'y portèrent; son éloquence, son énergie et son sens pratique firent le reste.

Des rumeurs circulent : c'est l'armée rassemblée autour de Paris qui détourne les vivres; c'est la Cour et les états généraux séjournant à Versailles, qui empêchent le retour de la prospérité. Le 5 octobre 1789, des femmes s'attroupent dans les faubourgs, se rendent de toutes parts à l'Hôtel de Ville et, de là, accompagnées de leurs maris et frères armés de piques, se rendent à Versailles : y passent, après le massacre de quelques gardes, la nuit, et, le lendemain, ramènent en triomphe la famille royale et une partie de l'Assemblée à Paris. Pour tout cela, il y eut d'abord les ressources en vivres et en argent nécessaires et, ensuite, un plan tellement bien conçu et ordonné que tout le monde s'y soumit. « N'est-ce pas moi, dit Danton dans sa défense, qui fis afficher le placard qui entraîna le peuple à Versailles ! »

Ce fut le premier grand acte politique du quatrième état; mais son tribun ne soupçonna aucune des conséquences terribles qui en résulteront. C'était, à ce moment, le seul acte politique qui pouvait mettre fin à l'anarchie croissante; Danton ne vit point au delà.

Sans doute, de même que le peuple se figurait que la présence de la Cour et de l'Assemblée nationale allait rendre son bien-être à la grande ville, Danton crut sincèrement que le roi et l'Assemblée, revenus au milieu de la population parisienne, en comprendraient mieux les privations et les misères; que le prince peut-être finirait par se mettre à la tête du quatrième état pour faire rentrer les trois autres dans l'ordre, ou que l'Assemblée décréterait ou se verrait obligée de décréter des mesures de politique pratique et sérieuse. Il n'en fut rien : le pauvre roi reste le chef plein de bonne volonté, aussi incapable de prendre le rôle d'un Guise que celui d'un Henri IV; l'Assemblée continua à rêver des principes et d'une Constitution impossible et à désorganiser judiciairement et administrativement le pays, et le quatrième état, restant dans sa misère, persista dans son mécontentement, ses revendications et ses violences. Quant au grand tribun, il reprit son activité aux assemblées du district des Cordeliers et des autres districts de Paris, poursuivant sa politique à lui.

Il n'y eut de changé que le club des Amis de la Constitution qui, fondé à Versailles, se divisa, à cause des dissensions croissantes au sein de l'Assemblée nationale, pour former à Paris, d'une part le club des Jacobins, de l'autre celui des Feuillants; les modérés se réunirent dans ce dernier, les exaltés dans l'autre, les deux occupant des couvents vides. A ce moment il n'y eut de commun, entre ces deux clubs et les assemblées du district des Cordeliers, que le fait que Danton se fit recevoir membre du premier, sans pouvoir s'entendre avec aucun des deux.

D'abord la façon dont les deux clubs et l'Assemblée entendaient la Déclaration des droits de l'homme ne pouvait lui convenir. La liberté et l'égalité, appliquées à la noblesse et au clergé, ne l'étaient, à leur sens, en aucune manière au quatrième état, qui restait abandonné à ses misères. Quant au troisième droit, le respect de la propriété, il était à l'égard du quatrième état, une dérision amère ; aussi les Cordeliers adoptèrent-ils la devise : « Liberté, Égalité et Fraternité », qui, au besoin, signifiait non le respect, mais le partage de la propriété entre frères.

Ensuite, la division des citoyens en actifs et passifs, en électeurs au marc le franc et en citoyens sans droits politiques, devait lui apparaître, à lui, enthousiaste des droits et de la souveraineté du peuple romain, comme un crime de lèse-nation.

Aussi, à la création de la garde nationale instituée tout ensemble pour veiller au respect de la propriété et aux droits des citoyens actifs, il opposera les hommes à piques qui formeront les bataillons des Cordeliers dont il deviendra commandant ; celui des Enfants Rouges du faubourg Saint-Antoine et celui de la bande de Saint-Marceau qui, sous le nom de sans-culottes, formera une armée autrement redoutable, exaspérée, autant par sa conviction dans ses droits que par ses privations ; enfin, il s'opposera au droit de veto et jusqu'au droit de paix et de guerre, dernier vestige que l'Assemblée nationale laissait à la royauté. Toutes ses ambitions se concentrent dans l'extension des droits imprescriptibles à tous les citoyens français, devenus le peuple souverain sous un chef unique, le roi.

Le 17 août 1791, le roi, avec l'autorisation du gouvernement, veut se rendre à Saint-Cloud pour y fêter les Pâques. Un attroupement, en tout semblable à celui qui avait dirigé l'expédition de Versailles, se trouve à point sur le trajet, arrête la voiture et oblige le roi à rentrer aux Tuileries. L'Assemblée n'écoute pas sa plainte et, de fait, dès ce moment, le roi est prisonnier de Danton, comme du reste l'Assemblée elle-même. Mirabeau, au milieu de ces difficultés, veut se rendre à Marseille; par un discours aux Jacobins, Danton l'en empêche. Nommé procureur de la Commune et membre du Directoire du gouvernement de Paris, son rôle devient de plus en plus dominant. Et, cependant, il n'est pas élu à l'Assemblée législative. Son échec fut naturel : il n'était soutenu que par les citoyens sans droit électoral.

La nouvelle Assemblée devait achever, par des lois particulières, la Constitution votée par l'Assemblée nationale, et lui donner une réalité effective.

Elle ne comprit pas sa mission, plus que ne l'avait fait sa devancière. Celle-ci, en abolissant les anciennes institutions judiciaires et administratives locales, les avaient remplacées par des tribunaux de jurys et des conseils municipaux. Les nouveaux tribunaux ne jugèrent pas plus que les nouveaux conseils n'administrèrent, ni ne perçurent des impôts. Toutes ces mesures, décrétées d'en haut, dans un pays de vieille jurisprudence et d'administration coutumière, loin de dissiper le désordre, achevèrent de démolir ce qui était resté debout après la division des provinces en départements.

Danton, de son côté, président de l'assemblée du district des Cordeliers et commandant du bataillon des Cordeliers, fait alliance avec ceux de Montmartre et de Saint-Marceau et reçoit aux Cordeliers les fédérés de Marseille et les Brestois; il organise et discipline ses forces à mesure que le pays se désorganise davantage, demande et obtient la division de Paris en sections remplaçant les districts, pour donner plus de facilité à la direction des masses que lui et ses amis commandent, préparant les journées du 20 juin et du 10 août.

Par contre, une armée de 20,000 émigrés s'est massée sur

la frontière; la Prusse, l'Autriche, le Piémont sont sur le point d'envahir le territoire.

Le soir du 10 août, l'Assemblée législative le nomme ministre de la Justice par 222 voix sur 284 votants, lui, qui n'était point parvenu à se faire élire comme un de ses membres! Ministre, il institue le tribunal criminel pour frapper les conspirations royalistes, envoie aux armées des membres de l'Assemblée ou des commissaires du gouvernement, et, dans les départements, des commissaires nationaux du Directoire exécutif, pris dans les Cordeliers, aux Jacobins, aux loges maçonniques, qui, partout, se mettent à la tête du quatrième état, suivant son exemple et sa politique. Les effets en seront terribles.

La France n'en avait pas moins un Gouvernement. Gouvernement étrange, étendant son action uniforme, du centre jusque dans chaque ville, dans chaque canton, il était, à ce moment, le seul possible. Il fondera la République, et sauvera la France de l'invasion. Nulle autre force, nul autre soutien vivace dans le pays : la noblesse en fuite, ou se cachant tremblante; le clergé assermenté sans autorité, ou réfractaire au régime nouveau; la bourgeoisie sans cohésion, sans chef capable, aussi impuissante à résister aux perturbateurs de l'intérieur qu'aux envahisseurs de l'étranger.

En dehors de la forme de gouvernement créée par Danton, il n'y avait que trois institutions, et il importe de bien s'en rendre compte, qui continuaient à subsister, conservant intacte leur ancienne organisation.

La première est celle des marchés et des halles. Malgré l'abolition des corporations et en dépit de la proclamation de la liberté du travail, les marchés et les halles conservèrent leurs privilèges et leurs droits, leurs usages et leurs coutumes. Il n'en pouvait être autrement : sous peine de supprimer, du soir au lendemain, l'alimentation de la grande ville et de voir la disette aboutir à la famine, on ne put arrêter un seul jour leurs antiques traditions ; elles se maintinrent jusqu'à nos jours, à travers les révolutions successives.

La seconde est celle de l'armée. Réorganisée, après les guerres malheureuses de Louis XV, par Saint-Germain et Ségur, la crainte de l'invasion étrangère la maintint à travers les désordres de la Révolution, et Napoléon lui-même n'y changera rien. Dans les premières guerres de la Révolution, elle sera encore commandée par les généraux de l'ancien régime ; dans les suivantes, les officiers, trop pauvres pour émigrer, abandonneront leur particule et resteront dans les rangs ; quant aux nouveaux arrivants, ils apprendront leur métier par les leçons que leur donnera la victoire.

La troisième institution restée debout est la police de Paris. Elle aussi nous a été transmise avec son ancienne organisation ; car il fallait, d'une part empêcher les méfaits des criminels isolés, — ceux commis en masse deviendront un mode du nouveau gouvernement — et d'autre part se garder contre les complots sans cesse renaissants. Les meneurs du quatrième état s'emparèrent des hautes charges de la police et de sa direction ; mais son organisation n'en resta pas moins intacte et se conserva, comme celle des halles et de l'armée.

Dans le premier cas, ce fut la nécessité ; dans les autres, la crainte qui empêchèrent la destruction. Toutes les autres institutions : Administration, Justice, Finances, furent détruites, à l'exception de quelques privilèges de la bourgeoisie, telles que l'hérédité et la vénalité des charges d'agent de change, d'avoué, de notaire, d'huissier, appartenant précisément à la classe du tiers état qui contribua le plus à l'abolition de toutes les autres.

Danton est ministre de la Justice. L'Assemblée législative décide la convocation d'une Convention élue par les citoyens actifs pour juger le pauvre roi prisonnier au Temple; mais les ennemis passent la frontière : dans les Flandres, les soldats français fusillent leur commandant; à l'est, Longwy est occupé, Verdun investi, et l'armée prussienne, avec la troupe des émigrés, envahit la Champagne; la Bretagne commence à se révolter; le gouvernement épouvanté se propose de se réfugier derrière la Loire; Danton, après l'avoir convaincu de rester à Paris, sous peine de la perte certaine de la France, conclut que « pour déconcerter les émigrés et arrêter l'ennemi, *il faut faire peur aux royalistes* ». Le lendemain, il prononce à l'Assemblée son fameux discours qui se termine par ces mots : « De l'audace, de l'audace, encore de l'audace, et la France est sauvée. »

Il se rend au Champ de Mars où les volontaires s'enrôlaient, afin d'enflammer leur résolution héroïque, par des « rugissements épiques », comme dira Carlyle. D'autre part, on préparait les élections pour la Convention. Quel en sera le résultat? Une Chambre aussi incertaine et incohérente que l'avait été la Législative, un gouvernement aussi incapable que celui qui avait voulu fuir derrière la Loire. Le tribun tranche toutes les difficultés, et, exécutant son programme, pour faire peur aux royalistes, ordonne les massacres de Septembre.

On s'est donné bien de la peine pour disculper Danton de cet acte de tribun romain. Si l'on s'en était donné autant pour comprendre que Danton se trouvait en présence de l'invasion du territoire suscitée et dirigée par le parti royaliste, d'un gouvernement décidé à se retirer à Bourges, de l'élection d'une Assemblée nouvelle destinée à juger le roi et à diriger la défense du pays, on eût vu qu'il n'y avait pas à ce moment d'autre moyen pour assurer la sécurité et la victoire à la France. Autre chose est la morale individuelle, autre chose la morale en action des peuples, qui est leur histoire. L'émancipation et l'avènement du quatrième état qui, depuis Colbert, avait passé par tant de misères et de souffrances, suscitera des crimes non moins épouvantables dans le Midi, à Lyon, à Nantes, à Lille, et fera naître l'époque de la Terreur, par cela seul qu'on lui avait enseigné qu'il n'avait qu'à faire valoir ses droits imprescriptibles et prévaloir sa raison souveraine.

Dans ces conditions, accuser ou disculper Danton est un égal enfantillage et une égale méconnaissance de la solidarité immense qui unit les hommes, à travers les générations, dans l'histoire.

Les massacres de Septembre furent la suite logique de la conduite de Danton et du quatrième état depuis le 5 octobre 1789, ainsi que des événements qui s'ensuivirent. Personnellement il accorda la liberté à tous les condamnés qui trouvèrent le moyen de s'adresser à lui ; mais le massacre qu'il avait ordonné, il le laissa s'accomplir.

Cette même politique, il la suivit au dehors. Quand Talleyrand arriva à Londres pour obtenir une déclaration de neutralité de la part de l'Angleterre, les premières difficultés qu'il rencontra furent des émeutes suscitées par les amis que Danton s'y était faits et non moins enthousiastes des principes immortels que de l'émancipation du quatrième état. Et quand Talleyrand sera revenu en France, c'est encore Danton qui lui donnera son passeport pour retourner en Angleterre et en conserver la neutralité. Cette politique, il la suivra en Belgique lorsqu'il y entrera comme commissaire de la Convention avec l'armée victorieuse, jusqu'au moment où il en sera lui-même la victime. Mais, après lui, la Convention la maintiendra aussi bien en Hollande que sur le Rhin, en Suisse, en Italie, et si, plus tard, Napoléon échoue en Espagne, ce sera parce que la politique de Danton, le soulèvement du quatrième état, ne l'y aura pas précédé.

Tous ces événements, le grand tribun les décida; il les eût prévenus s'il avait eu l'étoffe d'un grand homme d'État.

Déjà il est élu membre de la Convention à une faible majorité; mais les royalistes terrorisés n'y paraissent point. La majorité est formée par les Girondins, la minorité par la Montagne. Lui-même, à partir de sa nomination comme ministre, jusqu'au 20 septembre, jour de la réunion de la nouvelle Assemblée, avait été le maître de la France, vrai dictateur s'occupant non seulement de la Justice, mais dirigeant la Guerre, l'Intérieur, les Affaires étrangères.

A la première séance de la nouvelle Assemblée, Danton donne sa démission de ministre. C'était une faute; le terrible rôle dictatorial qu'il avait assumé, il ne devait pas l'abandonner à des hommes moins capables que lui. Mais, dépourvu de toute ambition personnelle, il reste fidèle à ses idées, demandant successivement que la base de la nouvelle Constitution soit la souveraineté du peuple; que les propriétés territoriales individuelles et industrielles soient éternellement maintenues; que les juges des tribunaux soient élus par le peuple et que la République soit proclamée une et indivisible.

Hélas, malgré les victoires de Dumouriez remportées sur l'armée prussienne à Valmy, sur l'armée autrichienne à Jemmapes; malgré l'entrée à Mayence, le passage du Rhin par Custine et l'occupation du Piémont par Montesquiou, les discussions reprirent entre les républicains de la Convention, plus amères, plus haineuses qu'elles ne l'avaient été avec les royalistes de la Constituante et de la Législative.

Danton avait refusé le rôle de dictateur; la conséquence en fut que le club des Jacobins s'empara de l'ascendant qu'avait exercé l'assemblée des Cordeliers sur le quatrième état. Dégoûté ou fatigué des attaques des Girondins, Danton accepte de suivre, avec Delacroix, l'armée de Dumouriez.

Leur entrée en Belgique est pleine de générosité, de respect pour l'indépendance de la nation.

Ces hommes étaient convaincus. Un mois après, Danton revient à Paris pour assister au jugement du roi, et pour demander, non le respect de l'indépendance de la Belgique, mais, au nom des patriotes de Liège, la réunion du pays à la France. La détresse du Trésor et les exigences de la guerre en faisaient une nécessité. Rentré en Belgique, sur l'ordre de la Convention, il fait enlever l'argenterie des églises; impose de fortes contributions aux riches, aux nobles et privilégiés de toutes les localités qu'il traverse, et fait mettre le séquestre sur les biens des communautés religieuses. Au fond, il était de l'opinion de Dumouriez, lequel, de son côté, trouvait qu'il n'y avait qu'un homme en France, Danton.

Le général écrit à la Convention que la politique suivie par elle en Belgique était absurde; que c'étaient précisément la noblesse et le clergé belges qui avaient accueilli avec le plus de faveur l'armée française, le régime autrichien lui ayant été insupportable.

Faut-il que les faits de l'histoire, qui paraissent varier d'instant en instant et de pays à pays, se répètent jusque dans de tels détails! La noblesse et le clergé subirent en Belgique le sort qu'ils s'étaient préparé volontairement en France. En revanche, les mêmes faits et les mêmes nécessités y précipitaient les événements. De jour en jour, le quatrième état et ses meneurs deviennent plus implacables dans la revendication de leurs droits immortels; à la devise « Liberté, Égalité, Fraternité » vient s'ajouter « ou la Mort »! en même temps que les Girondins, plus pondérés et voulant donner au pays une organisation plus régulière, se figurent naïvement pouvoir revenir aux anciennes libertés et franchises provinciales. Les uns et les autres caressaient une chimère; les oppositions entre les deux partis également républicains deviennent de jour en jour plus grandes: les haines, les calomnies et les mensonges sont à l'ordre du jour.

Danton revient de Belgique pour défendre Dumouriez et les bonnes intentions de sa lettre. Il est entraîné dans la lutte. Les Girondins sont arrêtés, leurs chefs condamnés, et traînés à la guillotine. Les meneurs les plus exaltés du quatrième état décident de célébrer la fête de la déesse Raison. La fête dégénère en saturnales et soulève l'indignation générale. Au nom de la liberté de conscience, Hébert, Santerre, Petion, à leur tour, sont guillotinés. Et, tout ensemble, la première grande coalition se prépare à envahir la France, la garnison de Mayence capitule, Dumouriez est menacé d'être enveloppé en Hollande, les provinces se révoltent, Toulon se donne aux Anglais, Lyon chasse le commissaire du gouvernement, la Bretagne se soulève, des complots éclatent de toutes parts.

Danton alors reprend, non plus de fait, mais moralement la dictature. Il propose à la Convention l'envoi de huit mille commissaires et agents nationaux dans les départements, l'institution du tribunal révolutionnaire, la levée d'une armée de quatre cent mille hommes, la création du comité de Salut public qui sera investi de tous les pouvoirs d'un gouvernement provisoire, dont il refuse cependant de faire partie; celle du comité de Sûreté générale; l'abolition de l'emprisonnement pour dettes afin d'augmenter le nombre des soldats; l'instruction obligatoire et universelle nécessaire au peuple comme le pain, l'envahissement de la Hollande pour ruiner le commerce de l'Angleterre, quelles ne furent point les propositions du grand tribun! La Convention les accepta avec enthousiasme, et il sauva une seconde fois la France.

Mais il avait pris une résolution qui, sans doute, lui avait été inspirée par le spectacle des discussions cruelles qu'entraînaient la Convention et qui fut la raison pour laquelle il refusa d'entrer dans le comité de Salut public; il résolut de consacrer ses efforts à l'apaisement des esprits, après avoir paré, par ses premières mesures, aux dangers qui menaçaient le pays. Cette résolution lui fut dictée par le même esprit de générosité qui lui avait fait prendre en main la cause du quatrième état, et qui le conduira, lui-même, à la guillotine.

Condorcet, en appliquant ses connaissances au dogme, en avait fait une doctrine historique. Mirabeau l'interpréta dans le sens de son imagination et l'abandonna, au moment où son application menaça de devenir dangereuse.

Danton, dans son interprétation plus rigoureuse, se laisse guider par son cœur; se consacre à la cause des miséreux, des pauvres, des faibles, dont l'Assemblée nationale avait dédaigné de reconnaître les droits sacrés. Il reste jusqu'au bout l'ennemi des riches et des nobles, et le roi lui apparaît comme un tyran le jour où il méconnaît la cause des masses populaires. Mais pourquoi ces haines, ces ostracismes, ces massacres entre républicains? C'est, à ses yeux, un crime à la fois contre la patrie et contre le grand dogme de l'égalité et de la fraternité; chez lui, ce n'est ni de l'imagination comme chez Mirabeau, ni de la sentimentalité comme chez Condorcet : c'est de la vraie, de la grande générosité. Un moment, au plus fort de la lutte, un constituant propose aux chefs de partis de s'exiler de leur plein gré : Danton s'offre immédiatement.

Après avoir, une seconde fois, communiqué son énergie à la République, il se retire à Arcis-sur-Aube et, voyant que les discussions continuent, revient pour former, avec Camille Desmoulins, le parti des indulgents. C'était plus que de l'indulgence, c'était de la magnanimité qu'il exigeait.

On voit alors entrer en action la dernière forme d'interprétation du dogme, son application logique au nom de l'intérêt public. Danton demandait l'impossible : la réconciliation, c'est-à-dire la mise en liberté des Girondins qui restaient en prison. Elle eût rendu au parti sa force dans les départements; les traditions des anciennes libertés et franchises eussent reparu; en présence de la coalition étrangère et de l'organisation que Danton lui-même avait créée, c'était la perte certaine de la France.

Les deux grands comités, celui de Salut public et celui de la Sécurité générale, dans lesquels siégeaient des hommes aussi supérieurs et avisés que Carnot et Cambacérès, décidèrent la mise en accusation du grand tribun et de ses amis.

Ce n'était pas par la réconciliation, en écoutant son grand cœur, c'est en imitant son énergie que l'on pouvait sauver le pays.

Les craintes imaginaires, les calomnies et les mensonges en usage, de prétendues concussions en Belgique, la complicité supposée dans la défection de Dumouriez qui venait de suivre l'exemple de Lafayette, servirent de prétexte. Plus tard, on en attribuera la cause à la jalousie de Robespierre et à la rage des jacobins.

La mise en accusation et la condamnation de Danton furent, comme le 10 août et les massacres de Septembre qu'aucun de ses accusateurs ne lui reprocha, comme la condamnation du roi et l'exécution des chefs de la Gironde, dans la force des choses et dans la logique des événements.

La France ayant accordé sa foi sans réserve à une raison crue sincèrement impeccable et à des principes réputés absolus, alors qu'ils étaient contradictoires à eux-mêmes, la force des convictions la sauva des invasions étrangères ; mais elle la porta aussi à vouloir triompher de toutes les impossibilités que dogme et principe renfermaient. Jamais peut-être dans l'histoire la logique des événements ne s'est révélée avec une telle netteté et une telle puissance.

Le grand tribun en fut la victime, comme tant d'autres ; jusque dans sa défense, il conserva sa foi, sa générosité de cœur et sa magnanimité d'esprit et, jusque sur l'échafaud, son indomptable énergie.

V

ROBESPIERRE

Une liberté qui, dans les relations des hommes, ne consiste pas dans l'accord des uns avec les autres, est toujours de la tyrannie. Une égalité qui n'est pas l'expression constante de la justice rendue à l'état physique, intellectuel et moral de chacun, ne peut être que privilèges et droits abusifs; une fraternité, qui ne consiste pas tout ensemble dans l'affection mutuelle et une connaissance intime réciproque, sera tout ce que l'on voudra : exploitation, abus de confiance, duperie; tout, excepté de la fraternité. Ces considérations ne pouvaient naître dans l'esprit des hommes de l'ancien régime, et de nos jours combien peu, sous le régime nouveau, conçoivent notre devise nationale dans sa vraie portée?

Il est cependant absolument nécessaire de nous rendre compte de son sens moral positif pour pouvoir comprendre les actes et le sort d'un gouvernement et d'une époque qui lui donnèrent un sens négatif, c'est-à-dire un sens d'après lequel il est défendu de ne pas accorder à chacun la liberté qu'il demande, de ne pas le traiter avec l'égalité qu'il revendique, de ne pas se conduire en frère à son égard, et tout cela au nom de l'intérêt public, afin de réaliser la plus haute somme de bonheur possible.

L'entreprise était insensée et la tâche écrasante; le plus

convaincu des sectaires de cette époque l'assumera sans hésitation. Il ne l'eût point fait qu'un autre eût pris sa place avec la même force, la même foi sereine.

Né en 1759 à Arras, Maximilien Robespierre fut, comme Danton, de petite noblesse de robe. Son père et son grand-père signaient de Robespierre, la famille avait des armoiries, et Maximilien montera à l'échafaud les cheveux poudrés.

Il fut, rapporte-t-on, un enfant doux, timide, appliqué; il sortit du collège de Louis-le-Grand avec une gratification de 600 francs « à cause de ses talents éminents, de ses succès et de sa bonne conduite pendant douze années », et se voua à l'étude du droit, non sans aller présenter les hommages de son admiration, à Ermenonville, à J.-J. Rousseau, qui reçut un pèlerin plus qu'un disciple. Établi comme avocat à Arras, il concourt à la rédaction des cahiers de doléances, et se présente comme candidat aux états généraux en publiant une adresse à la « nation artésienne ».

Ce titre résume à lui seul la confusion et la contradiction insondables qui allaient emporter la France, des libertés et franchises provinciales et locales de la « nation de l'Artois », jusqu'au rêve d'une Constitution générale dictée par l'auteur du *Vicaire savoyard* et taillée sur le patron du *Contrat social*.

Orateur médiocre, le jeune Artésien n'aborde qu'en tremblant la tribune et joue un rôle fort effacé à l'Assemblée nationale. Cependant, le 3 août, lorsque la commission des rapports eut signalé les pillages et brigandages que, dans sa misère et dans son désespoir, le quatrième état accomplissait de toutes parts, il prit la parole pour demander une enquête, afin de s'assurer si ces malheureux étaient vraiment aussi coupables que la commission semblait le supposer. Son discours révéla bien le fervent disciple de Jean-Jacques; mais il démontrait aussi qu'il n'avait pas le moindre instinct d'un homme politique.

Quand Mirabeau, dans l'espérance de mettre fin aux désordres et à l'anarchie croissante, se tourna vers la royauté, il engagea la Cour à s'assurer également le concours de l'avocat d'Arras. Celui-ci rejeta indigné les propositions qu'on lui fit. Le lendemain, les journaux vantèrent sa belle conduite; ce qui prouve tout ensemble sa parfaite honnêteté qui lui valut le renom d'incorruptible, mais aussi sa grande vanité : royaliste sincère comme il l'était encore à ce moment, il devait se taire.

Dans la suite, le rôle et la réputation de l'incorruptible ne firent que grandir. Chaque jour les reproches de vénalité et de corruption, de trahison ou de concussion devinrent davantage la monnaie courante de la politique. Tous les partis s'en servaient, en même temps qu'ils en appelaient aux sentiments les plus nobles du cœur et aux principes les plus sublimes de l'esprit humain. L'un tenait de l'autre; extrêmes qui suscitaient aussi bien des excès d'héroïsme que des excès de cruauté.

Lors des débats sur l'esclavage, le jeune avocat lançait le mot devenu historique : « Périssent les colonies plutôt qu'un principe ! » prouvant derechef et sa profonde incapacité d'homme politique et sa foi ardente dans le dogme nouveau; et, quand les événements auront achevé son éducation, il appliquera avec la même rigidité et une vanité égale ses principes aux affaires publiques.

Enfin, au moment où la Constituante allait se dissoudre, il proposa la fameuse sottise, qui naturellement fut acceptée d'enthousiasme, que pour montrer leur désintéressement aucun des membres de la Constituante ne se présenterait aux élections de la Législative. Ce qui acheva sa réputation d'incorruptible, mais aussi porta au comble la preuve de son insuffisance politique.

Néanmoins, on a tort de reprocher à la Constituante d'avoir suivi le jeune avocat parce que sa résolution livrait la Législative, qui n'avait ni conçu ni élaboré la nouvelle Constitution, à toutes les aventures de son inexpérience. La Constituante suivit, comme Robespierre, le courant des grands sentiments creux et des idées vides de l'époque; eût-elle eu un sens pratique plus ferme, elle n'eût point changé une page à l'histoire. C'est Danton, qui ne fut ni de l'une ni de l'autre Assemblées, et le quatrième état, qui n'avait participé à l'élection d'aucune, qui la dictaient à grands traits.

Robespierre est au désespoir de ce que la Constitution, qu'il avait contribué à élaborer, ait été si peu observée par les membres de la Législative. La fuite du roi et son arrestation le désolent; mais, toujours élève doux et soumis, il se laisse instruire par des maîtres autrement exigeants que ses anciens professeurs : les événements. Il est nommé à la Convention, se trouve convaincu de la trahison du roi, et, sans hésitation, vote son exécution.

Les droits de l'homme et les derniers vestiges qui restent de la Constitution sont devenus son unique ambition, et son intransigeance est d'autant plus irréductible que sa soumission au dogme est plus grande, sa foi plus complète. En face des désordres intérieurs et des dangers du dehors, il suit pas à pas Danton; mais, raide et soigné dans sa tenue, incorruptible dans ses mœurs, recherchant la mise en scène, et vaniteux à l'excès, son rôle prend de plus en plus, à ses yeux, le caractère d'un sacerdoce.

Les Girondins, qui veulent désorganiser, mutiler l'unité et la cohésion de la patrie en face de l'ennemi, doivent être sacrifiés ; Hébert, Anacharsis Clootz et les membres de la Commune, qui revendiquent, les uns une indépendance individuelle complète conformément aux droits imprescriptibles, les autres une souveraineté communale entière, toujours d'après les mêmes principes, monteront à l'échafaud ; Marat n'eût point été assassiné par Charlotte Corday, qu'il y serait monté de même, ayant les mêmes opinions. Les saturnales de la déesse Raison avaient autant froissé le sens moral que les idées théistes du nouveau dictateur. Il célèbre en grande pompe, au Champ de Mars, la fête de l'Être suprême, et veut que la foi de chacun soit respectée. Mais il n'en va plus de même lorsqu'il s'agit d'opinions politiques et d'intérêt public ; aussi maintient-il avec un soin jaloux, et sans être capable d'y rien changer, la forme de gouvernement et les institutions créées par Danton. Le tribunal révolutionnaire, les deux comités de Salut public et de Sûreté générale, l'envoi des commissaires dans les départements et aux armées, et les comités révolutionnaires continueront partout à être dirigés par les convaincus du parti soutenus par le quatrième état.

Lorsque, de nos jours, on s'étonne que des hommes qui avaient ordonné tant de crimes et commandé tant d'actes épouvantables aient pu, sous l'Empire et même sous la Restauration, accepter des fonctions, charges et honneurs de toute sorte, on oublie qu'ils ne pouvaient conduire la masse du quatrième état qu'en lui parlant la langue qu'elle comprenait et en lui commandant des actes que, dans son dénûment et sa misère, elle accomplissait sans hésitation.

La coalition est vaincue sur tous les champs de bataille ;

le Rhin, la Belgique, la Hollande sont conquis ; la Suisse est soulevée, l'Italie envahie, en même temps que les révoltes du Midi, de la Vendée, de la Bretagne sont étouffées.

La France du quatrième état, emportée dans un délire, brise tout pour réaliser son rêve fiévreux ; mais, à mesure qu'au dehors elle marche de victoire en victoire grâce à ses chefs éminents, elle retombe à l'intérieur dans la décevante réalité. Chaque tête qui tombe en entraîne une autre, chaque jugement inique un autre plus inique encore, chaque délation une autre plus infâme, et la guillotine n'eut cesse de fonctionner, par cela seul que c'était l'unique moyen de gouvernement que possédaient le comité de Salut public et son président.

La situation intérieure n'en continuait pas moins à s'aggraver sous l'implacable impulsion des immortels principes. Elle finit par déborder Robespierre lui-même, qui fait soumettre à la Convention un projet de loi d'après lequel les accusés pouvaient être condamnés sans défense ni preuve, sans même être entendus. C'était la mise en action stricte et dernière de la devise des Cordeliers : « Liberté, Égalité, Fraternité ou la Mort! » suivie d'une façon absolument logique.

Les anciens amis des Girondins, ceux qui restaient de Danton, quelques-uns même des plus fidèles à Robespierre, prirent peur. Ils accueillirent le lendemain Robespierre en criant au tyran, le décrétèrent d'accusation et le firent exécuter avec ses plus passionnés partisans.

Robespierre avait été surpris par la résistance inattendue de la Convention ; les moyens de gouvernement que lui avait légués Danton s'étaient montrés insuffisants ; désespéré et blessé dans toute sa vanité, il tenta de se suicider, et mourut misérablement sur l'échafaud.

Ce fut la fin de la Terreur, mais aussi le retour de l'anarchie. La troisième République a dressé des monuments à Condorcet, à Mirabeau, à Danton ; est-ce la faute de l'Incorruptible s'il ne fut pas plus grand homme d'État qu'eux ? Il fut certainement celui dont la foi dans les grands principes était la plus sincère et la plus complète.

La Convention conserva le pouvoir. Ce fut pour montrer combien Robespierre, en lui dictant ses résolutions si vigoureuses et puissantes, en avait été l'âme ; et elle revint à la politique d'indulgence pour montrer combien le comité de Salut public et son président avaient eu raison en condamnant Danton. Robespierre n'avait été ni un grand orateur, ni un homme à vues politiques ; mais il les avait tous entraînés et dominés, par la force et la sévérité des convictions que lui donnait son caractère.

« Le grand pontife de la Révolution, Saint-Just, et ses fidèles les plus ardents disparus, la France cesse d'être terrorisée, les prisons sont ouvertes et le pays commence à respirer librement », écrivent les historiens. Ce fut pour voir renaître les désordres dans les rues, les complots dans les maisons, et les mensonges et les calomnies dans les feuilles publiques.

Emportée par la même illusion qui égara les états généraux, la Convention charge Sieyès de la rédaction d'une nouvelle Constitution, celle de l'an III. L'expérience qu'on avait faite des droits imprescriptibles s'était transformée en une leçon de violence et de sang, sans avoir éclairé les esprits. Toutefois la nouvelle Constitution, si elle conserve la Déclaration des droits, la complète par celle des devoirs : « Nul n'est bon citoyen s'il n'est bon fils, bon père, bon époux ! » La sophistique dégénère en enfantillage. S'il est aisé à un misérable de revendiquer ses droits la pique à la main ; pour être bon fils, bon père, bon époux, il faut qu'il puisse avant tout apaiser sa faim et celle de ses proches.

La nouvelle Constitution remplace par un Directoire le comité de Salut public; il est assisté de deux conseils, celui des Anciens et celui des Cinq Cents, et nomme ses ministres. Et directeurs, ministres suivent chacun sa politique propre, sans qu'il y ait un homme capable d'imprimer à l'ensemble une direction homogène. La garde nationale est mitraillée par l'armée ; les derniers représentants des Cordeliers, Babeuf et ses complices, sont condamnés à l'échafaud ; les royalistes des assemblées sont exilés. La banqueroute des assignats s'achève. Les défaites succèdent aux victoires ; une nouvelle coalition chasse nos armées d'Allemagne et d'Italie, et le ministre des Affaires étrangères fait, dans un rapport secret au Directoire, le tableau suivant de l'état du pays : « Toutes les parties du service public sont dans la détresse; la solde des troupes est arriérée, et les défenseurs de la patrie abandonnés aux horreurs de la nudité; leur courage peut d'un moment à l'autre être énervé par l'urgence de leurs besoins : cela donne lieu à une effrayante désertion parmi les conscrits. Les hôpitaux regorgent de malades et manquent des objets les plus essentiels, de lits, de médicaments. Les établissements de charité sont dans un dénûment tel que les indigents les plus nécessiteux ne peuvent y être admis, ni recevoir aucun secours. Les créanciers de l'État et les fournisseurs ne veulent plus faire d'avances, parce qu'on ne les paie pas ou ne reçoivent que de trop faibles acomptes sur ce qui leur est dû, pour qu'ils veulent s'évertuer à faire de nouveaux crédits, et leur exemple empêche de nouveaux spéculateurs de se charger des services publics. Les routes son encombrées de malfaiteurs, ce qui, sur plusieurs points de la République interrompt les communications. Les appointements d'un grand nombre de fonctionnaires publics ne sont pas payés; il en résulte l'horrible scandale de voir des administrateurs et des magistrats, dans beaucoup de localités, réduits à la nécessité ou de tomber dans la misère, ou de se laisser entraîner à de honteuses prévarications. Il est telle partie de la France où le vol et l'assassinat s'exercent journellement comme en vertu d'un système organisé; privée de fonds nécessaires, la police est sans force et sans action; elle est impuissante à faire arrêter les coupables, comme à prévenir de nouveaux désordres ».

Ce fut la fin de l'ancien régime; on y retrouve tous les traits du commencement des états généraux de 1789; mais ce fut aussi la justification des mesures radicales et terribles improvisées par le sens pratique de Danton et maintenues par la foi de Robespierre.

ANNEXE

I

BOLINGBROKE

D'une famille très ancienne, les Saint-John, qui prétendent remonter jusqu'à l'invasion de Guillaume le Conquérant, Bolingbroke est né en 1672. En 1703, il est nommé ministre de la guerre et de la marine. En 1708, les whigs arrivèrent au pouvoir, et le ministre fut exilé. Il se réfugia une première fois en France ; deux ans après, il revint en Angleterre pour être élevé au poste de secrétaire d'Etat ; peu après il est élu membre du nouveau Parlement et, en 1712, il est élevé à la pairie sous le titre de vicomte de Bolingbroke. Exilé une seconde fois, il revint en France et habita la Source, près Orléans. C'est là que Voltaire vint le voir une première fois, à l'âge de dix-sept ans ; il le vit une seconde fois à l'occasion de son propre exil en Angleterre, où Bolingbroke lui accorda l'hospitalité.

D'une ancienne et grande famille, ministre de la guerre et de la marine, exilé illustre, puis secrétaire d'Etat, membre du Parlement, pair d'Angleterre, tory convaincu, lutteur politique acharné, penseur solide, et son aîné de vingt-deux ans, Bolingbrocke avait tout ce qu'il fallait pour en imposer à Voltaire.

C'est son séjour en France qui nous a valu Bolingbroke ; c'est à la Source qu'il a écrit ses ouvrages. Déjà sa façon d'envisager l'exil et d'en parler nous fait prévoir ce que sera sa doctrine : « L'exil est un changement de lieu souvent accompagné des inconvénients suivants : de la perte de vos biens, de vos emplois et de la considération et du pouvoir qu'ils vous procuraient; de la séparation de vos parents et de vos amis ; du mépris dans lequel nous pouvons tomber ; de l'ignominie dont ceux qui nous ont exilés cherchent à nous couvrir pour cacher l'injustice de leur conduite... Mais j'ai appris depuis longtemps cette leçon importante et je n'ai jamais compté sur la fortune lors même qu'elle m'était favorable. J'ai placé les richesses, les honneurs, la réputation et tous les avantages que son indulgence traîtresse m'accordait à pleines mains, de façon qu'elle a pu me les enlever sans me causer le moindre trouble... La mauvaise fortune ne peut nuire à un homme qu'autant qu'il a été séduit par la bonne. » Bolingbroke se met donc à l'étude, bien moins pour se consoler de la perte de sa fortune et de ses honneurs que pour occuper son intelligence et son activité. Il lit Montaigne, Sénèque, les deux auteurs qu'il cite le plus souvent, et conclut que c'est une bonne règle que celle de n'embrasser aucune secte de philosophie. « Le mieux est de n'en adopter aucune ; écoutons-les toutes avec une parfaite indifférence, de quelque côté que soit la vérité et, après nous être décidés, n'écoutons que notre raison. »

Il le fait et arrive à un mépris complet de toute métaphysique et de toute philosophie fondées sur autre chose que ce qu'il appelle la raison.

Bien avant Condillac, il fait de l'analyse l'unique levier des connaissances humaines. Mais, loin de la confondre avec la synthèse, ou l'ordre que Condillac prétendait mettre dans les objets analysés, il l'oppose à la synthèse, prétendant que celle-ci ne peut donner aucune certitude et que l'autre ne peut nous procurer qu'une certitude relative.

« Pour parvenir à trouver la vérité dans les mathématiques, dans la physique, en un mot dans toutes les sciences où il est difficile de la découvrir, on est obligé d'employer la méthode analytique : il faut convenir que les modernes l'ont beaucoup perfectionnée. Plusieurs ont fait quantité d'observations et d'expériences et en ont tiré par induction des conséquences générales. C'est là tout ce que notre nature et celle des choses nous permet de faire, et lorsqu'on s'y est pris de façon que l'on ne peut opposer aucune objection tirée de l'expérience, on peut mettre ces conséquences au nombre des vérités que nous connaissons. Mais ne nous trompons point : c'est là une connaissance humaine plutôt qu'une connaissance absolue, parce qu'elle n'est pas fondée sur une certitude absolue. De nouvelles découvertes peuvent détruire ces conséquences; ou, supposé qu'elles n'aient pas lieu, on peut tirer d'autres conséquences des mêmes phénomènes, ou bien on peut les attribuer à des causes toutes différentes. Il s'en faut donc de beaucoup que cette manière de raisonner d'après des observations et des expériences particulières soit démonstrative; et c'est cependant ce que nous pouvons faire de mieux. »

Cet exposé de la partie scientifique de l'analyse est parfait et dépasse de beaucoup l'analyse de Condillac. Quant au mot induction, dont Bolingbroke se sert pour expliquer les conséquences qui dérivent de la méthode analytique, le grand seigneur ne s'y arrête pas ; c'est affaire aux professionnels, aux physiciens, mathématiciens, astronomes. Voltaire, en vrai disciple, et sans être grand seigneur, ne s'y arrêtera pas davantage.

D'ailleurs à quoi bon? Écoutons Bolingbroke : « Les hommes ont inventé le télescope et le microscope, appliqué la géométrie à la physique, et l'algèbre à la géométrie. Cependant, malgré tous ces secours, la connaissance que nous avons de la nature a augmenté en degré, mais non point en espèce. Il y a dans les corps, de même que dans le ciel, une infinité de corpuscules d'astres et qu'il est impossible de découvrir sans le secours des instruments ; mais avec ce secours même nous ne sommes pas plus en état de découvrir tous les corpuscules qui sont dans un corps que d'apercevoir tous les astres répandus dans le firmament. Aussi rien n'est plus vrai, en fait de physique et de métaphysique, que ce que dit Montaigne : « Les extrémités de nos perqui« sitions tombent toutes en éblouissement ».

Ce que Bolingbroke dit ensuite de la métaphysique, comme des philosophes en général, est de beaucoup la partie la plus intéressante : « Lorsque les hommes ne se bornent pas simplement à découvrir la vérité relative, il leur arrive, lorsqu'ils sont dirigés dans leurs recherches par des passions et des vues humaines, car les philosophes n'en sont pas plus exempts que les autres... lorsque cela arrive, les philosophes passent tout à coup de la méthode analytique à la synthétique, je veux dire qu'ils tirent des conséquences générales d'un petit nombre d'observations et d'expériences particulières, ou même, sans se donner cette peine, ils admettent les causes et les principes déjà établis comme des vérités certaines, et en tirent leurs conséquences. Ces procédés sont très absurdes... Aussi les philosophes ont trouvé qu'il était plus aisé d'imaginer que de découvrir, de conjecturer que de connaître. Ils ont donc pris cette voie pour acquérir de la réputation, celle-ci leur étant pour le moins aussi chère que la vérité, et plusieurs ont admis une vaine hypothèse pour une hypothèse réelle.

« Ainsi des hommes, qui auraient été des géants dans la sphère humaine, sont devenus des pygmées pour avoir voulu en sortir. Au lieu d'entasser des montagnes sur des montagnes de science pour escalader le ciel, ils n'ont fait qu'entasser avec un air d'importance des taupières les unes sur les autres et se sont ridiculement vantés non seulement de leur dessein, mais encore de leur succès.

« Ils attribuent à l'être suprême la connaissance, les idées et même les affections et les passions de ses créatures. Ils sont assez présomptueux que de vouloir pénétrer dans ses conseils, et d'expliquer l'économie divine avec la même confiance qu'ils feraient leurs propres affaires. C'est là ce qu'ils appellent la théologie.

« Les savants jouent différentes sortes de carillon avec les mêmes cloches. »

Bolingbroke est, en matière de philosophie, le sceptique parfait. Cependant il croit très sincèrement à l'existence de Dieu créateur et ordonnateur suprême ; mais ses preuves, il ne les tire ni de la philosophie, ni de la théologie, mais de l'histoire des religions et de l'aspect des accords et des harmonies de la nature. Les arguments dont Bolingbroke se sert à ce dernier point de vue, Voltaire les a répétés exactement ; il comprendra moins les autres.

La pensée de Bolingbroke prend vraiment une grande allure quand il démontre, à son point de vue, l'existence de Dieu :

« Ne nous y trompons point. Dieu ne s'est jamais laissé sans témoin, et ce témoin n'est autre que le système entier de ses ouvrages; encore que la raison humaine ait besoin d'être cultivée pour découvrir cette vérité, de même que les autres, et qu'elle n'ait pas été également découverte ni par tous les peuples, ni dans tous les siècles. Mais il n'y en a aucune qui exige moins de travail que celle-ci, ni qui nous récompense mieux des peines que nous nous donnons pour la découvrir. C'est ainsi que je pense, et en pensant ainsi j'adore la bonté de l'Être suprême. »

Bien que Voltaire emprunte ses arguments à Bolingbroke, jamais il ne parlera avec un tel accent.

Mais voyons comment Bolingbroke établit sa doctrine. Il le fait avec une simplicité et une droiture de pensée qui lui mérite une place à part dans l'histoire de la philosophie. Il dédaigne non seulement les métaphysiciens, mais encore les philosophes : ce sont tous, à ses yeux, des chercheurs de quintessence; inutile de faire tant d'embarras. Il juge même toute religion artificielle : « Ceux qui supposent tous les hommes incapables d'acquérir une entière connaissance de la théologie naturelle et de la religion sans la révélation, nous dépouillent de l'essence et de la forme de l'homme, et nient que nous ayons ce degré de raison nécessaire pour distinguer notre espèce.

« La droite raison consiste dans la vérité et celle-ci dans sa conformité avec la nature. Les grands principes de la morale ont, aussi bien que ceux des mathématiques, leur fondement dans la nature des choses. » Et Bolingbroke répète à peu près textuellement les paroles de Domat : « L'obligation naturelle de faire du bien à nos semblables, de leur rendre ce qui leur est dû et de tenir nos engagements est aussi évidente à la raison humaine que le désir d'être heureux est conforme à l'instinct humain. » Il n'y ajoute pas, bien entendu, l'explication de Domat, que ces principes de la raison prennent naissance dans les affections mutuelles; mais il s'en prend à Hobbes et à Locke, pour démontrer à l'un et à l'autre « que la loi de la nature ou de la droite raison est l'origine des lois positives ».

Et il n'est pas davantage de l'avis de Puffendorf sur le droit et l'homme de la nature. Sa pensée est beaucoup plus naturelle et droite : « On peut considérer l'homme dans l'état de nature comme une créature simple et sans artifices, mais il ne saurait être irraisonnable.

« Il est un amas de preuves qui démontrent, à n'en pouvoir douter, que l'unité de Dieu a été reconnue par les nations idolâtres les plus anciennes, quoiqu'elles ne puissent démontrer que ç'a été la première croyance de l'homme, parce que les choses de ce monde sont dans une vicissitude continuelle, et qu'il peut se faire que les hommes, dans différents temps et dans différents pays, soient sortis de l'idolâtrie pour embrasser la vraie religion et qu'ils aient abandonné celle-ci pour retourner à l'idolâtrie, de même que nous savons que plusieurs nations ont passé de la barbarie à la politesse et de celle-ci à la barbarie. »

Il en est de même de la raison : « Les hommes qui la cultivent raisonnent tous de même sur quantité de sujets, telles que les lois de la religion naturelle et les règles générales de la société et de la bonne police et en portent le même jugement. » Mais lorsque les hommes diffèrent dans leurs opinions opposées et les défendent avec tant d'acharnement que ceux qui sont d'un côté de la haie sont prêts à mourir pour l'affirmation, et ceux qui sont de l'autre, pour la négation, ce n'est plus la raison qui est en cause, mais ce sont leurs prétentions fondées sur l'orgueil, et la passion, et l'intérêt... De là vient que les peuples du Tibet sont barbares et idolâtres, turcs et mahométans à Constantinople, et italiens à Rome... Voilà comment la plupart des hommes paraissent à cet égard être réduits à un état plus bas que les animaux malgré la prétendue supériorité de notre raison; à cause que l'instinct, qui produit son effet chez les animaux, est préférable à la raison qui n'en produit aucun. »

« Vouloir acquérir l'habitude de la méditation et de l'étude dans un âge avancé, c'est vouloir apprendre à marcher lorsqu'on a perdu l'usage des jambes. En général, c'est dans la jeunesse qu'on doit jeter les fondements du bonheur dont on veut jouir dans la vieillesse. Celui qui n'a pas cultivé sa raison, étant jeune, se trouvera hors d'état de la perfectionner lorsqu'il sera vieux. » — « Vous êtes au fait des disputes qui se sont élevées au sujet de la nature de la grâce, la prédestination et le libre arbitre, et les autres questions abstraites qui ont fait tant de bruit dans les écoles et causé tant de maux dans le monde... et malgré toutes vos connaissances vous êtes dans une ignorance profonde. »

« Ce n'est ni la théologie naturelle, ni la morale, qui ont embrouillé la religion naturelle, c'est la théologie métaphysique... Le souverain bien, dans le sens que les philosophes païens l'entendaient, était un sujet sur lequel chaque homme était en droit de prononcer pour soi-même et non pour autrui. Ces disputes étaient par conséquent triviales; mais elles n'ont rien qui doive surprendre, lorsqu'on est instruit de celles qui ont régné parmi les théologiens chrétiens et surtout parmi les scolastiques. Notre premier devoir et notre plus grand intérêt est d'obéir à la loi naturelle. C'est de là que dépend le bonheur de l'espèce humaine en général et celui de chaque homme en particulier. »

C'était le dogme de la raison auquel le dix-huitième siècle, libres penseurs, encyclopédistes, croiront aveuglément. Il fut, du reste, fondé, il faut l'avouer, de main de maître : religion, théologie, philosophie, science, tout cela n'est que vanité, stupidité ou frivolité, hypothèse, incertitude, orgueil, passion ou intérêt; c'est la raison seule que l'homme doit écouter, étudier en lui, c'est elle seule qu'il doit suivre. Pour l'ancien ministre d'État et pair d'Angleterre, c'était chose facile. Il avait usé et abusé des plaisirs de jeunesse, souffert et patiemment supporté l'exil; il avait eu le pouvoir et l'avait exercé de façon à pouvoir écrire : « A quel plus haut degré de gloire peut-on aspirer durant sa vie que d'être le protecteur des gens de bien, le fléau des méchants et le défenseur de la liberté publique? » Sa raison et sa foi sont une raison et une foi de grand seigneur qui dédaigne aussi bien les luttes stériles des fanatiques et des sectaires que les vaines disputes des métaphysiciens et des philosophes. « La philosophie, prise de travers, a gâté bien des gens, et cette étude de la sagesse, mal entendue, a fait bien des fous. »

Saint-John, le descendant d'un compagnon d'armes de Guillaume le Conquérant, devenu un grand seigneur au dix-huitième siècle, après avoir assisté dans son enfance à la dernière révolution de son pays, a vu toutes les haines, toutes les rancunes qui l'agitaient, et ne touche plus les objets de politique et de religion, de philosophie et de science qu'en manchettes de dentelles et les mains parfaitement gantées. Il voit la beauté et les harmonies de l'univers qui le confirment dans sa foi d'enfance en l'existence de Dieu; il voit les luttes et les disputes des hommes, et il découvre quelques grandes maximes de morale, qui, si les hommes voulaient les suivre, feraient le bonheur de l'humanité. C'est tout et c'est assez. Que pouvait-il, lui, grand seigneur, s'occuper des misères, illusions et erreurs des hommes ? Il en détache ce qui lui paraît éternellement vrai, éternellement beau; il en fait la raison humaine et la foi en l'existence divine. Et il le fait avec une force et une ampleur qui devaient en imposer non seulement à Voltaire, mais encore à tous les intellectuels de France. Eux, aussi, avaient assisté aux luttes religieuses : ils y avaient puisé le même doute; mais tandis que Bolingbroke détache son dogme de la raison et sa religion naturelle des troubles d'une révolution à la fois politique et religieuse, ses disciples français virent dans une transformation de l'état économique, social et politique de leur pays, la réalisation du dogme et de la foi que le grand seigneur anglais avait retirée de celle de l'Angleterre, transformation qui se changea en révolution le jour où la doctrine, complétée par celle de Puffendorf sur les droits de l'homme de la nature, leur en donna les éléments. Les rôles furent ainsi renversés, et l'adoption des institutions anglaises, qui avait été la cause des opinions de Bolingbroke, devint le rêve des utopistes français par suite de ces opinions. Ainsi s'enchaînent les pensées des hommes et les événements de l'histoire, emportés dans leur action et réaction continue.

Il en est résulté une dernière conséquence, en apparence des plus singulière : c'est que le dogme et la foi de Bolingbroke, dégagés de toute révolution économique, sociale et politique, conservent une pureté, une sérénité que n'atteindront pas ses disciples.

Aucun d'eux n'eût songé un instant à transformer les pensées de Montaigne de la façon dont lui, grand seigneur ayant traversé les luttes de la révolution, le fit. « Montaigne dit quelque part que l'oreiller le plus doux sur lequel nous puissions reposer notre tête est l'ignorance; mais je prétends que c'est la *résignation*. »

Emportés par leurs illusions et leurs passions, nos hommes du dix-huitième siècle ont emprunté bien des choses à Bolingbroke, une seule exceptée : la sagesse. Il a des observations incomparables, et qui nous révèlent la façon vivante dont il entendait cette raison, de laquelle il avait fait, d'autre part, le fondement du bonheur de l'humanité et de la religion naturelle, et montrant combien il mettait de limites à la raison et combien il exigeait de vertu pour pouvoir lui obéir. Cette partie de sa doctrine a été la plus méconnue, et cependant c'est elle qui, tout en découvrant les lacunes qu'elle renferme, la complète et en fait un ensemble hors de pair :

« Il y a des gens qui servent Dieu par intérêt, c'est le service des marchands; les autres le servent par crainte, c'est celui des esclaves; et enfin il y en a qui le servent par amour et connaissance, et c'est le service des hommes libres et bien nés. »

« Un Arabe du désert, lequel a été interrogé comment il savait qu'il y avait un Dieu : « De la même façon, répondit-il, « que je connais, par les traces qui sont marquées dans le « sable, qu'il y est passé un homme ou une bête; » et il poursuit en disant : « Est-ce que le ciel avec la splendeur de ses astres, la terre et la vaste étendue de ses campagnes, et la mer poussant une infinité de flots, ne nous font pas assez connaître la grandeur et la puissance de leur auteur? »

« Il n'y a pas d'autre recours ni d'autre secours contre Dieu que Dieu même. »

« Dieu resserre les hommes quand il les renferme dans la

connaissance d'eux-mêmes ; et il les élargit lorsque du fond de cette connaissance il les élève jusqu'à celle de sa divinité. Celui qui se connaît soi-même connaît aussi Dieu. »

« Toute affliction qui vient de la part de Dieu ne doit pas porter ce nom. Heureuse est l'affliction et heureux est celui qui la souffre, quand elle vient d'en haut. »

« La vérité est si persécutée par tous les déguisements du siècle qu'on n'a pas assez d'ingénuité pour parler franchement, ni assez de force pour être sincère. »

« La plus belle de toutes les philosophies est de savoir vivre, c'est-à-dire de s'accommoder aux temps, aux personnes, aux affaires quand la raison le demande. »

« Ce n'est point dans les maximes que l'on trouve de la force et de la patience contre la mauvaise fortune, et quand on n'est vertueux qu'à force de philosophie on ne l'est pas du tout. »

« C'est avoir bien profité dans la philosophie que d'avoir appris combien ce qu'on sait le mieux est mêlé d'obscurité et d'incertitude, et de vouloir bien ignorer ce qu'on ne peut savoir. »

« La vie de ce monde n'est qu'un voyage de gîte en gîte. Tout ce qui s'y passe est plus léger que la voix qui sort de la bouche et qui frappe l'oreille. »

« Il faut que nous ressemblions à ces arbres qui, couverts de feuilles et de fruits, donnent de l'ombre et du fruit à ceux-là mêmes qui leur jettent des pierres ; et que nous imitions la mère perle qui donne sa perle à qui lui ôte la vie. »

« Le pardon que vous accordez à vos ennemis est la dîme de la victoire que vous avez remportée sur eux. »

« La justice rendue une heure vaut mieux que la fréquentation des temples pendant une vie entière. »

« Lorsque tu crois marcher en sûreté, la pierre de la tombe qui est ton terme fatal te presse les talons et t'arrête tout court. »

Toutes ces pensées portent le même caractère; elles prouvent combien le dogme de la raison emprunté à Bolingbroke est loin de celui qu'il professa. Il servit non seulement à combattre la religion, ce dont il avait donné l'exemple, mais encore toutes les institutions et assises de la société humaine, alors qu'il avait enseigné le contraire. C'est que, outre la raison qui lui dit de faire du bien à nos semblables, de leur rendre ce qui leur est dû, et de tenir nos engagements, règles connues, selon Domat, même des barbares, il y a la résignation par laquelle Bolingbroke remplace le doute de Montaigne, la dîme qui paie la victoire en pardon aux ennemis, l'arbre qui donne son ombre et ses fruits à qui lui jette des pierres; il y a toute la morale du Christ, et Bolingbroke le reconnaît, car il écrit : « L'Évangile de Jésus-Christ est une leçon continuelle de morale, de justice, de bienveillance et de charité. »

Et si le dégoût des luttes religieuses et civiles amène Bolingbroke à conclure que le retour à la raison primitive et première de l'homme peut seul y mettre fin, c'est cette raison aussi qui lui enseigne qu'instruite par d'aussi cruelles et douloureuses expériences elle ne peut y parvenir que par le sacrifice et la vertu. Au fond, Bolingbroke, sans s'en rendre compte à cause du point de vue où il s'est placé, ne découvre d'autre cause aux désordres et aux luttes qui désolent son époque que le fanatisme des natures religieuses et les folies des philosophes :

« Il n'y a peut-être pas une si grande différence entre un petit maître gascon et un singe, ou entre un philosophe allemand et un éléphant, quelque partialité que nous puissions avoir pour notre espèce, qu'entre un homme capable d'instruire et un homme capable d'instruction. »

Enfin Bolingbroke, pensant et agissant en grand seigneur, se souciait peu de l'effet que produiraient ses livres, alors que ses disciples publiaient les moindres plaquettes pour asseoir leur réputation. Il chargea Pope de faire imprimer ses *Lettres sur l'Histoire* à un petit nombre d'exemplaires, qu'il donna à quelques-uns de ses amis qui lui avaient promis de les tenir secrètes tant qu'il vivrait : ce fut en 1738. Il mourut en 1750, léguant ses ouvrages et ses manuscrits à Mallet, qui les publia aussitôt.

Nous ne nous sommes pas arrêté aux critiques qu'il fit particulièrement de la papauté et de l'Ancien Testament. Voltaire les a tant répétées et développées que ce soin nous paraît inutile. Elles ne jouent, du reste, qu'un rôle fort secondaire dans l'ensemble de sa doctrine.

Il n'en est pas de même de ses *Lettres sur l'Histoire*, dans lesquelles il abandonne la religion, pour s'en tenir à l'enseignement que l'on peut tirer de l'expérience des faits. « C'est une philosophie, écrit-il, qui instruit par des exemples. Il ne faut que jeter les yeux sur ce qui se passe dans le monde, pour connaître la force de l'exemple. Notre raison est si imparfaite et notre esprit si fragile que les propositions générales et abstraites nous paraissent souvent douteuses. » C'est Bolingbroke qui parle, et avec quelle force et supériorité.

L'exposé qu'il fait de la politique extérieure de Richelieu, par exemple, est le plus vivant et le meilleur que nous ayons jamais lu. « Richelieu engage son maître ouvertement dans la guerre au moment le plus avantageux... Il colore son ambition des prétextes les plus plausibles et les plus populaires... Le roi de France apparut comme l'ami commun de la liberté... et le protecteur de tous les droits légitimes... et toutes ces apparences furent conservées dans les négociations à Munster où Mazarin recueillit ce que Richelieu avait semé. » Le portrait qu'il fait de Louis XIV est non moins intéressant.

Bolingbroke a vu et consulté les hommes de son temps et, plus que Voltaire, il fut initié à l'esprit du grand siècle. Mais ses *Lettres sur l'Histoire* sont, comme sa doctrine sur la raison et la religion naturelle, œuvre de grand seigneur. Il raconte et se souvient de lectures qu'il a faites, et cela lui suffit pour faire de l'histoire comme il fait de la philosophie.

II

PUFFENDORF

Fils d'un ministre luthérien, Samuel Puffendorf est né à Chemnitz (Misnie) en 1632. En 1658, il reçut la place d'instituteur auprès du fils du ministre de Suède à la cour de Danemark. La guerre ayant éclaté entre les deux pays, il fut arrêté avec tout le personnel de la légation, et resta huit ans dans les prisons de Copenhague, où il composa ses premières études de jurisprudence. Nommé successivement professeur de droit naturel et des gens, à Heidelberg et à Stockholm, il ne cessa de se passionner pour les polémiques religieuses de l'époque. « Je ne modifierai mon introduction, écrit-il dans une de ses lettres, que si un papiste s'en mêle », et il s'étonne que les protestants se laissent aussi impudemment insulter par « ce chauve Français » (Brunet). Il est nommé baron par le roi de Suède, et meurt, en 1694, à Berlin.

Il était donc de quelques années plus jeune que Domat et mourut avant lui; pendant que Domat écrivait son *Traité des Lois*, commentait Pascal et consultait d'Aguesseau, Puffendorff publiait en latin, en 1672, son ouvrage principal : *Droit de la nature et des gens ou Système naturel des principes les plus importants de la morale, de la jurisprudence et de la politique.*

Absolument oubliée aujourd'hui, son œuvre fut traduite par Jean Barbeyrac en 1732, et devint tellement de mode au dix-huitième siècle que des tribunaux français prononcèrent des jugements invoquant ces principes, et que ce sera l'un des quatre ouvrages que Rousseau trouvera dans sa chambre chez Mme de Warens.

Nous exposerons sa doctrine par citations. L'ouvrage a joué un trop grand rôle dans notre histoire pour que nous puissions procéder autrement.

Le point de départ de Puffendorf est d'une simplicité extrême : « Pour peu qu'on réfléchisse sur le naturel et les inclinations des hommes, on sera convaincu qu'ils sont plus méchants que les bêtes... Imaginons-nous une troupe de chiens, de loups et de lions acharnés les uns contre les autres, ou plutôt autant de chiens, de loups et de lions qu'il y a d'hommes au monde, et quelque chose de pis encore ; car il n'est pas d'animal qui puisse et qui veuille faire plus de mal à l'homme que l'homme lui-même. Puisque, nonobstant les lois et les peines dont elles menacent les contrevenants, les hommes de tout temps se sont fait tant de mal les uns aux autres, que serait-ce si tous les attentats demeuraient impunis, et s'il n'y avait point de frein intérieur qui réprimât les désirs de l'homme ? »

Il faut donc découvrir le frein intérieur, et, pour y parvenir, il faut considérer l'homme à l'état de nature.

Rien de plus facile.

Qu'est-ce que l'état de nature ?

« C'est l'état où l'on conçoit les hommes en tant qu'ils n'ont ensemble d'autre relation que celle qui est fondée sur cette liaison simple et universelle qui résulte de la ressemblance de leur nature, indépendamment de tout acte humain et de toute convention qui les ait assujettis les uns aux autres d'une façon particulière. »

Comment se découvrent les principes propres à cet état particulier ?

« De la même manière que la quantité et les qualités physiques sont attachées aux substances corporelles... lesquelles supposent nécessairement un espace, ainsi les personnes morales sont dans un certain état où l'on les conçoit comm renfermées pour y déployer leurs actions et y produire leurs effets. »

Comment démontre-t-on l'existence de cet état ?

« Démontrer, c'est prouver une chose par des principes certains et en faire voir la liaison nécessaire avec ces principes, comme avec sa cause, en forme de syllogisme. »

Comment démontre-t-on par syllogisme ?

« En faisant abstraction de toute loi divine et humaine, il n'y a point de mouvement ni d'acte de l'homme qui ne soit entièrement indifférent; si donc certaines actions sont dites naturellement honnêtes ou déshonnêtes, c'est parce que la constitution de la nature de l'homme demande absolument qu'on fasse ces actions ou qu'on s'en abstienne. »

Comment peut-on savoir qu'il y a des actions honnêtes et déshonnêtes ?

« Par la loi naturelle qui convient si nécessairement à la nature raisonnable et sociable de l'homme que, sans observation de cette loi, il ne saurait y avoir parmi le genre humain de société honnête et paisible. Ou, si l'on veut, c'est une loi qui a pour ainsi dire une bonté naturelle, c'est-à-dire une vertu propre et interne de procurer l'avantage du genre humain. Elle est encore appelée loi naturelle, à cause qu'elle peut être connue par les lumières naturelles et par la contemplation de la nature humaine en général. »

Comment contemple-t-on la nature humaine en général ?

« En considérant l'homme à l'état de nature... et pour se former une juste idée de l'état de nature considéré purement et simplement en lui-même, figurons-nous un homme tombé, si j'ose ainsi dire, des nues, et entièrement abandonné à lui-même, qui, ayant les qualités de son esprit et de son corps aussi bornées qu'on le voit aujourd'hui lorsqu'elles n'ont pas été cultivées, ne soit ni secouru par ses semblables, ni favorisé d'un soin extraordinaire de la divinité. »

Quels droits dérivent de cet état de nature?

« Pour les droits qui accompagnent cet état de nature, il y a deux fondements. L'un est l'inclination dominante de tous les animaux qui les porte invinciblement à chercher toutes les voies imaginables de se conserver, et à éloigner au contraire tout ce qui paraît capable de détruire leur corps et leur vie. L'autre, c'est l'indépendance de ceux qui vivent dans l'état de nature, autant qu'ils ne sont soumis à aucune autorité humaine. Du premier principe il s'ensuit que dans l'état de nature on peut jouir et se servir de tout ce qui se présente, mettre en usage tous les moyens et faire toutes les choses qui contribuent à notre propre conservation, pourvu que par là on ne donne aucune atteinte au droit d'autrui. De l'autre, il s'ensuit qu'on peut non seulement faire usage de ses propres forces, mais encore suivre son propre jugement et sa propre volonté dans le choix des moyens qu'on emploie pour sa conservation et sa défense; bien entendu que ce jugement et cette volonté soient toujours conformes à la loi de la nature. C'est par rapport à ce dernier droit que l'état de nature s'appelle aussi la liberté naturelle, parce que l'on y conçoit chacun comme maître de lui-même et indépendant de toute autorité de ses semblables, avant qu'il y ait été assujetti par quelque acte humain. D'où vient aussi que, dans cet état-là, chacun passe pour égal à tout autre dont il n'est ni sujet ni maître. »

Que suppose cet état de nature pour qu'il en soit ainsi?

« L'état de nature et sa loi naturelle supposent nécessairement l'usage de la raison; et les règles de conduite, auxquelles un esprit pénétrant et éclairé est tenu de se conformer, ne sont pas différentes de celles que doivent suivre un ignorant et un stupide. Pour ceux qui ne se conduisent absolument que par leurs désirs, ils ne sont susceptibles ni de droit ni de loi. ».

Quelles sont, dans l'état de nature, ces règles?

« L'état de nature, par rapport à ceux-mêmes qui vivent hors de toute société civile, n'est pas la guerre, mais la paix, dont les principales lois se réduisent à ceci : de ne faire aucun mal à ceux qui ne nous en font point; de laisser chacun dans une paisible jouissance de ses biens; de tenir ponctuellement ce à quoi l'on s'est engagé; d'être porté à rendre service à notre prochain, autant que des obligations plus étroites et plus indispensables nous le permettent. »

Chacun connaît-il cette loi?

« La loi naturelle est connue de tous les hommes qui font usage de la raison; il n'est pas nécessaire que tout le monde soit capable d'en démontrer méthodiquement les maximes; il suffit que les esprits les plus médiocres puissent du moins comprendre ces démonstrations lorsqu'elles leur sont proposées, et en reconnaître clairement la vérité en les comparant à la constitution de leur propre nature... Voilà pourquoi la loi naturelle est aussi suffisamment publiée en sorte qu'aucun homme en âge de discrétion et en son bon sens ne saurait là-dessus alléguer pour excuse recevable une ignorance invincible. »

Chacun connaissant cette loi, quel en est le fondement pour tous?

« Voici la loi fondamentale du droit naturel : c'est que chacun doit être porté à former et entretenir, autant qu'il dépend de lui, une société paisible avec tous les autres, conformément à la constitution et au but de tout le genre humain sans exception. »

Chacun a-t-il, en outre, des obligations envers soi-même?

« Chacun est obligé de régler les mouvements de son âme et de les conformer aux maximes de la droite raison... Il doit travailler principalement à se faire une juste idée de lui-même et de sa propre nature... Il doit se proposer une fin conforme à sa nature; diriger convenablement à cette fin principale et ses propres actions et les autres moyens qui y conduisent... De plus, le vrai droit étant uniforme, cela nous engage à former notre jugement de telle manière que nous jugions toujours pareillement des choses semblables, et qu'après avoir une fois jugé nous ne nous démentions jamais... Une autre conséquence qu'il faut tirer de là, c'est que notre volonté et nos désirs ne doivent ni anticiper le jugement droit de notre esprit, ni s'opposer à ses décisions. »

Comment les hommes constitués de cette façon à l'état de nature ont-ils formé des sociétés civiles et politiques?

« Comme on transfère son bien à autrui par des conventions et des contrats, conventions et contrats qui forment l'état civil; on peut de même, par une soumission volontaire, se dépouiller en faveur de quelqu'un, qui accepte la renonciation, du droit que l'on avait de disposer de sa liberté et de ses forces naturelles. »

Tout cela, état de nature et droit naturel, principes et règles, parut à la France du dix-huitième siècle une révélation ; et, par sa simplicité comme par son caractère absolu, se transforma en une foi d'autant plus vive que la situation sociale, administrative et politique du pays était en ce moment plus troublée.

Après Puffendorf, Jean-Chrétien Wolf donna, dans ses *Institutiones juris naturæ et gentium,* en 1740, plus de rigueur à la doctrine, de laquelle Formey fit paraître un extrait en 1758, et que J.-J. Rousseau résuma dans son *Contrat social,* en 1760. Le tout fut enfin mis en pratique en 1789 et eut sa sanction finale en 93.

« Nul ne pouvant faire ignorance des lois naturelles », chacun observera la liberté, l'égalité et la fraternité ! Quiconque n'écoutera que ses désirs sera sans droit et sans loi ! La guillotine remplaça la Bastille ; les caprices des commissaires de la Convention, les anciennes franchises et libertés provinciales ; les tribunaux révolutionnaires, les antiques coutumes.

Quant à la doctrine de Puffendorf, il aurait suffi de l'appliquer aux principes et aux lois des mathématiques, encore plus évidentes que celles de la raison, pour en découvrir l'insondable insanité.

Pour peu que l'on observe l'instinct si précis des animaux, on voit qu'il n'y a que les hommes qui se trompent dans leurs mesures et leurs calculs. Il faut donc établir les principes vrais des mesures et des calculs justes : « A cette fin, considérons l'homme à l'état de nature », et pour se former une idée juste de l'état de nature considéré purement et simplement en lui-même, « figurons-nous un homme tombé pour ainsi dire des nues : » or, cet homme concevra naturellement des nombres et des lignes de la façon la plus simple et par suite la plus juste, et, en poursuivant ces nombres et ces lignes dans toute leur exactitude, on voit les principes et les règles qu'il doit suivre pour ne jamais se tromper. Ce raisonnement fait, on recherche soigneusement les principes les plus exacts, les règles les plus parfaites, découverts depuis Sésostris jusqu'à Legendre et Laplace, et on conclut : « Voilà les lois fondamentales des mathématiques naturelles propres à l'état de nature; quiconque ne les observera pas se précipite de gaieté de cœur dans l'erreur. Il sera sans loi et sans droit. »

III

LA RÉVOLUTION ROMAINE

Ce qu'on est convenu d'appeler la question sociale, où la plupart ne voient qu'un phénomène passager, est en réalité l'expression du grand mouvement économique, social et politique qui a entraîné successivement tous les grands peuples vers le progrès d'abord, puis vers la décadence; mouvement si profond et si large que, devant lui, les événements qui ont reçu des noms dans l'histoire et les hommes qui ont semblé les diriger sont de petite importance; ils ne constituent que des effets et ne sont jamais des causes. La question sociale de nos jours n'est pas plus inhérente au prolétariat et à la bourgeoisie modernes qu'elle ne le fut autrefois au tiers état et aux ordres privilégiés et, dans des temps plus reculés encore, au servage et à la noblesse féodale. Elle se confond avec la civilisation et la décadence des peuples, régies toutes deux par des lois immuables.

Il n'en existe pas d'exemple plus frappant que l'histoire de Rome.

Transformant la révolte des Gracquess en une révolution semblable à celle de France, Mommsen écrit : « Après la bataille de Pydna, l'état romain vécut dans le repos le plus complet durant tout un siècle; à peine si, çà et là, quelque agitation se manifeste à la surface. L'empire territorial s'étendait sur les trois continents et l'éclat de la puissance romaine, la gloire du nom romain allaient sans cesse en croissant; tous les yeux se tournaient vers l'Italie; tous les talents, toutes les richesses y affluaient: il semble que l'âge d'or dût s'y ouvrir au bien-être de la paix, aux joies intellectuelles de la vie. » C'est le contraire qui arriva. L'esprit de coterie succéda aux grandes ambitions, les aperçus mesquins remplacèrent les vues politiques, la guerre contre l'étranger se transforma en luttes intestines.

Mommsen explique cette corruption hâtive par la pensée de Caton se demandant : « ce qu'il adviendrait de Rome quand Rome n'aurait plus à craindre personne ». Cette pensée est un enfantillage. L'absence de guerre ne détruit pas plus qu'elle ne fait le génie d'une classe sociale et la puissance d'un peuple.

« En 603, on institua à Rome une commission permanente chargée d'instruire sur les plaintes des provinciaux contre les magistrats pour faits de concussion: quinze ans après, on décréta le vote secret du peuple ; et vers la moitié du siècle, il n'y eut plus trace d'assignations coloniales. » Ces trois faits, cités par Mommsen, en disent plus que toutes déclamations sur la grandeur du nom romain, l'absence de guerres et la corruption de la noblesse.

Les causes qui troublèrent la paix et entraînèrent Rome vers sa chute remontent aux premières conquêtes qui, loin de ramener l'âge d'or, amenèrent la dessocialisation de la vigoureuse république, à travers des dégradations successives du peuple et de la noblesse, et se résument dans un mot : la question sociale romaine. Aucune classe, aucun génie, aucune guerre, n'auraient eu pouvoir d'en triompher.

La constitution civile et l'organisation militaire de Rome

Émigrants de l'Asie, nomades par conséquent, les ancêtres des habitants du Latium connaissaient l'agriculture avant de s'être séparés des Hellènes; la preuve en est dans les termes communs aux deux langues. Descendus en Italie, ils y continuèrent à cultiver le sol en commun, tels, aujourd'hui encore, le mir russe, la zadrouza balkanique, la commune paysanne de l'Inde; ce n'est que, parvenus dans le Latium dont ils prirent le nom, à moins qu'ils ne lui aient donné le leur, qu'ils se fixèrent définitivement et cessèrent l'exploitation commune. Mais, de ce moment aussi, ils se divisèrent, avec l'accroissement de la population, en tribus distinctes, entre lesquelles les luttes pour l'usage des pâturages, l'extension de la culture devinrent constantes, comme entre toutes les peuplades agricoles qui n'ont pas d'autres liens politiques et sociaux.

Ces luttes fortifièrent, en revanche, l'entente des membres de chaque famille, au point qu'on vit se développer la *gens*. Ce n'est pas d'un ramassis de vagabonds et d'individus étrangers que peut sortir un grand peuple : les historiens romains s'imaginaient que Rome s'était fondée, comme de leur temps se fondait une colonie!

La gens était composée d'hommes liés par la tradition ou le culte d'un aïeul commun; elle se constitua par la force des affections familiales. Le fils restait soumis au père, fût-il lui-même marié et établi de manière indépendante. Les membres des familles composant la gens devaient aide et soutien au chef de la famille principale, et celui-ci était voué aux dieux s'il défaillait au devoir de la protection qui lui incombait. La gens est un des types les plus complets du régime patronal; elle unissait le fort au faible et maintenait l'entente sous l'autorité de la famille aînée. Les différents chefs des gentes formaient un conseil qui entourait le roi nommé par la tribu dans ses comices. Ce roi avait sur la tribu les pouvoirs mêmes du *paterfamilias*, étant chef religieux, chef justicier et chef guerrier. On trouve, dans les Douze Tables, tel texte de loi sur l'autorité du père, qui donne sur cette organisation de meilleures explications que toutes les constitutions successives et que les légendes des historiens.

Les traditions les plus anciennes montrent les Latins divisés en trois tribus : les Romanenses ou Romains habitant la plaine ou la côte, les Tilienses ou Sabins habitant la montagne, et les Luceres que nous pensons avoir été les Albains : cette tribu qui avait transformé les bois sacrés de la peuplade primitive en bourgade et ville sacrée. C'est tout ce que nous savons d'un peu certain sur l'époque la plus reculée de l'histoire du Latium; les trois tribus se fondirent dans la suite sous la domination de rois d'origine étrusque.

L'empereur Claude, qui avait composé une histoire des Étrusques, dit un jour au Sénat : « Nos écrivains veulent que Servius soit né d'une esclave nommée Ocrisia, tandis que les annales étrusques en font le compagnon très fidèle de Cœles Vibenna dont il partagea toutes les chances aventureuses. Chassés de l'Étrurie par les vicissitudes d'une existence hasardeuse, ces deux chefs vinrent occuper le mont Cœlius avec les débris de leur armée, et la colline doit son nom à Cœles Vibenna. Quant à Servius, qui portait comme Étrusque le nom de Mastana, il le changea pour celui sous lequel nous le connaissons aujourd'hui. Par la suite, il parvint au trône, qu'il occupa d'une façon glorieuse et utile pour le bien de l'État. » Ce qui veut dire qu'il parvint au trône en soumettant les Romanenses d'abord, puis les Titienses et les Luceres. Il leur imposa un tribut payable selon le chiffre de la fortune de chacun, et leur donna une organisation militaire uniforme.

A en croire Tite-Live, Appius, Denys d'Halicarnasse, Cicéron, le peuple romain aurait été constitué dès ses origines comme il l'était de leur temps. Dès l'origine, les patriciens, les chefs des gentes auraient distribué des terres, une sportula à leurs clients. Dès l'origine, ils auraient eu des prolétaires, une plèbe, comme celle qui devait se former des siècles plus tard. Pour qu'il y eût des patriciens, il fallait des gentes, et pour que la gens se formât, il fallait des traditions familiales et des affections mutuelles assez fortes pour les maintenir et donner naissance à l'autorité d'un chef commun.

Une autre fable est la prétendue division du peuple romain en métiers. Plutarque en attribue la fondation à Numa. Les métiers se développent d'eux-mêmes, on ne les fonde pas; et en se développant ils donnent naissance à des civilisations d'une extrême complexité, comme celle des cités de la Grèce ou des villes modernes. A Rome, comme chez tous les peuples purement agricoles, on ne connaissait que la division en familles, familles au sein desquelles les divers métiers étaient exercés. Quant aux métiers serviles, ils étaient remplis par des esclaves, et l'on sait qu'à l'origine de Rome l'esclavage fut exclusivement domestique. Le mauvais esclave était chassé et ne trouvait asile dans aucune autre famille. Quand naîtra la question sociale, il en sera autrement. Voisins des Étrusques, plus anciens dans l'histoire et, depuis des siècles, en rapport avec la Grèce, la Phénicie et Carthage, et, dominés par des rois étrusques, les Romains apprirent à construire des routes, à endiguer les eaux, à élever des camps et des forteresses, métiers qui deviendront chez eux comme une tradition de race; mais ils restèrent un peuple agricole, dont l'extension continue deviendra, avec l'accroissement de la population, une condition d'existence.

Les historiens anciens attribuent à Servius Tullius non seulement la constitution politique et militaire de Rome, mais encore une division territoriale répondant à cette constitution. Mommsen répète complaisamment à ce sujet : « En ce qui concerne la division de la bourgeoisie, elle repose sur l'antique formule que dix maisons forment une gens, dix gentes ou cent maisons une curie, dix curies ou cent gentes ou mille maisons la commune; de plus, chaque maison fournissait un homme pour l'infanterie « miles », et chaque gens un cavalier « eques ». Mommsen a peut-être vu en Prusse chaque village, chaque ville porter le numéro et le nom des bataillons auxquels ses habitants appartiennent; mais, si le Grand-Électeur ou Frédéric avaient voulu diviser le pays, en attribuant dix maisons à chaque village, dix villages à chaque seigneurie et dix seigneuries à chaque province, ils eussent entrepris une œuvre insensée.

Les rois étrangers, peu initiés au rôle des familles patronales, divisèrent le peuple, en vue du tribut à payer, selon la fortune de chacun, et appelèrent un nombre de riches subissant un patronage aux mêmes droits que les chefs des premières familles. Ils devinrent les *patres minorum gentium*. L'armée fut organisée dans le même esprit. Chaque tribu fut organisée en dix curies, chaque curie en dix décuries, ayant leurs chefs, tribuns, curions et décurions. Les chiffres de Tite-Live et de Denys sont de leur époque, ainsi que le rôle politique qu'ils attribuent aux centuries. Celles-ci furent toutes militaires : elles comprenaient les jeunes, *juniores*, l'armée active ; et les anciens, *seniores*, l'armée de réserve. Les cavaliers *equo publico*, choisis dans les grandes familles, formaient l'état-major du roi et recevaient leur cheval de l'État ; les cavaliers *equo privato* formaient la cavalerie proprement dite et comprenaient les riches assez opulents pour entretenir un cheval de leurs deniers. Les premières comptaient, outre les plus riches, les charpentiers, nous dirions aujourd'hui les soldats du génie ; la quatrième classe, les *cornicines* et *tubicines*, nous dirions les clairons et les trompettes. La dernière classe, celle des *capite censi*, était composée de citoyens trop pauvres pour fournir leurs armes et leur entretien pendant la guerre ; ceux-ci demeuraient, comme avant la domination étrangère, exempts du service militaire. En retour, ils payaient un impôt de capitation. Les classifications aristocratiques de l'ancienne Rome avaient jadis prédominé jusque dans la légion. Les quatre lignes des *velites*, des *hastati*, des *principes* et des *triarii*, ou, si l'on aime mieux, les soldats et les tirailleurs de première, seconde et troisième, avaient leur organisation spéciale à raison de la fortune, du temps de service et aussi, en grande partie, en raison de la différence de l'armement. Chacun avait sa place déterminée dans l'ordre de bataille, chacun son rang dans l'armée et ses enseignes.

Le régime des rois étrusques fut lourd, autant parce qu'il diminua le nombre des familles patronales que parce qu'il accabla le peuple d'impôts et de corvées. L'armée, si nous nous reportons au cens de 509, comprenait 120,000 hommes, ce qui, pour un peuple tout en armes, peut représenter une population de 600,000 âmes, la population d'un petit duché allemand. Les familles patriciennes se révoltèrent à cette date contre la domination étrangère. C'est principalement l'organisation de la légion qu'il faut avoir présente à l'esprit, pour comprendre la constitution sociale et politique du peuple romain à cette époque de son histoire.

Les rois étrusques furent chassés par les juniores et les seniores de la première classe militaire. Les familles qui composaient cette classe reprirent du coup leur antique autorité, mais conservèrent leurs privilèges militaires. Elles convoquèrent le peuple, non plus dans ses comices par la voix des licteurs et au pomœrium, mais, par centuries, au Champ de Mars, au son des trompettes; en même temps on consultait les auspices, comme pour une guerre. C'était l'organisation militaire transformée en constitution politique.

Le roi étrusque fut remplacé par deux généraux en chef nommés annuellement, et commandant en temps de paix, comme en temps de guerre : ce furent les consuls. La fonction royale fut réduite à l'office de *rex sacrorum*, roi des sacrifices; les familles secondaires de la gens se transformèrent en une clientèle avec ses traditions d'attachement à la famille patronale; et les familles patronales, réunies en une classe à la fois militaire et politique, devinrent un patriciat. La masse des citoyens convoqués par centuries au Champ de Mars perdit toute action sur les affaires publiques.

La première classe, comptant 98 centuries, eut, à elle seule, 98 suffrages sur 195 exprimés en tout. En cas de partage d'opinions, la deuxième classe décidait de la majorité; il était rare que la troisième jouât un rôle. Les dernières n'étaient jamais consultées. Les fils de patriciens continuèrent de recevoir, en temps de guerre, leurs chevaux du trésor public; ils servirent dans l'état-major des consuls. Après dix ans d'initiation aux fonctions militaires, ils pouvaient se présenter aux fonctions publiques qui continuèrent, jusqu'à la fin de la vie politique de Rome, à se confondre avec les fonctions militaires. Les chevaliers *equo privato*, les riches n'appartenant pas aux familles patriciennes, continueront à former la cavalerie, sans recevoir l'initiation aux fonctions publiques de l'armée; ils pouvaient, à titre exceptionnel, être appelés à assister aux séances du sénat : c'était un moyen que le patriciat avait trouvé de se concilier la deuxième classe de l'armée et de la société. Mommsen et la plupart des historiens y voient le premier pas vers l'égalité de tous les citoyens. Ce fut la consécration d'une république essentiellement aristocratique et militaire, soutenue par tout un peuple de paysans-soldats profondément dévoués aux descendants des antiques familles patronales. Par ces faits, et par ces faits seuls, s'explique la puissance croissante de Rome qui, occupant un territoire que l'ennemi pouvait traverser en un jour, s'éleva à la domination du monde. Enfin, le Sénat se réservait de choisir en cas de danger, parmi les consulaires, un dictateur, commandant supérieur jouissant de tous les pouvoirs des anciens rois étrusques, mais ne pouvant demeurer en fonction plus de six mois.

Ajoutons que, si le peuple conservait son attachement aux anciennes familles patronales, il conservait aussi le souvenir du rôle qu'il avait joué dans les affaires publiques avant la domination étrangère. Il suffit que des consuls impopulaires fussent appelés au pouvoir, ou qu'ils tendissent à rétablir les procédés de la royauté étrusque, pour qu'une nouvelle scission devînt inévitable. Quinze ans après le soulèvement des familles patriciennes, éclata une seconde révolte, mais celle-ci partant du peuple. Il n'y eut point de guerres civiles, Rome n'en était pas encore là ; mais le peuple réuni par centuries se retira sur le Mont-Sacré. Les négociations durèrent deux années jusqu'à ce que le Sénat eût concédé au peuple la faculté de réunir ses anciens comices et d'élire deux tribuns qui, en face des deux consuls, représenteraient le peuple dans toutes les délibérations des premières centuries, et qui eurent le droit d'arrêter par leur *veto* les décisions des centuries comme celles du Sénat.

Ainsi, la nouvelle république se trouve entièrement constituée. Si l'on excepte le *veto* des tribuns, elle resta aristocratique et militaire, et, en outre, essentiellement agricole. Alors, continuant d'agrandir son territoire, elle commença sa période de guerres contre les villes et les peuples de l'Italie. Mais, parallèlement, se développa chez elle la question sociale, non plus sous la forme de révoltes, mais lentement, sourdement, à mesure que les conquêtes s'étendaient. Rien ne paraît encore à la surface, car l'attachement à la chose publique reste le même ; le dévouement aux anciennes familles patronales est complet, si bien que les Romains peuvent passer sous les fourches caudines, voir leur ville incendiée par les Gaulois ; ils peuvent être décimés par Annibal, sans se laisser abattre, sans jamais traiter après une défaite, et sortent, finalement, victorieux de toutes les luttes.

Les historiens romains qui, par patriotisme, n'avouent pas la domination étrusque, n'ont jamais pu expliquer la grande révolution politique, ni la transformation sociale profonde que cette domination entraîna. A leurs yeux, c'est la belle et sage Lucrèce qui a causé la chute des rois, et, comme s'il s'agissait du temps de Marius et de Sylla, ce sont les dettes et surtout la vue d'un centurion blessé à vingt-huit batailles, chargé de fers et déchiré de coups par ses créanciers, qui ont exaspéré le peuple au point de lui faire refuser l'obéissance aux consuls. Les historiens ont accepté ces contes. Mommsen trouve bien que quinze ans ne sont pas une durée suffisante pour une transformation aussi radicale de tout un peuple, ce qui ne l'empêche pas de faire à ce propos une violente sortie contre le capital, confondant non seulement les différentes époques de l'histoire de Rome, mais encore ces époques avec la nôtre.

Niebuhr comprend mieux la retraite du peuple sur le Mont-Sacré : il suppose une révolte de citoyens campagnards contre les citadins ; pour lui, les deux partis négocièrent pendant deux ans en quelque sorte comme l'auraient pu faire, sous l'ancien régime, Berne ville et Berne campagne. Légendes interprétées avec nos idées modernes et qui font de l'histoire de Rome un non-sens.

Ce qui a fait la puissance de Rome, c'est son état économique si simple et sa constitution sociale si forte, qui amenèrent la cité à transformer son organisation militaire, imposée par les chefs étrusques, en une constitution politique. Le restant du monde connu se composait alors, comme l'Etrurie, la Grèce, Carthage, l'Asie mineure, d'États en pleine désorganisation, ou, comme l'Ibérie, la Gaule, la Germanie, la Thrace, la Numidie, de peuples barbares déchirés par des luttes incessantes entre tribus, luttes dont Rome venait de s'affranchir.

Origine de la Question sociale

Deux siècles durant, Rome maintiendra la supériorité de sa constitution sociale, politique et militaire. A chaque difficulté sur les frontières, elle reprend ses guerres, et, malgré des défaites successives, ne cesse d'étendre ses conquêtes.

Mais, par cela même qu'elle s'était donné une constitution sociale militaire et politique irrésistible, elle cessa de s'assimiler les populations vaincues. C'est alors qu'on voit poindre la question sociale. Impuissante à s'assimiler les vaincus, Rome tantôt les extermine et tantôt se contente, tout en respectant leurs institutions, d'annexer leur domaine public et de vendre une partie d'entre eux comme esclaves. Il fallait, après cela, exploiter ce domaine, employer ces esclaves, maintenir les vaincus en sujétion. La classe patricienne et les riches se chargèrent de la tâche; mais, du même coup, ils s'éloignèrent des classes inférieures et perdirent non seulement les traditions familiales qui les unissaient au peuple, mais jusqu'à l'intelligence de ses besoins. Les anciens fidèles et dévoués de la *gens* firent place aux besogneux, aux intrigants, aux affranchis, qui, étrangers à toute tradition, ne s'attachaient plus qu'aux riches et à leur influence. En vain promulgua-t-on les lois liciniennes prescrivant que le nombre des esclaves employés sur les domaines ne pourrait dépasser celui des hommes libres; des esclaves de plus en plus nombreux furent occupés à cette exploitation; ils ruinèrent peu à peu les petits agriculteurs de la campagne latine. Un à un, ceux-ci vendirent leurs terres et émigrèrent dans la ville, y apportant leur pécule, quand, déjà, les richesses des provinces y affluaient. Nous allons voir se former la plèbe romaine. Tandis que les esclaves des patriciens exploitaient les domaines, ceux des riches exerçaient les métiers dans les villes. Les affranchis, ainsi que les étrangers accourus pour satisfaire les goûts de luxe auxquels les richesses conquises avaient donné naissance, formèrent ce qu'on appela l'ordre des métiers. Les paysans, hommes libres émigrés dans les villes, n'eurent d'autre ressource que de vivre d'abord de la vente de leurs terres, puis du butin qu'ils rapportaient d'une guerre, puis de dettes, et enfin de politique. Pour enrayer la corruption des votes, on les rendit secrets, et, d'autre part, on fit, à différentes fois, des allocations de terres dans les provinces conquises. Ces allocations aidèrent encore à fortifier l'ascendant de Rome, et nous verrons bientôt le rôle considérable qu'elles ont joué; mais, seuls ceux qui connaissaient la culture de la terre pouvaient en bénéficier; les autres, dont les pères avaient quitté les champs, en ignoraient le travail et ne savaient plus se plier aux conditions d'existence qu'il impose. Ils devinrent des sans-travail; car il ne leur restait d'autres moyens de subsistance que la politique, les dettes et le butin de guerre. Ce régime prit naissance à la suite des premières conquêtes. Il s'accentua à mesure que Rome étendit son territoire. Nul n'en soupçonnait la cause; il augmentait en gravité chaque jour où un consul rapportait ses trophées, où un soldat rentrait chargé de butin, où un paysan émigrait dans la ville.

Et, à mesure que le patriciat s'éloigne de sa clientèle, se dessine la situation qui apparaît chez tous les peuples quand une classe dirigeante, quel qu'en soit le rôle politique, se sépare des classes inférieures, perdant l'intelligence de leurs conditions d'existence sociale et politique. Ces conditions, elle ne les voit plus qu'à travers les revendications des agitateurs populaires. Ceux-ci ne connaissant la direction du peuple ni par l'usage, ni par tradition, ne font appel qu'à ses passions. Que la classe dirigeante subisse ou repousse leurs volontés, c'est pour elle la déchéance. Elle s'accentue avec le temps. Sans liens désormais avec les classes inférieures, la classe dirigeante ne conserve plus que le souvenir des droits que ces liens lui ont légués, et s'y cramponne avec d'autant plus d'acharnement que ces droits font son unique raison d'être. Les oppositions grandissent à chaque interprétation, non plus des droits et des fonctions, mais des devoirs et des obligations. Ces notions se troublent à leur tour, les mots prennent un sens mobile; ce qui est droit pour l'un est tyrannie pour l'autre; ce qui est une nécessité sociale aux yeux de celui-là, devient aux yeux de celui-ci un crime, et à l'affaissement intellectuel s'ajoute l'affaissement moral. La ruine de la classe dirigeante n'est plus qu'une question d'années; on la voit disparaître dans les luttes civiles devant une nouvelle classe dirigeante qui a grandi à côté d'elle, ou bien on la voit s'effondrer sous la conquête étrangère, car elle est devenue également incapable de comprendre et de diriger le peuple pour le maintien de ses institutions que pour la défense de ses frontières. Quant au peuple, tant qu'il conserve ses traditions de travail régulier, il demeure, du commencement à la fin, la source inépuisable de toutes les transformations politiques et sociales. Du moment que ces traditions se perdent à leur tour, on voit naître et se succéder les crises dans la production : les alternatives de misère et de fortune rompent non seulement les liens sociaux et politiques du peuple, mais jusqu'à ses habitudes de labeur; il se transforme en une masse famélique et misérable que les démagogues conduisent, comme par la main, à toutes les bassesses et à tous les crimes. Bientôt il n'est même plus soutenu par le préjugé des rangs, suprême illusion des classes dirigeantes. L'aphorisme du moraliste, « que les richesses et les misères sont également corruptrices », est une loi de l'histoire qui régit la destinée des peuples.

A mesure donc que le patriciat perdait la direction du patronat, son ancienne clientèle s'attachait aux seuls patriciens capables de retenir leurs suffrages par des largesses. Combien de patriciens durent se ruiner à ces jeux! Car à mesure que la petite culture disparaissait devant la concurrence des grands domaines à esclaves, les propriétaires de ces domaines épuisaient leurs richesses en prodigalités, pour soutenir leur autorité en face de la masse des sans-travail qu'ils avaient créés. Ils n'avaient plus qu'une issue : obtenir des charges publiques dans les provinces, pour en revenir enrichis par la concussion et soutenir leur rang par les mêmes ruineuses prodigalités; et plus les richesses croissaient, plus le nombre des affranchis grandissait, plus les étrangers affluaient, plus le luxe augmentait, et plus le vrai peuple romain était misérable. Un moment, au fort de sa lutte contre Annibal, Rome parut vouloir se ressaisir. Ce fut une illusion : le vainqueur d'Annibal porta le régime à son comble. La révolution était accomplie, la guerre sociale devenue inévitable.

Rome dominait, il est vrai, sur les trois continents; mais combien changés étaient les Romains! Le patriciat n'était plus qu'une simple noblesse, riche ou besogneuse à l'excès, et la classe de ces citoyens aisés, qui portait encore le nom d'ordre équestre, une bande de publicains, prenant à ferme la perception des impôts ou des tributs payés par les provinces conquises; ils doublaient par leurs exactions les concussions des patriciens. Entreprenant les grands travaux publics avec des milliers d'esclaves, quand les légions elles-mêmes étaient impuissantes à les accomplir, ils commencèrent à dominer et la vie économique et les conditions financières de la grande cité. En vain promulgua-t-on des lois interdisant aux familles patriciennes de se mêler à ces spéculations; à mesure que la classe populaire, devenue la plèbe ou plutôt la masse des sans-travail, se livrait mécontente à tous les ambitieux, non seulement les traditions et les mœurs, mais encore le génie politique et l'esprit militaire se modifiaient, et l'on vit s'ouvrir avec les Gracques, pour se fermer avec Auguste, non pas l'âge d'or, mais la révolution. Il n'y aurait eu ni Tibérius, ni Caïus Gracchus, ni Marius, ni Sylla, ni César, la révolution se serait déroulée sous d'autres chefs et sous d'autres formes; mais elle aurait produit des effets similaires et abouti à la même fin : les tentatives de réorganisation administrative et l'autocratie des Césars. On ne refait pas un peuple socialement désorganisé.

La désorganisation sociale et la révolution politique

L'avènement des peuples s'explique par leur constitution sociale et leur organisation politique; leur disparition est plus difficile à analyser, à cause d'une illusion qui en fait attribuer la cause à leurs vainqueurs. Montesquieu, déjà, en faisait l'observation. Cependant, le même Montesquieu, en parlant de la décadence des Romains, répète les auteurs anciens, et Mommsen, voulant les corriger, les rend inintelligibles. Mieux que la dissolution de la Grèce, la désorganisation de Rome nous donne une image de celle dont nous sommes menacés. La déchéance graduelle de son patriciat est comparable à celle de notre noblesse; ses publicains ont eu le rôle de notre haute bourgeoisie; ses savants rhéteurs font penser aux nôtres, et, dans sa plèbe, on voit le fidèle tableau de ce qu'est en voie de devenir le prolétariat moderne. Les deux civilisations ne diffèrent que par un côté : l'existence de l'esclavage chez les Romains; mais, si l'on songe aux conséquences produites par l'emploi des machines, dont les anciens déjà nous ont donné l'exemple, cette différence disparaît. Rome eut ses époques d'horreurs et d'assassinats, comme nous, et elle a connu, comme nous, des actes d'abnégation et de dévouement admirables; comme la France moderne, Rome remporta des victoires éclatantes et maintint son patriotisme à travers une dissolution sociale croissante; ses héros et ses réformateurs restèrent aussi impuissants que ses conspirateurs révolutionnaires; ni les uns ni les autres ne comprirent les événements qui les emportaient, et c'est dans des rêves utopiques, des déclamations creuses ou des formules abstraites, que l'on crut trouver, comme on le croit de nos jours, le remède à la disparition des affections sociales qui, seules, fondent et maintiennent les États.

Les premières mesures proposées par les Gracques révèlent déjà la profondeur du mal dont Rome souffrait et l'impuissance de ses hommes d'État à y remédier. En l'année 134 av. J.-C., Tiberius Gracchus est nommé tribun. Il propose une loi agraire par laquelle il retire, sans indemnité à leurs occupants, toutes les terres domaniales à l'exception de celles affermées, et, simultanément, demande le partage des trésors des rois de Pergame à titre de frais de premier établissement pour les nouveaux colons. Il ne songeait pas que le partage des richesses des Atlantides, en donnant au peuple des capitaux d'exploitation, ne lui rendait pas la pratique et les connaissances agricoles nécessaires pour s'en servir. Les mesures échouèrent. A l'instigation du patriciat, Tiberius fut assassiné.

Caïus Gracchus, plus homme d'État que son frère, comprit que le peuple romain était devenu incapable de coloniser, et, tout en maintenant la loi agraire, fit voter que le blé de la dîme provinciale qui avait été distribué au peuple, à diverses reprises, en temps de disette, lui serait régulièrement abandonné à moitié prix du cours le plus bas. Pourquoi nourrir le peuple, si la loi agraire fournissait une solution à la crise sociale, et pourquoi maintenir la loi si l'on nourrissait le peuple ? On fit quelques tentatives illusoires de colonisation. La révolution ne s'arrêta pas. Restait à briser l'opposition du Sénat. Caïus présente une autre loi, qui déférait le jugement des concussions patriciennes à l'ordre des chevaliers. Bien plus, par un plébiscite, il fait donner à ces derniers la perception des taxes directes et indirectes dans les provinces d'Asie. C'était habilement faire la scission entre les patriciens et les publicains. Ceux-ci, unis au peuple, firent passer les nouvelles lois : mais quand, pour avoir des colons sérieux, Caïus appela au droit de cité les Latins, et accorda les droits des Latins aux fédérés italiques, les Romains l'abandonnèrent et il fut, à son tour, assassiné. En jugeant aujourd'hui le généreux tribun, nous sommes tenté de trouver ces derniers projets aussi justes qu'humanitaires. La raison ne peut malheureusement pas mieux les approuver, que la loi agraire doublée de l'annone ou du partage des trésors : puisqu'il voulait affranchir les provinces, Caïus ne devait pas les livrer aux exactions de l'ordre équestre.

De ce moment, les grandes lignes de la dissolution romaine sont tracées. Mommsen parle alors d'une restauration. En politique, on ne peut restaurer des institutions que d'une manière extérieure et superficielle, quand les traditions sociales, qui en faisaient la force, sont en ruine. Le Sénat, il est vrai, reprend le pouvoir, mais pour gouverner avec les moyens mêmes des Gracques. D'ailleurs, il met dans ses actes trop de lenteur et de confusion. Marius et Drusus cherchent, à leur tour, à réaliser les réformes inaugurées par les Gracques, le premier agissant au nom du peuple, le second au nom du Sénat. Drusus est assassiné, Marius est chassé par Sylla. Marius revient régner, au nom du peuple, par la terreur. Cinna le remplace, il est massacré, et Sylla revient pour régner à son tour, au nom du Sénat, par la terreur. Meurtres, assassinats, lois de proscription, révoltes et luttes intestines croissent dans des proportions de plus en plus grandes. Sylla entreprend vainement une espèce de réforme administrative; la lutte éclate entre Pompée et César, et la guerre civile se répand sur toute l'immensité de la république romaine. Nul, parmi les patriciens et chevaliers, sénateurs et tribuns, consuls et dictateurs, poursuivant l'affranchissement ou la domination du peuple, ne se doute que, tous, ils travaillent à la désorganisation de l'état social.

Rome percevait des dîmes en nature sur les provinces de Sicile et d'Afrique, prélevait des tribus sur ses alliés et des impôts sur les provinces d'Asie. Nobles et publicains avaient besoin d'esclaves pour cultiver leurs vastes domaines, exploiter leurs pâturages, créer leurs plantations, entretenir leurs viviers et réaliser leurs vastes entreprises de spéculation. Et l'on voit augmenter non seulement à Rome, mais dans toutes les grandes villes italiennes, les sans-travail. Le traitement des esclaves, tout familial à l'origine, prit le caractère cruel et impitoyable de l'esclavage industriel. L'esclave devint une machine de travail. Les révoltes d'esclaves éclatent; elles se succèdent sans interruption jusqu'à ce que les maîtres, par les excès mêmes de la répression, subissent la même dégradation morale que leurs victimes. En même temps, les exactions et les abus de pouvoir font éclater la guerre en Espagne, en Afrique, en Asie, en Macédoine. Enfin, de toutes parts, il fallait se défendre contre les barbares. L'armée romaine ne suffit plus; il fallut se servir des alliés italiens. Leurs paysans et citadins appauvris accoururent sous les drapeaux et, rentrés avec leur butin, exigèrent des allocations de terres avec droit de cité. Le droit de cité fut refusé, et l'on vit les villes se révolter en même temps que les esclaves. Elles aussi furent écrasées; mais le mal le plus grand fut que les troupes alliées se donnèrent au consul romain qui conduisait Rome à la victoire, c'est-à-dire au butin. Et, de ce côté encore, il n'y avait point d'issue : accorder le droit de cité aux villes italiennes alors que Rome conservait encore sa constitution aristocratique et militaire, c'était la ruine immédiate, et, ne point se servir de leurs contingents dans les expéditions lointaines, c'était encore la ruine. En revanche, les revendications si légitimes des provinces qui contribuaient si largement aux charges militaires et financières de la cité souveraine amenèrent ce résultat : que les grandes familles, perdant leur clientèle à Rome, retrouvèrent une autre manière de clientèle dans les provinces, dont elles prirent en main la protection, dont elles adoptèrent les mœurs, les usages, voire les croyances. Quelques historiens ont fait, de ce moyen d'existence qu'avaient trouvé les grandes familles patriciennes et qui fut pour Rome un moyen de maintenir sa domination, une des causes de la décadence romaine.

Une seconde cause de cette décadence est attribuée, par une erreur semblable, à la désorganisation de l'armée. « Sénat et chevalerie, citoyens et prolétaires, Italiens et provinciaux, écrit Mommsen, avaient reçu la constitution de Sylla, sinon sans murmure, du moins sans résistance. Il en fut autrement de ses officiers. L'armée romaine s'était changée de « landwehr », milice, qu'elle était d'abord, en un corps de soldats mercenaires, ignorant la fidélité à la patrie et fidèles au général dans la mesure seulement où celui-ci a su se les attacher. Cette décadence totale de l'esprit militaire s'était manifestée bien tristement durant la guerre sociale. » Une fois de plus Mommsen prend quelques faits accidentels pour des faits essentiels : ce fut, au contraire, l'armée qui, par son organisation puissante, continua à dominer toutes les luttes civiles. L'armée romaine ne fut jamais une milice. Elle rappelle plutôt, dès ses origines, la constitution que Frédéric II donna à l'armée qu'il tira des vieilles provinces prussiennes, dont il fit, tout en imitant l'organisation militaire des armées de Louis XIV, un reflet vivant de la constitution du pays, et dont le recrutement régional, encore en usage en Allemagne, est la dernière tradition. Aussi, malgré la transformation que l'armée romaine subit lentement, à travers la déchéance de la noblesse et la diminution de la classe riche, elle conservait les fortes lignes de solidarité sociale et de dévouement à la chose publique qu'elle eut à son origine. Elle en donne encore, tout comme le peuple d'ailleurs, dont elle est issue, des preuves sans nombre durant cette longue et sombre période de la révolution sociale. En vain Jugurtha la fait passer une nouvelle fois sous les fourches caudines; en vain, mal commandée, subit-elle des défaites sans nombre, dont quelques-unes rappelèrent le désastre de Cannes; après chaque échec ce peuple merveilleux se relève et fournit des armées nouvelles : il défait les Cimbres et les Dalmates, avance sur le Rhin et le Danube, triomphe de Mithridate et des Parthes, sans plus se laisser abattre que durant son époque héroïque.

S'il est égaré par les ambitieux et les traitants, leurré par ses tribuns, sans cesse il se ressaisit, et, au moment où ses classes dirigeantes, consuls et proconsuls, dictateurs et tribuns, ont usé jusqu'à la corde la constitution politique sortie de l'antique organisation militaire, il ne s'attache finalement qu'à ses imperators; car eux seuls peuvent le débarrasser du fardeau que font peser sur lui « l'imbécillité » de la noblesse et « la cupidité » des publicains.

Il est une raison pour laquelle l'histoire de Rome est unique au monde : c'est que ce peuple, à l'origine exclusivement composé de paysans-soldats, resta, après que les classes dirigeantes en eurent accaparé les terres, un peuple de soldats. Jamais l'Empire, même au temps de sa pire dégradation, n'a présenté le spectacle de ces hordes mercenaires dirigées par les condottieri italiens, sa destinée eût été aussi éphémère que celle des villes italiennes. Bien au contraire, l'Empire romain gouverna le monde, fit régner une paix que la République même n'avait pas connue, et atteignit un degré de puissance et d'autorité dont l'empreinte profonde est restée marquée sur l'Europe jusqu'à nos jours.

L'Empire

Mommsen fait, de l'histoire de la République romaine, un piédestal sur lequel il dresse César. L'historien allemand voit en César le fondateur de l'Empire.

L'œuvre de César résume tous les efforts faits par ses prédécesseurs, depuis les Gracques jusqu'à Pompée, pour mettre un terme à la dissolution sociale. Un moment il sembla qu'il allait réussir. C'est ce que Mommsen a parfaitement montré. A l'imitation des Gracques, César établit des colonies transmaritimes, mais ses vétérans les lui imposèrent bien plus que le peuple de Rome. A celui-ci, il laissa l'annone des Gracques en s'efforçant d'en réglementer les abus ; il y ajouta le don gratuit de l'huile pour les bains. Comme l'avait fait Sylla, il augmenta le nombre des sénateurs, et, comme tous ses prédécesseurs, accorda des droits de cité sans nombre, en particulier à la Transpadane et à la Sicile ; au point que la République compta après lui quatre millions de citoyens en état de porter les armes. « Ce fut le triomphe de la démocratie », observe l'historien allemand ; bien au contraire, ce fut le triomphe des aristocraties provinciales. César édicta un nouveau règlement sur les banqueroutes, fit des lois contre l'usure, réglementa les impôts et encouragea l'agriculture : gouttes d'eau jetées dans une mer démontée par la tempête sociale.

Il se fit nommer tribun, consul, grand pontife, il assuma en outre la charge d'augure. C'étaient les pouvoirs des vieux rois étrusques. « La restauration de la monarchie! » s'écrie Mommsen. C'était le maintien des grandes charges publiques qu'il saisit en prenant tous les droits d'un dictateur, sans avoir été régulièrement nommé. En vain, on lui décerna le titre d'imperator, il le perdit en licenciant son armée. Mais, de cette armée, il conserva la forme administrative, en continuant à gouverner les provinces soumises par lui, de la façon même qu'il les avait gouvernées lors de leur conquête ou de leur occupation, par ses propres employés ou affranchis. Elles devinrent les provinces proprétoriennes, tandis que les autres demeurèrent les provinces proconsulaires, dont les gouverneurs étaient à la nomination du Sénat et du peuple. Aussi le Sénat, loin de se transformer en un simple conseil monarchique ou municipal, ne songea pas à abdiquer sa puissance, et si, dans ces conditions, on offrit le titre de roi à César, il eût commis un non-sens en l'acceptant. Mais il refusa aussi une garde prétorienne, méconnaissant l'unique ressource que Rome possédait pour échapper à une dissolution sociale et politique complète : l'armée. Moins heureux que Marius et Sylla, César fut assassiné, et la guerre civile reprit plus désolante, plus implacable que jamais. De son œuvre, Rome ne conserva que ses écrits de fin lettré et ses conquêtes de merveilleux général, qui, un moment, avaient paru devoir la faire sortir de l'anarchie.

C'est qu'il n'y avait plus de solution. Le travail des esclaves continuait de prendre des proportions de plus en plus grandes; les spéculations des publicains ruinèrent de plus en plus ce qui restait de ressources au peuple. Les patriciens, dans leur ambition, persistèrent à rechercher les suffrages en comblant la plèbe de fêtes et de largesses; ils espéraient regagner, et bien au delà, l'argent dépensé, une fois qu'ils seraient au pouvoir.

Paraît Octave. Vainqueur d'Antoine, il établit huit cohortes de mille hommes chacune en Italie, dont trois, aux portes de Rome. Ces dernières devinrent sa garde prétorienne. Il en double la solde et crée l'armée permanente, dont il reste, de fait et de droit, l'imperator. De ce moment, l'Empire est fondé, car seule l'armée avait conservé les dernières traditions de cohésion et de discipline sociale. Octave, devenu Auguste, abolit les dettes, place les ministres, envoyés privés de César, dans une situation qui en fait de véritables fonctionnaires publics, nommés à vie et responsables devant lui seul.

A Rome, il maintient l'annone qui devient un moyen régulier de gouvernement; crée une police civile et prélude à la séparation de l'administration civile d'avec l'administration militaire, séparation qui s'achèvera avec la disparition de Rome comme cité souveraine. Lui-même reste tribun, consul, grand pontife; mais, fermant le temple de Janus, il est nommé prince du Sénat. Sur les seize années de son règne, il en passe onze loin de Rome, occupé à l'organisation des provinces et à la défense de l'Empire.

Ce fut l'époque de splendeur de Rome. Les légions établies aux portes de la ville assurèrent la tranquillité publique, et tous les esprits pondérés, réfléchis, purent se grouper paisiblement autour de l'empereur Auguste. Il trouva parmi eux des administrateurs admirables, des généraux dévoués; les lettres et les arts prirent un éclat extraordinaire. Époque curieuse à plus d'un titre : elle précéda la dissolution sociale complète de l'antique cité, et inaugura l'avènement des provinces au gouvernement du vaste Empire. Ce fut un moment de concentration générale de toutes les forces.

Contrairement à César, Auguste ne cessa de s'opposer à l'extension des droits de cité ; il alla jusqu'à en recommander le refus dans son testament. Ce fut le salut de l'Empire, en même temps qu'un exemple de l'erreur qu'il y a à appliquer à une époque les idées d'une autre. Il n'est pas un historien moderne qui ne voie dans cette opposition, la cause de tous les désordres qui suivirent le règne d'Auguste. Celui-ci aurait dû, assure-t-on, transformer les assemblées provinciales en assemblées législatives en les ouvrant à tous les citoyens, et, du Sénat, il aurait dû faire une assemblée générale, puisqu'on y appelait déjà tant de familles provinciales. C'eût été la dissolution immédiate de l'Empire, car ces assemblées n'auraient pas tardé à devenir l'expression de toutes les oppositions provinciales qu'il fallait contenir, et cette assemblée générale serait devenue une tour de Babel où se seraient heurtés non seulement toutes les langues, mais les traditions et les intérêts les plus opposés.

Après tout un siècle de luttes civiles, le peuple de Rome, aussi bien que les classes dirigeantes, avaient perdu tout sentiment social, et, par cela même, toute faculté de concevoir des vues politiques d'ensemble, et le peuple était devenu aussi incapable de supporter, que les classes dirigeantes de réformer les institutions vieillies. Ne s'attachant qu'aux mots, échos de leur ancienne puissance, les uns, comme les autres, s'imaginaient qu'en se servant des mêmes mots ils ressaisiraient cette puissance évanouie. Devenus incapables de juger la portée réelle des faits, les habitants de Rome, car le peuple romain il faut, à partir d'Auguste, le chercher ailleurs, ne virent plus derrière ces mots que la satisfac tion de leurs intérêts personnels. Dans les provinces, les empereurs romains, après Auguste, trouveront des ressources admirables, parce qu'il y existe encore un peuple romain ; mais, à Rome même, Tibère, Caligula, Claude, Néron, Vitellius sont loin d'apparaître comme des figures exceptionnelles : ce sont les types que fournit la noblesse de Rome, aussi corrompue moralement qu'intellectuellement déchue.

Trajan commence le règne des empereurs provinciaux et, avec ceux-ci, une nouvelle période de gloire pour l'empire, période qui se terminera avec le siècle des Antonins. Rome même n'est pas plus digne d'attention que ses historiens occupés à la narration de ses misères et de sa déchéance ; mais la vraie Rome, qui s'était élevée à la domination du monde par la force de ses traditions familiales et de sa constitution sociale, s'était reformée par ses colonies militaires. La cohorte ou la légion, arrivée sur les champs qui lui étaient alloués, se partageait les terres par centuries ; on en reconnaît la division sur certaines terres italiennes ; on pourrait la retrouver dans nos vieilles cités romaines. Dans les provinces occidentales, les populations encore barbares adoptaient le langage des légionnaires qui se les assimilaient ; les commerçants de Rome se mettaient en rapport avec eux, et les affranchis, comme les étrangers, accouraient pour exercer les métiers nécessaires à l'épanouissement de la colonie, qui ne tardait pas à devenir une belle et brillante cité. Romains d'origine et citoyens privilégiés, les enfants des légionnaires prirent un rôle de plus en plus prépondérant. Le grand-père avait couché sous la tente ; les petits-fils construisaient et habitaient des villas, des esclaves cultivaient leurs terres. A côté des principales familles des provinces conquises, ils en dirigeaient les destinées.

Si nous portons nos regards vers les provinces orientales, nous voyons une différence : celles-ci jouissant d'une civilisation très avancée; les légionnaires colonisants en adoptèrent la langue, mais y régénérèrent, comme ailleurs, l'organisation politique et administrative. En Espagne, dans les Gaules, en Asie Mineure, en Afrique, le mouvement est général. C'est dans les provinces que se reconstituent les écoles de jurisprudence d'où sortiront les grands jurisconsultes romains. C'est là que se reforment des hommes d'État à vues pratiques et profondes, des généraux qui conduiront les armées à de nouvelles victoires. Par ces faits, on voit combien Auguste eut raison de ne pas confier le droit de cité à des villes qui n'étaient pas d'origine romaine.

Les Antonins passent, la question sociale reprend cette fois dans l'Empire entier. Celui-ci avait acquis une vitalité qui lui permit de se maintenir, qu'il y eût deux empereurs à la fois ou qu'il n'y en eût pas, que le Sénat nommât un incapable ou que les prétoriens missent l'empire à l'encan. Là n'est point le danger : il est dans la question sociale, qui avait reparu dans les provinces sous les mêmes formes qu'à Rome, et dont l'expression dernière fut l'avènement au pouvoir impérial de fils d'affranchis et d'esclaves.

Durant les luttes civiles, le peuple romain avait refusé le droit de cité aux villes italiennes; sous l'Empire, il refusa de même, aux affranchis exerçant les petits métiers, l'égalité civique. Ceux-ci étaient cependant parvenus à se donner une petite organisation. Aux funérailles de l'empereur Pertinax, on les vit dans le cortège avec leurs bannières. Aux triomphes de Gallien et d'Aurélien, à l'entrée de Constantin dans Autun, les corporations des petits métiers prirent, de même, officiellement leur place dans les cortèges. Des historiens modernes croient reconnaître dans ces manifestations, la puissante organisation de nos corporations du moyen âge, de même qu'ils découvrent, dans la transformation que subit à cette époque l'esclavage agricole, le servage féodal. Le colon esclave devient *instrumentum feudi ;* il est attaché à l'exploitation, comme le bœuf, la charrue et tout le matériel nécessaire. S'il s'enfuit, il est poursuivi comme un esclave déserteur. Il a bien cessé d'être l'esclave industriel qu'on mène par troupeaux ; mais, entre lui et le serf du moyen âge, il existe un monde, car le serf reprendra avec son seigneur les rapports de l'antique client avec son patron. Il en est de même des prétendues corporations : un système sévère, inexorable en ordonnait la réglementation. Les associations pour les fêtes publiques et les cortèges devinrent une sorte de geôle ; l'artisan n'y trouvait pas une protection contre les injustices des grands et les caprices du sort, mais la plus dure des servitudes. « Attaché à son art comme le serf à la glèbe, enfermé jusqu'à sa mort dans la corporation où il est né, il ne peut désormais abandonner son métier que lorsque la vie même l'abandonnera. » Quels rapports y a-t-il entre ces pauvres esclaves et nos corporations du moyen âge qui luttèrent contre les seigneurs et firent tomber des couronnes ?

Un troisième phénomène social se rattache aux précédents : l'apparition des bénéfices militaires ; les titres de « duc » et de « comte » viennent s'y ajouter, et nos historiens en font encore dériver les institutions du moyen âge. Les titres furent transmis, avec la langue, aux peuples soumis, comme aux peuples barbares de l'invasion ; mais, dans des conditions moralement et matériellement si différentes qu'elles en font une nouvelle institution. Toutes ces mesures, les unes prises contre les esclaves et les petits métiers, les autres en faveur des chefs barbares, sont l'expression non seulement de la dissolution sociale, mais de la déchéance absolue de la grande race et du grand peuple romain.

Des affranchis et des esclaves s'élèveront au pouvoir impérial parce que, tenant aux basses classes, ils conservent un certain instinct des besoins et des conditions d'existence du peuple. Les mesures contre les esclaves des campagnes et les petits métiers des villes étaient devenues une nécessité, parce que la noblesse et les citoyens des provinces avaient rejeté, à l'instar de l'aristocratie et de l'ordre équestre de Rome, tout le travail producteur sur les colons et les affranchis. Et l'entrée des barbares dans les légions, comme les bénéfices militaires accordés à leurs chefs, fut la conséquence de ce que les Romains, déshabitués du travail, trouvèrent le service militaire de plus en plus pénible. Pendant la seconde moitié du quatrième siècle, les chefs de l'armée romaine ne seront plus que des barbares.

Lorsque Caracalla accorda les droits de citoyens romains à tous les sujets de l'Empire, il n'y avait, à vrai dire, plus de citoyens romains. Une société nouvelle, composée de notables, de spéculateurs et de publicains, s'était formée de descendants de la noblesse ou de parvenus de la plèbe. Ce sont les *honestiores* des Pandectes. Ils jouissent des privilèges les moins justifiés, jusque dans les peines, sur le monde des humbles, des serviles, des artisans, des *humiliores*. L'Empire, comme l'antique cité, restait sans hommes pour le défendre contre les barbares, auxquels, d'ailleurs, on avait ouvert toutes les portes, et Constantin, pour maintenir du moins la capitale grecque qu'il venait de fonder, adopta jusqu'à la religion des humbles et des déshérités.

C'est par les humbles que commencent, c'est toujours par eux que se maintiennent les civilisations. Les monuments, les formules, les mots de l'ancienne Rome subsistent; mais ces monuments changeront de forme, ces formules prendront une autre portée, ces mots un autre sens, et l'importance en sera si petite que la civilisation nouvelle sera toute pareille chez les peuples qui n'en offrent aucune trace.

La prétendue supériorité des races dominantes n'a jamais été qu'un phénomène passager; le moment de leur domination exclusive a toujours été le signe de leur déchéance prochaine. Perdant les traditions qui ont fait leur puissance, elles n'en conservent le souvenir que par les mots que chacun rapporte à sa chétive personnalité et par les instincts individuels attachés à ces traditions, ce qui achève de leur faire perdre toute action féconde. Aussi, tous les grands peuples, toutes les fortes races sont nés de la morale des humbles et de la force des sentiments d'abnégation et de dévouement. Rome, par son avènement, comme par sa décadence, en est un exemple frappant, et toute son histoire, une illustration de ce principe social. Elle est la preuve éclatante que le développement historique des peuples est la mise en action de leur morale sociale. Toute race, toute classe sociale qui cesse de rester en rapport direct et immédiat avec les classes inférieures est une race, une classe qui disparaît.

TABLE DES MATIÈRES

LIVRE PREMIER
LES HOMMES DE GÉNIE

Préface..		I
I. — Le Génie et le Caractère...........................		1
II. — Richelieu..		9
III. — Colbert...		21
IV. — Bossuet...		44
V. — Descartes.......................................		62
VI. — Arnauld...		74
VII. — Pascal..		94
VIII. — Domat..		103

LIVRE II
LES HOMMES D'ESPRIT

I. — Le Bon-Sens et l'Esprit...........................		114
II. — Montesquieu.....................................		124
III. — Voltaire..		136
IV. — J.-J. Rousseau..................................		146
V. — Diderot...		167
VI. — D'Alembert......................................		178
VII. — Condillac.......................................		191

LIVRE III
LES SECTAIRES

I. — La Sottise et le Talent...........................		205
II. — Condorcet.......................................		216
III. — Mirabeau..		229
IV. — Danton..		244
V. — Robespierre.....................................		265

ANNEXE

I. — Bolingbroke		275
II. — Puffendorf		290
III. — La révolution romaine		298
	Origine de la question sociale	309
	L'Empire	320

PARIS

TYPOGRAPHIE PLON-NOURRIT ET Cie

RUE GARANCIÈRE, 8

A LA MÊME LIBRAIRIE

Études sur les forces morales de la société contemporaine. *La Religion et l'Église*, par L. DE BESSON. Un volume in-8° carré. Prix . . . . 7 fr. 50

La Réaction contre le positivisme, par l'abbé DE BROGLIE. Un vol. in-18 . . . . 3 fr. 50

Essai sur le mouvement social et intellectuel en France depuis 1789, par T. CERFBERR. Un volume in-16 . . . . . 3 fr. 50

La Certitude philosophique, avec une lettre de Mgr Perraud, par H. DE COSSOLES. Un vol. in-18. . . . . 3 fr. 50

Théorie de l'ordre, par Jules DELAFOSSE. Un vol. in-8°. . 7 fr. 50

De la Liberté politique dans l'État moderne, par Arthur DESJARDINS, membre de l'Institut, avocat général à la Cour de cassation. Un volume in-8°. . . . . 7 fr. 50

Questions sociales et politiques. *Conflits internationaux. — Le Droit et la Politique. — Questions ouvrières. — Les Réformateurs : Henri IV, Fénelon et Mirabeau*, par Arthur DESJARDINS, membre de l'Institut, avocat général à la Cour de cassation. Un vol. in-8°. 7 fr. 50

Philosophie du droit social, par Mgr HUGONIN, évêque de Bayeux et Lisieux. Un vol. in-8°. . . . . 6 fr.

La Morale dans l'Histoire. Étude sur les principaux systèmes de philosophie de l'histoire depuis l'antiquité jusqu'à nos jours, par René LAVOLLÉE, docteur ès lettres, ancien consul général de France. Un vol. in-8° . . . . 7 fr. 50

L'Armée et les forces morales, par le capitaine RICHARD. Un vol. in-16 . . . . 3 fr. 50

L'Unité morale dans l'Université, par Jacques ROCAFORT, docteur ès lettres, professeur au lycée Saint-Louis. Un vol. in-16. . 3 fr. 50

. . . ialisme d'État et la Réforme sociale, par Claudio . . . . . Un vol. in-8°. . . . . 7 fr. 50

La Crise actuelle. Essai de psychologie contemporaine, par Christian SCHEFER. Un vol. in-16. . . . . 3 fr.

Le Salut public, par Léon DE MONTESQUIOU. Un vol. in-16. 3 fr.

La Raison d'État, par Léon DE MONTESQUIOU. Un vol. in-16. 3 fr.

www.ingramcontent.com/pod-product-compliance
Lightning Source LLC
Chambersburg PA
CBHW060511170426
43199CB00011B/1415